U0604265

靜海樓藏珍貴古籍圖録

陳亮 主編

上海古籍出版社

《靜海樓藏珍貴古籍圖録》編纂委員會

主　編：陳　亮

副主編：陸　路　李中慧　施沖華　朱志強　倪怡中

編　委：陳　亮　陸　路　李中慧　施沖華　朱志強　倪怡中
王　俊　李　群　凌　雲　楊　麗　馮建軍　蔣　悦
姜春鈺　沈　陽

前 言

繞城的濠河水清靈秀逸，通江達海，靜靜流淌了一千餘年，孕育了一代代錦心繡口的南通人。

城西北有一座古刹天寧寺，寺中有光孝塔，院裹有古井，人說唐塔爲筆，院井爲硯，通州城有文曲星高照。宋嘉熙二年（1238）通州學子進京趕考，五人登第，打破了北宋大觀四年（1110）通州一次赴考三人登第的記録，被天下士子譽爲"利市州"。堪輿家說"城南巽方"是讀書人的風水寶地，於是城東南又建了一座文峰塔，造了三元橋。果然，清乾隆年間出了狀元胡長齡，還相繼有人中了探花、榜眼。"塔影倒映明月中，扁舟一葉一詩人"，從此鐘靈毓秀，人傑代出。宋代至清，通州先後出了100多個進士，200多個舉人。明代有凌相、凌楷兄弟進士，袁隨、袁九皋叔侄進士；清代除狀元胡長齡、榜眼王廣蔭、探花馬宏琦，同治、光緒年間曾出過"父子兄弟叔侄同登科甲"的"一門四進士"；徐姓家族，從清臺灣道臺徐宗幹到近代國學大師徐益修，人才輩出；范氏詩文世家，連綿450餘年十三代，代代有詩人並有詩文傳世，成爲中外文學史上佳話。多少年來，生活在這方土地上的人們崇文重教，尚書明理，"今則束髮以上，咸知談經說史，講明道術"，"髫齔之子，亦知挾册以師，喜爲儒者之言"，讀書求知，蔚然成風。

明永樂年間修《永樂大典》，朝廷派人到如皋萬卷藏書樓徵集藏書，樓主冒基將藏書全部獻出，成祖親書"萬卷樓"匾賜賞。有一首《望江南·通州好》寫道："通州好，萬卷舊家儲。簟錦裝池髹漆几，鸞綺綢疊皂羅櫥，鎮紙玉光腴。"描摹了藏書樓萬卷圖册，書衣錦綺，櫥几陳列的盛況。明邵潛著《州乘志》卷二"著述"篇，記載了當時南通的作家及著作，羅列了30多位作家及其作品，這些作家和著作至今許多已經湮没無聞。明代通州竟然出現了這麼多作家作品，令我們肅然起敬。僅從著作名看，作者張元芳遊歷了燕（今河北、北京、遼寧南部，著有《燕遊草》）、秦（今陝西、甘肅，著有《秦遊草》）、南（江南及南方一帶，著有《南遊草》）、粵（今廣東、廣西，著有《粵遊草》）、吳（今江蘇、浙江，著有《吳遊小草》），那時的交通條件，要走這些遠超過萬里的路程，並且還寫出許多作品，即使在今天也不是每個作家都能做到的。邵濳除了這一部《州乘資》，還有《友誼録》、《循吏傳》、《引年録》、《志幻録》、《字書考誤》、《皇明印史》等著述。

清朝末年民國初期，中華民族面臨被瓜分、被奴役和亡國滅種的深重災難，有識之士紛紛呼籲學習西學、變法圖強，"强學會"章程把"譯印圖書"、"開大書藏（圖書館）"、"開博物院"等列爲中國"變法圖強"的頭等大事。張謇致力於南通地方自治，大興實業、教育救國，這一時期南通的文化發展出現了一個高峰，名不見經傳的江北小城在短短幾年内創辦了中國第一座博物館——南通博物苑，建成了中國早期公共圖書館之一的南通圖書館，設立了中國最早的出版機構之一的通州翰墨林編譯印書局，一首校歌中寫道："城南空氣文明遠：奕奕圖書館，博物堂堂苑……"這是南通對中國近代文化建設及其發展的貢獻。

南通圖書館的藏書來源主要是私家捐贈，開館時"圖書十三萬千百卷，他人贈者五萬卷弱，謇贈者八萬卷強"。張謇認爲私家藏書傳給子孫不如供給地方多數人去閱讀，把藏書悉數捐出。許多圖書中有張謇題記，如"莫枚臣祁楚生棠請書其尊人墓誌，寄此爲潤"（《古逸叢書》），"此桃花紙初印本，蓋至精者何減宋刻"（《曝書亭記》），"滄江所貽 付圖書館 "（《韓國歷代小史》），不胜枚举。友人所贈，张謇都轉送圖書館。張謇還四處爲圖書館徵集圖書，他給繆荃孫函説，"須求通屬前人著作"；他親撰徵集啓事，"吾通世有宿儒，代間名著，自明迄今，垂五百年"，"諸君子倘有先人遺著，軼代宏文"，"舉贈敝館，當爲什襲而藏"，以"留存往跡，啓發後來"。南通僻處江海一隅，但讀書人家綿綿瓜瓞，深藏在故宅大院内的古代典籍仍爲數非常可觀。世風所及，人們繼承先賢精神，這些藏書主要流向了圖書館，是館藏古籍和地方文獻的重要來源，也是一筆寶貴的文化財富。抗戰時日寇侵佔南通，圖書館珍藏的10

萬卷古籍在愛國人士的籌畫下，秘密轉移至天寧寺藏經閣，在僧侶的掩護下，躲過了日軍的搜尋洗劫。新中國成立後，圖書館重視對古籍及地方文獻的徵集，許多學者、藏家也紛紛將珍藏典籍捐贈給圖書館，大大充實了館藏。20世紀80年代初，南通市圖書館古籍藏書樓落成，國務院古籍整理小組組長李一氓題寫了樓名“靜海樓”，這是新中國成立後，公共圖書館系統建造的第一座古籍藏書樓。從此，靜海樓古籍藏書以版本珍貴、精品多，地方文獻豐富、較完整而飲譽海内外。

20世紀80年代中後期，爲貫徹周恩來總理“要儘快地把全國古籍善本書總目編出來”的指示而編纂的《中國古籍善本書目》陸續出齊，著録了將近六萬種善本，南通市圖書館有130餘部列入其中。2007年全國古籍普查工作展開，南通市圖書館被評爲“全國古籍重點保護單位”，陸續有30多部图书列入《國家珍貴古籍名録》，100多部圖書列入《江蘇省珍貴古籍名録》，隨着普查工作的深入，這個數字還將不斷增長。《靜海樓藏珍貴古籍圖録》收録了已列入《中國古籍善本目録》和《國家珍貴古籍名録》、《江蘇省珍貴古籍名録》的全部圖書和部分稀見古籍及地方文獻，每部書配有1–3幀書影。這本圖録的出版是南通市圖書館開展古籍普查工作的成果，爲廣大古籍愛好者提供了鑒賞和研究的資料，彰顯了南通文化深厚的底蘊，进一步说，因为古籍承載着我们祖国的輝煌歷史，銘刻着中華民族的偉大創造，是弘揚優秀傳統文化、開展愛國主義教育的重要載體，圖録的出版也滿足了人民群衆日益增長的精神文化需求、提高全民族科學文化素養和思想道德素質的迫切需要。

習近平總書記説，要讓“書寫在古籍裏的文字都活起來”。文化的重要來源是中華民族幾千年的傳承，它的内容記載在歷代經典古籍之中，衹有做好古籍保護工作，古籍生命之树常青，書韻悠悠，歷久彌新，中華民族的優秀文化纔能生生不息，源遠流長。

陳亮

凡 例

一、本書收録古籍爲南通市圖書館藏被列入《中國古籍善本書目》、《全國珍貴古籍名録》、《江蘇省珍貴古籍名録》的圖書以及部分珍稀古籍、地方文獻。

二、每部書選擇1—3幀能反映該書特徵的書頁。選擇書頁的原則一般爲：1. 題名頁。選擇首卷卷端原刻原印頁，首卷缺佚，依次類推選擇下一卷卷端；2. 責任者頁。選擇正文首卷卷端，或序、跋等反映責任者的書頁；3. 出版者或出版時間頁。選擇牌記、條記、刻書題記，或與出版者、出版時間相關的序、跋等書頁；4. 套印頁。選擇色彩最多最清晰的書頁；5. 特色頁。選擇有名人題記或批、校及有名人、名藏書家鈐印的書頁。

三、著録原則一般按書名、卷數、編著者、版本、存卷數、行格、版框等爲序，印章衹著録名人或名藏書家影響深遠的印記。

目録

靜海樓藏珍貴古籍圖録

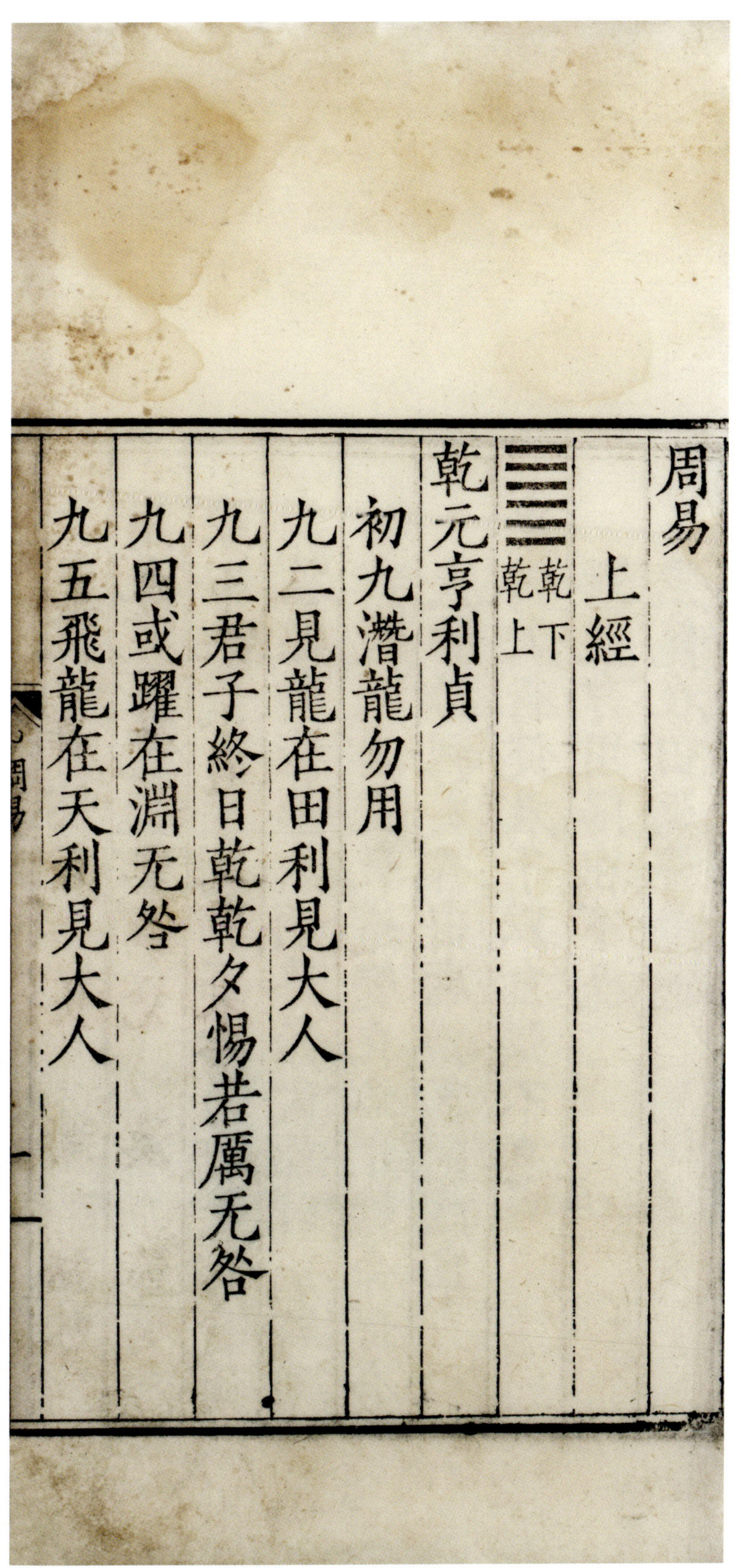

001

五經正文七卷

明嘉靖三十一年（1552）翁溥刻本

8册。半葉9行，行17字，白口，單魚尾，四周雙邊，框高20.1釐米，寬14.3釐米。列入《中國古籍善本書目》、《國家珍貴古籍名録》。

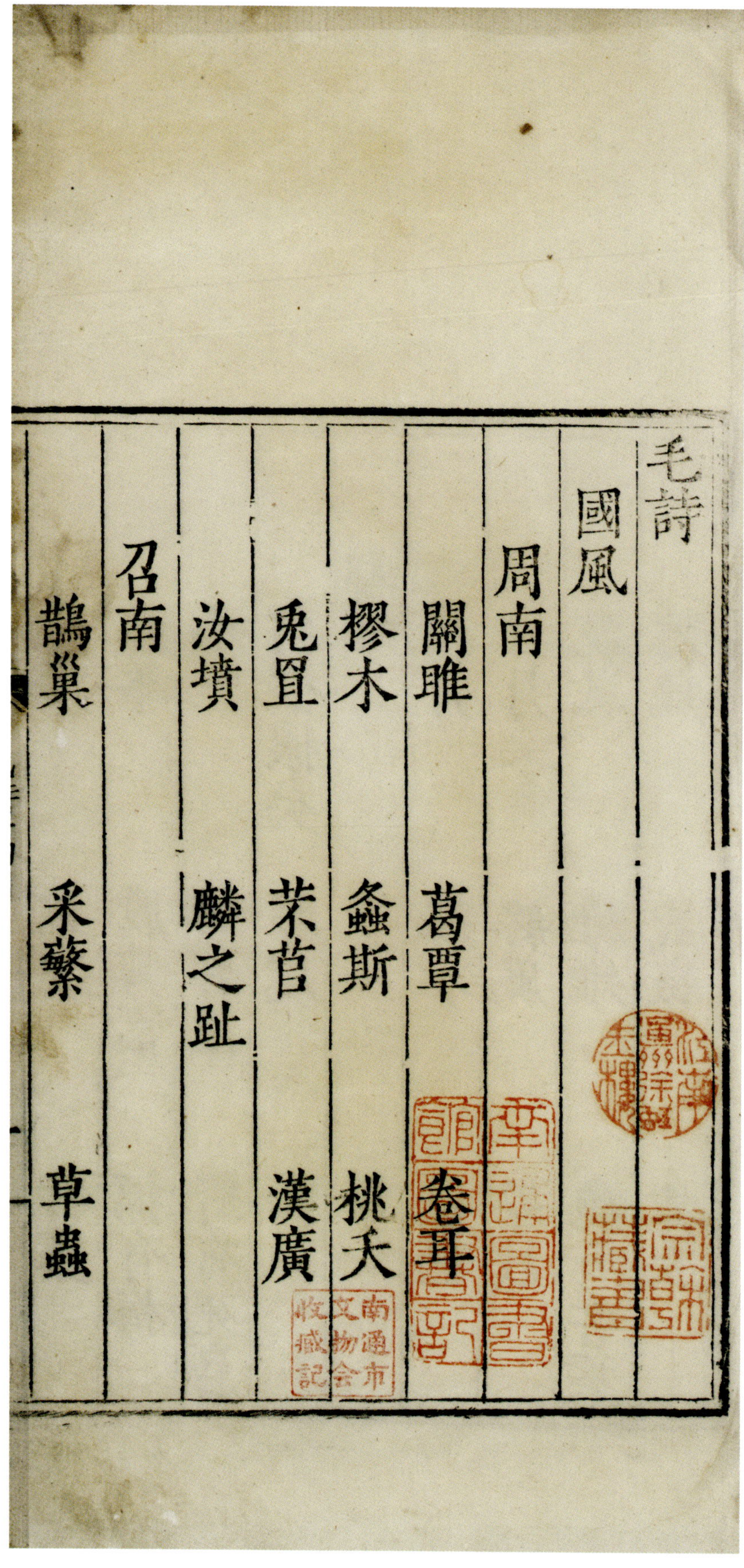

毛詩

國風

周南

關雎　葛覃　卷耳

樛木　螽斯　桃夭

兔罝　芣苢　漢廣

汝墳　麟之趾

召南

鵲巢　采蘩　草蟲

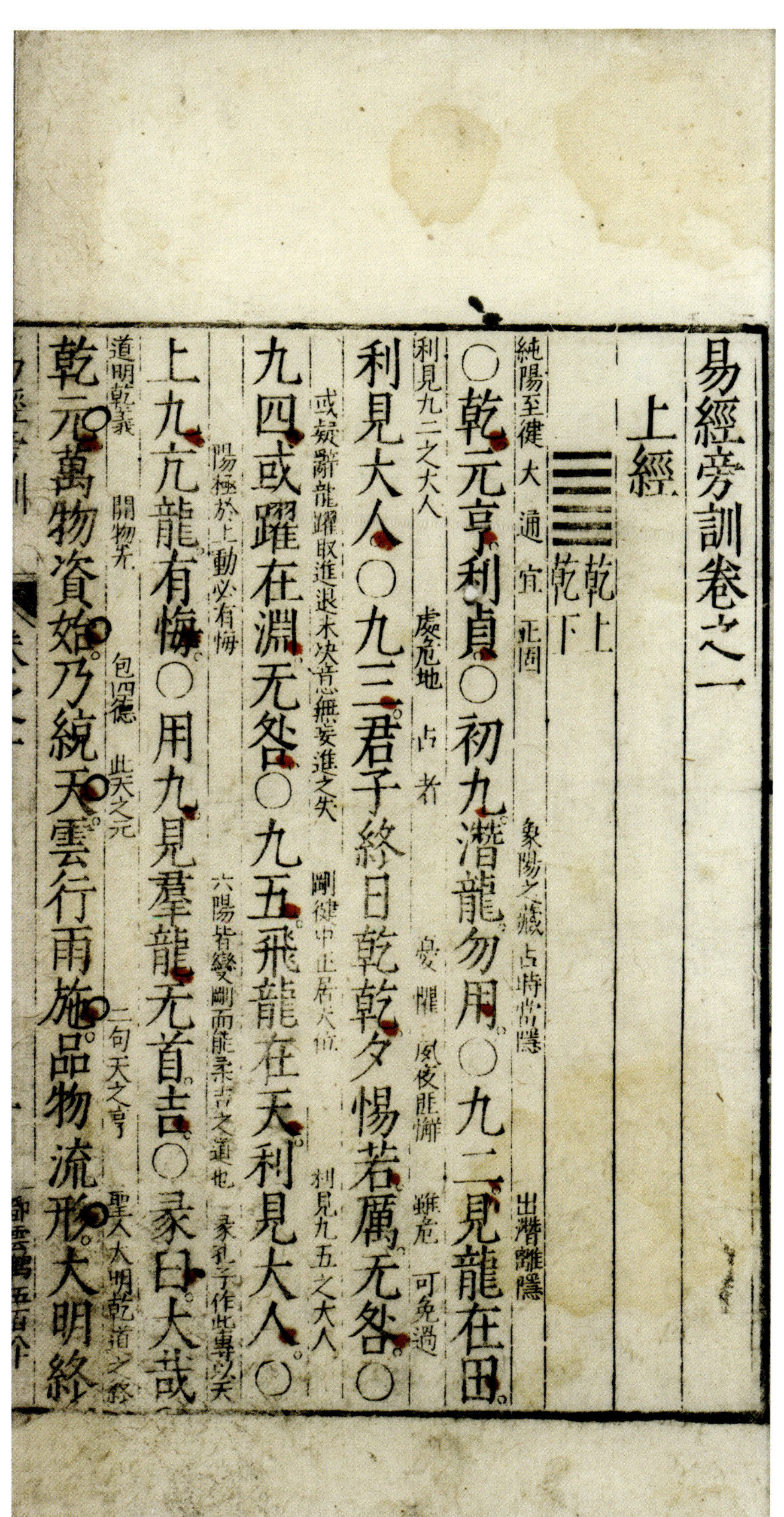
易經旁訓卷之一

上經

乾上 乾下

純陽至健 大 通 宜 正固 象陽之藏 占時當隱 出潛離隱

○乾元亨利貞○初九潛龍勿用○九二見龍在田

利見九二之大人 處危地 占者 憂懼 夙夜匪懈 雖危 可免過

利見大人○九三君子終日乾乾夕惕若厲无咎○

或疑辭龍躍取進退未決之意無妄進之失 剛健中正居天位 利見九五之大人

九四或躍在淵无咎○九五飛龍在天利見大人○

陽極於上動必有悔 六陽皆變剛而能柔吉之道也 彖孔子作此專以天

上九亢龍有悔○用九見羣龍无首吉○彖曰大哉

道明乾義 開物之 包四德 此天之元 二句天之亨 聖人大明乾道之終

乾元萬物資始乃統天雲行雨施品物流形大明終

002

五經旁訓十九卷

（元）李恕撰

明萬曆二十四年（1596）陳大科刻本

16册。半葉7行，行20字，小字雙行，字數同，另有小行，字數不等，白口，左右雙邊，框高21.5釐米，寬14.8釐米。列入《中國古籍善本書目》、《江蘇省珍貴古籍名録》。

蔡虛齋先生易經蒙引卷之一

錢塘　葛寅亮屺瞻父評定

門人　張旋甫伯兩父　陳周匡君脩父　較閱

周易上經

周代名也本國名在雍州境内岐山之陽盖周始祖后稷封於邰曾孫公劉遷邠至十三世孫（寡人好色朱註太王公劉九世孫則自后稷起爲十三世矣）太王乃遷於岐所謂岐周太王傳子王季孫文王至曾孫武王遂克商而有天下因用其國之故名以爲一代之名自古得天下者其代名率用故號如唐堯本唐侯也虞則舜之氏也舜封伯禹於有夏湯之先世居商丘是皆其故號

003

蔡虛齋先生易經蒙引二十四卷

（明）蔡清撰

（明）葛寅亮評

明末刻本

10册。存二十二卷（一至二十二）。半葉9行，行25字，白口，四周單邊，框高21.1釐米，寬11.5釐米。列入《中國古籍善本書目》、《江蘇省珍貴古籍名録》。

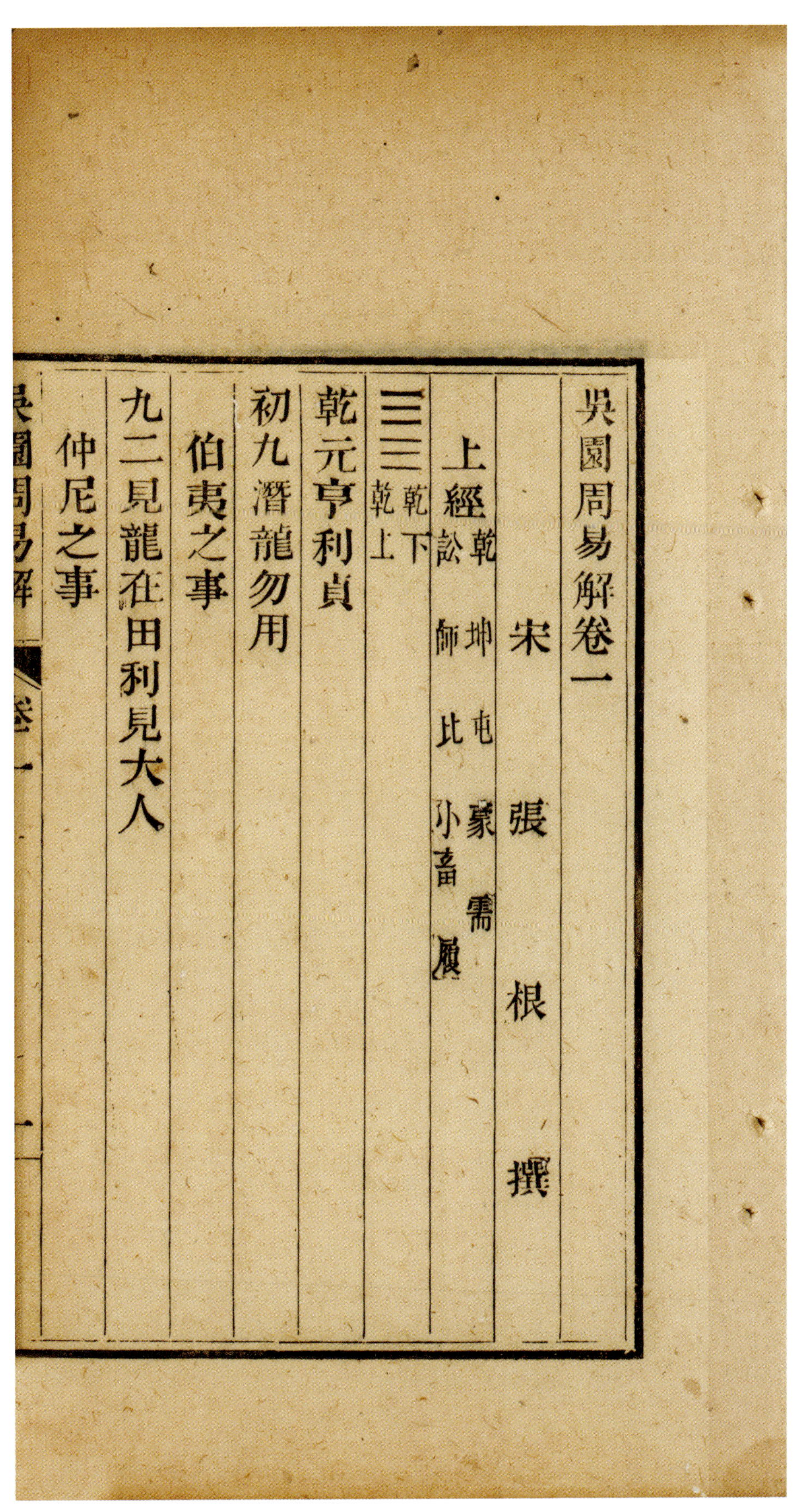

吳園周易解卷一

宋 張根 撰

上經 乾 坤 屯 蒙 需 訟 師 比 小畜 履

䷀ 乾下乾上

乾元亨利貞

初九潛龍勿用

伯夷之事

九二見龍在田利見大人

仲尼之事

004

吴園周易解九卷 附録一卷

（宋）張根撰

清乾隆武英殿活字印聚珍版書本

3冊。半葉9行，行21字，小字雙行，字數同，白口，單魚尾，四周雙邊，框高19.4釐米，寬12釐米。列入《江蘇省珍貴古籍名録》。

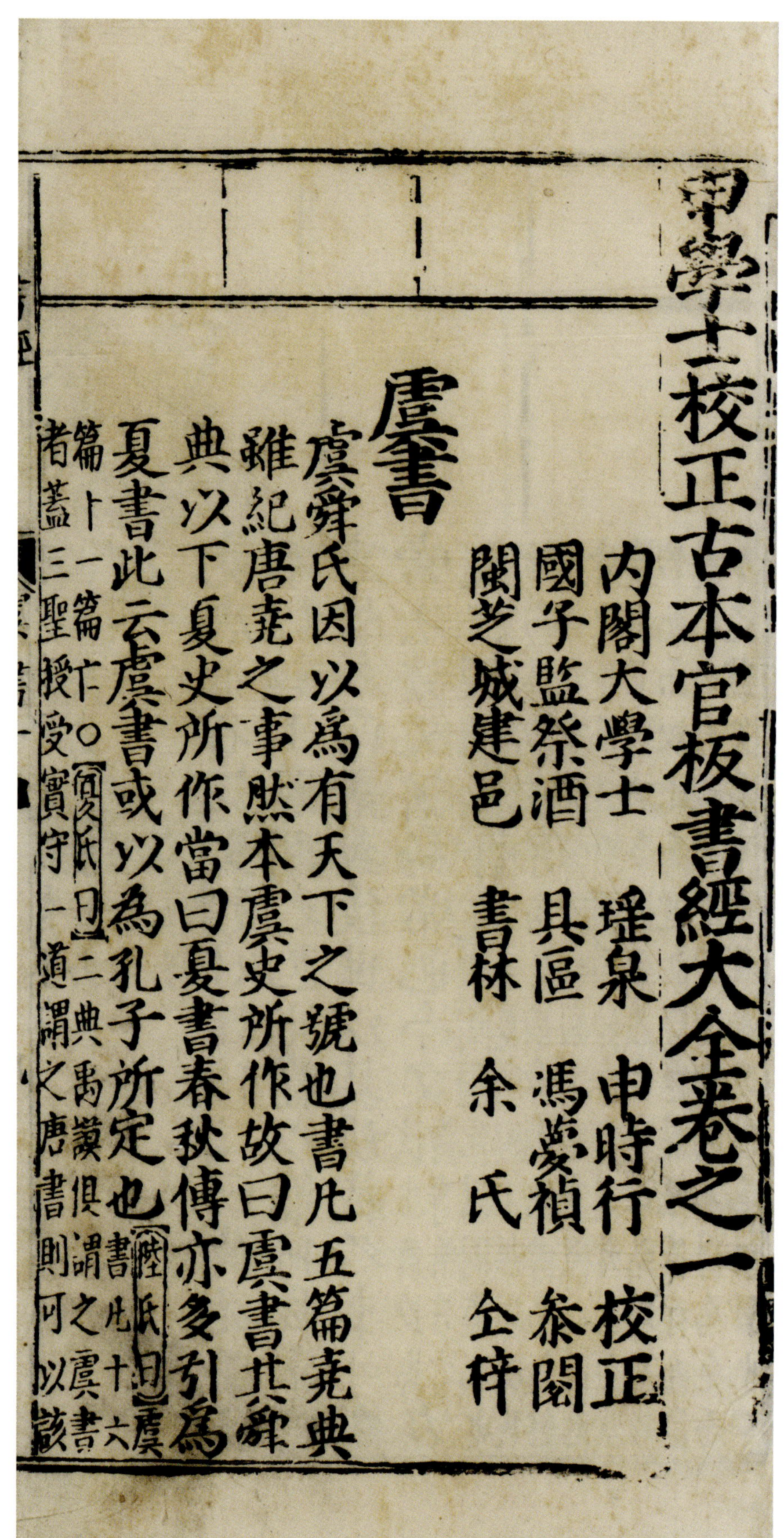

005

中學士校正古本官板書經大全十卷

（明）胡廣等輯
（明）申時行校正
（明）馮夢禎參閲
明閩芝城建邑書林余氏刻本

10冊。半葉11行，行19字，小字雙行，字數同，白口，單魚尾，四周雙邊，框高23.4釐米，寬13.5釐米，上下分欄。列入《中國古籍善本書目》、《江蘇省珍貴古籍名録》。

閏月定時

按律曆諸書與周髀皆云日行一度月行十三度十九分度之七周天三百六十五度四分度之一故日一周天為歲歲十二月而無整數故以閏月定四時三歲一閏五歲再閏及十九年而餘一百九十日一萬五千七百十三分以日法除之共得二百六

歲法三百五十四日三百四十八分

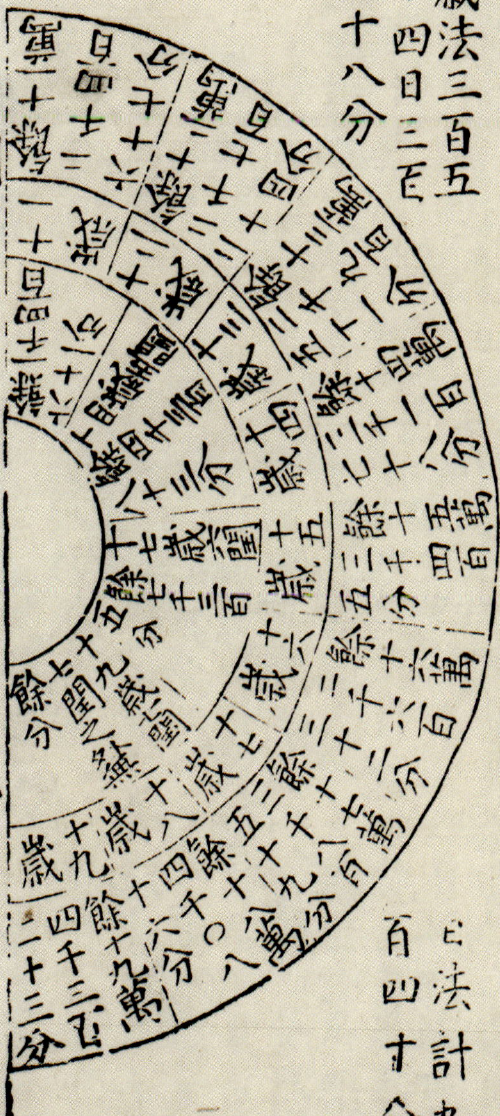

日法計九百四十分

書經大全　書圖首卷　二十九

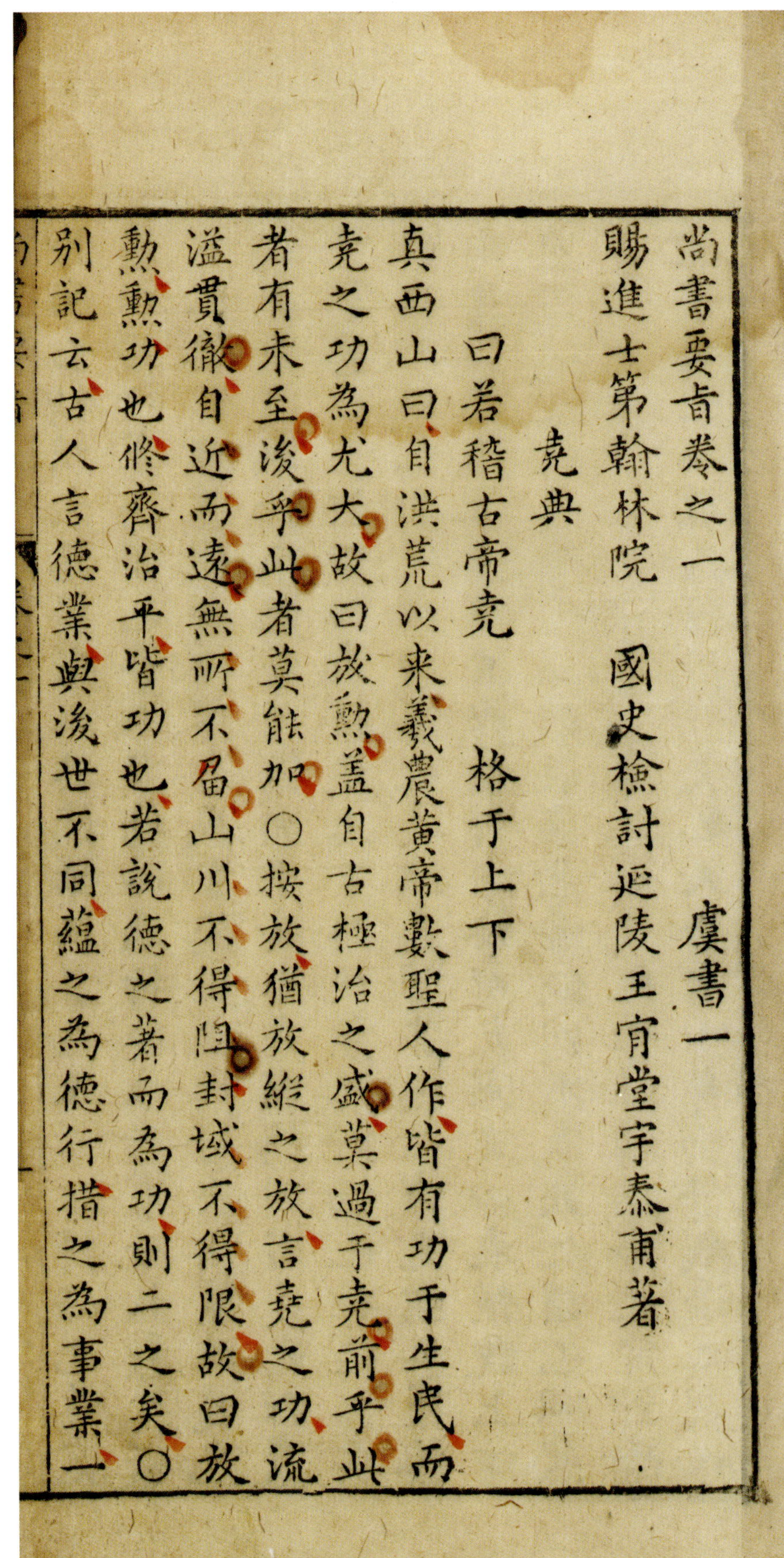
尚書要旨卷之一　　　　虞書一
賜進士第翰林院　國史檢討延陵王肎堂宇泰甫著
堯典
曰若稽古帝堯　格于上下
真西山曰自洪荒以来羲農黄帝數聖人作皆有功于生民而
堯之功為尤大故曰放勳葢自古極治之盛莫過于堯前乎此
者有未至後乎此者莫能加○按放猶放縱之放言堯之功流
溢貫徹自近而遠無所不届山川不得阻封域不得限故曰放
勳勳功也脩齊治平皆功也若說德之著而為功則二之矣○
別記云古人言德業與後世不同藴之為德行措之為事業一

006

尚書要旨三十六卷

（明）王肯堂撰

明刻本

6册。半葉10行，行24字，白口，四周單邊，框高22.6釐米，寬12.8釐米。有“張季子金石圖書印”。列入《中國古籍善本書目》、《江蘇省珍貴古籍名録》。

周禮註疏刪翼卷第一

明後學葉培恕行可定　王志長平仲輯

天官冢宰第一○疏鄭目錄云，象天所立之官。冢，大也。宰者，官也。天統理萬物。

天子立冢宰，使掌邦治，亦所以總御衆官，使不失職。○又曰，宰者，調和膳羞之名。冢宰亦能調和衆官，故云冢宰也。司徒、司馬、司寇、司空，各能一官，不兼群職，故皆云司。冢宰不言司，以總御衆官，不主一官之事。宗伯亦不言司者，以其祭祀鬼神，鬼神非人所主故也。○劉氏中義曰，山既高矣，其上又有頂，爲冢。宰者，司主之名。○節卿鄭氏曰，或問冢宰一官，其屬六十，未有一事關乎天者，何也。曰，古之大臣，其所謂寅亮天地，燮理陰陽者，若曆官、星翁、太史、卜祝之所爲乎。

周禮　天官　卷一　序官　一

007

周禮註疏删翼
三十卷

（明）王志長撰
明崇禎十二年（1639）葉培恕刻本

12册。半葉8行，行19字，小字雙行，字數同，白口，左右雙邊，框高18.8釐米，寬13釐米。列入《中國古籍善本書目》、《江蘇省珍貴古籍名録》。

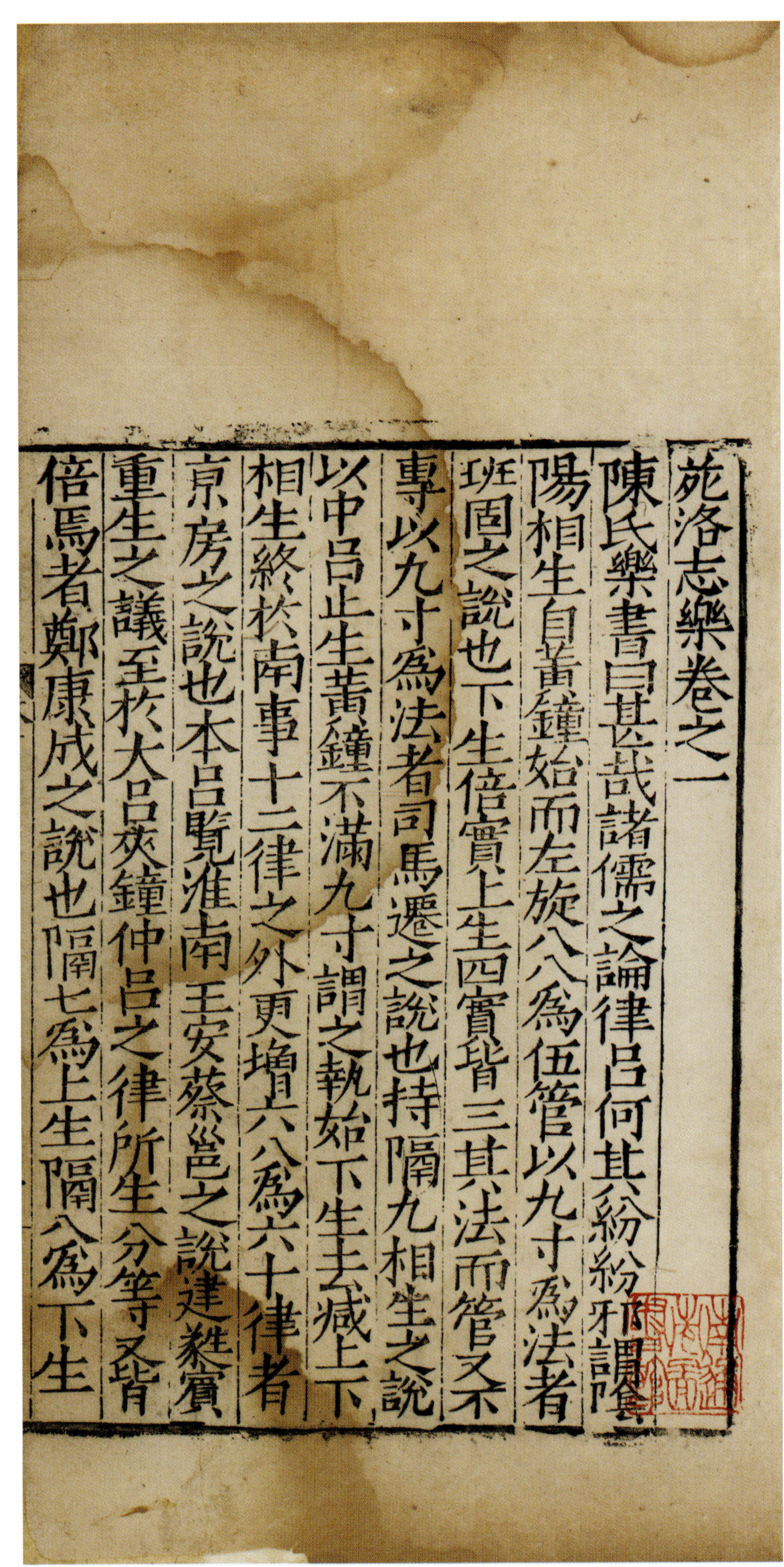
苑洛志樂卷之一
陳氏樂書曰甚哉諸儒之論律呂何其紛紛邪謂陰陽相生自黃鍾始而左旋八八爲伍管以九寸爲法者班固之說也下生倍實上生四實皆三其法而管叅專以九寸爲法者司馬遷之說也持隔九相生之說以中呂止生黃鍾不滿九寸謂之執始下生去滅上下相生終於南事十二律之外更增六八爲六十律者京房之說也本呂覽淮南王安蔡邕之說建蕤賓重生之議至於大呂夾鍾仲呂之律所生分等又皆倍焉者鄭康成之說也隔七爲上生隔八爲下生

008

苑洛志樂二十卷

（明）韓邦奇撰
明嘉靖二十七年（1548）王宏等刻本

12册。存十八卷（一至十、十三至二十）。半葉10行，行19字，小字雙行，行28字，白口，單魚尾，四周單邊，框高17.6釐米，寬13.3釐米。列入《江蘇省珍貴古籍名録》。

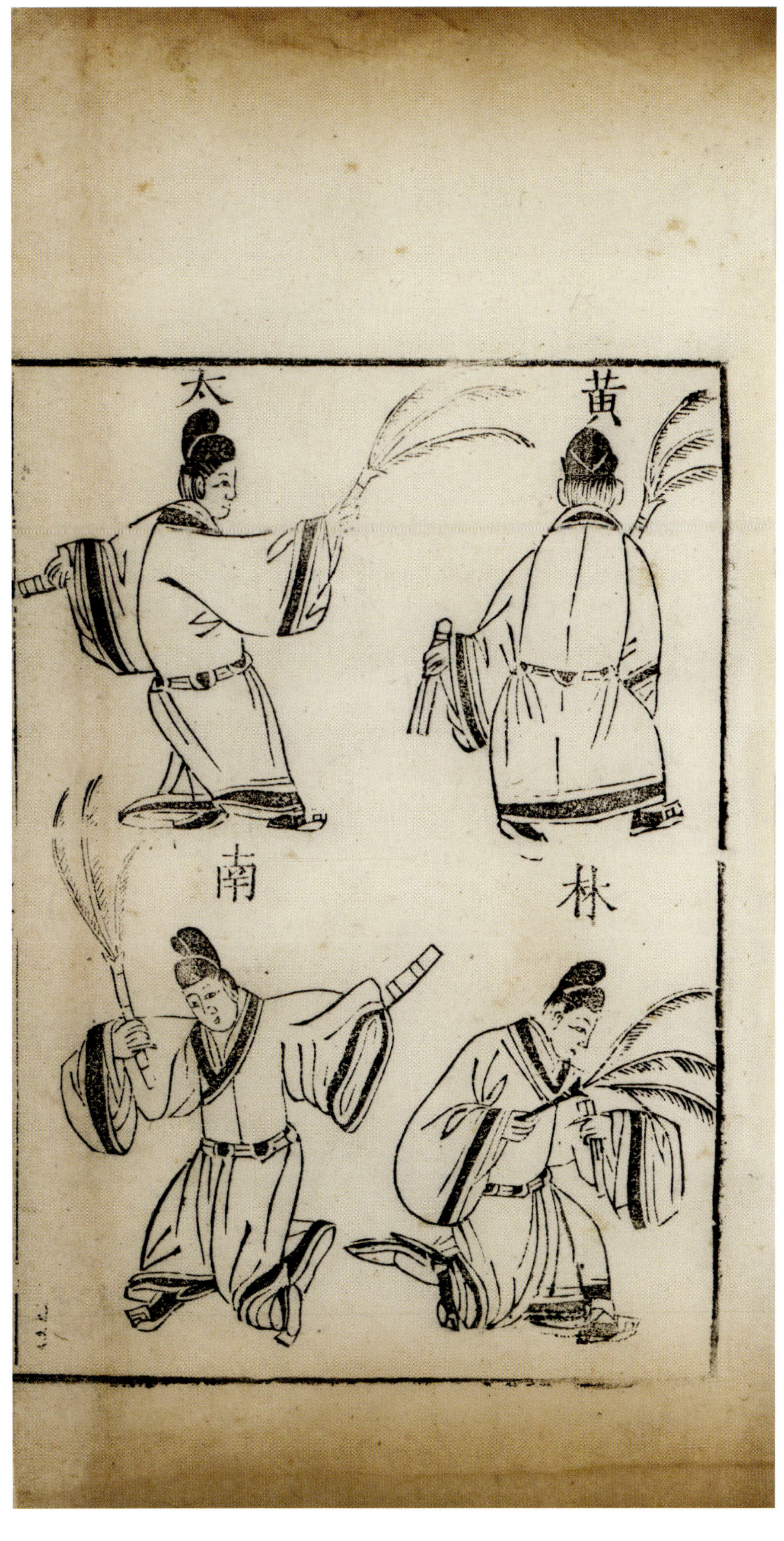
黃
太
林
南

009

樂律全書四十九卷

（明）朱載堉撰

明萬曆鄭藩刻增修本

律吕精義内篇十卷
律吕精義外篇十卷
律學新説四卷
樂學新説一卷 附樂經古文一卷
算學新説一卷
操縵古樂譜一卷
旋宫合樂譜一卷
鄉飲詩樂譜六卷
六代小舞譜一卷
小舞鄉樂譜一卷
二佾綴兆圖一卷
靈星小舞譜一卷
聖壽萬年曆二卷
萬年曆備考三卷
律曆融通四卷
附録一卷

20册。半葉12行，行25字，黑口，雙魚尾，四周雙邊，框高25釐米，寬19.4釐米。列入《中國古籍善本書目》、《國家珍貴古籍名録》。

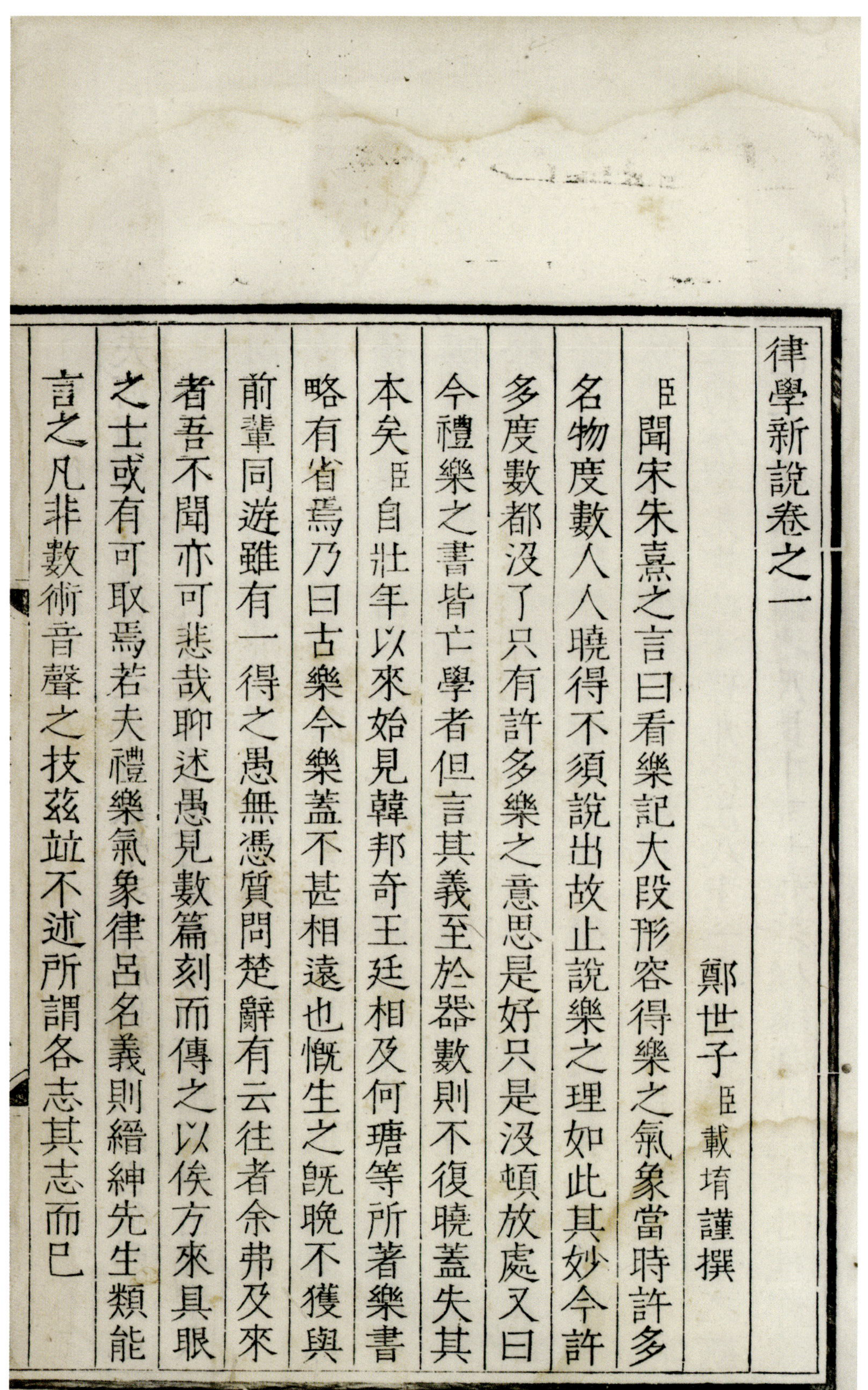

律學新說卷之一

鄭世子臣載堉謹撰

臣聞宋朱熹之言曰看樂記大段形容得樂之氣象當時許多名物度數人人曉得不須說出故止說樂之理如此其妙今許多度數都没了只有許多樂之意思是好只是没頓放處又曰今禮樂之書皆亡學者但言其義至於器數則不復曉蓋失其本矣臣自壯年以來始見韓邦奇王廷相及何瑭等所著樂書略有省焉乃曰古樂今樂蓋不甚相遠也慨生之既晚不獲與前輩同遊雖有一得之愚無憑質問楚辭有云往者余弗及來者吾不聞亦可悲哉聊述愚見數篇刻而傳之以俟方來具眼之士或有可取焉若夫禮樂氣象律呂名義則縉紳先生類能言之凡非數術音聲之技茲竝不述所謂各志其志而已

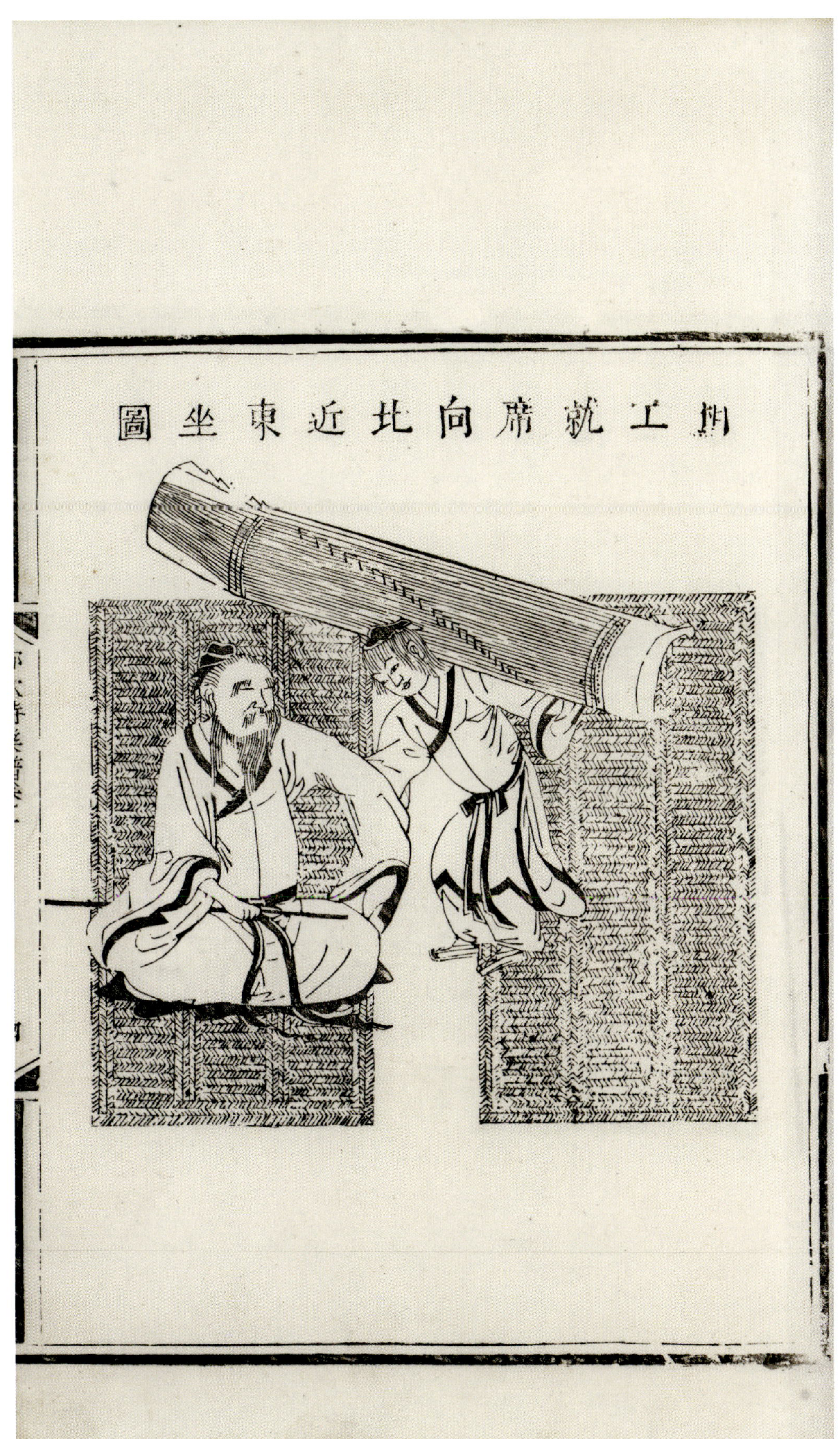
扶工就席向北近東坐圖

春秋四傳卷之一

宋胡安國著傳 附左公穀

隱公一

公名息姑。姬姓。侯爵。自周公子伯禽始受封。傳世二十三而至隱公。攝主國事。在位十一年。諡法不尸其位曰隱

左傳 惠公元妃孟子。孟子卒。繼室以聲子。生隱公。宋武公生仲子。仲子生而有文在其手。曰爲魯夫人。故仲子歸于我。生桓公而惠公薨。是以隱公立而奉之

胡傳 孟子曰。王者之迹熄而詩亡。詩亡。然後春秋作。今按邶鄘而下。多春秋時詩也。而謂詩亡然後春秋作。何也。自黍離降爲國風。天下無復有雅。而王者之詩亡

春秋 隱公 卷一

010

春秋四傳三十八卷
綱領一卷
提要一卷
列國圖說一卷
春秋二十國年表一卷
諸國興廢說一卷

（宋）胡安國著
明末刻本

8册。半葉9行，行17字，小字雙行，字數同，白口，左右雙邊，框高19.6釐米，寬13.6釐米。列入《中國古籍善本書目》、《江蘇省珍貴古籍名録》。

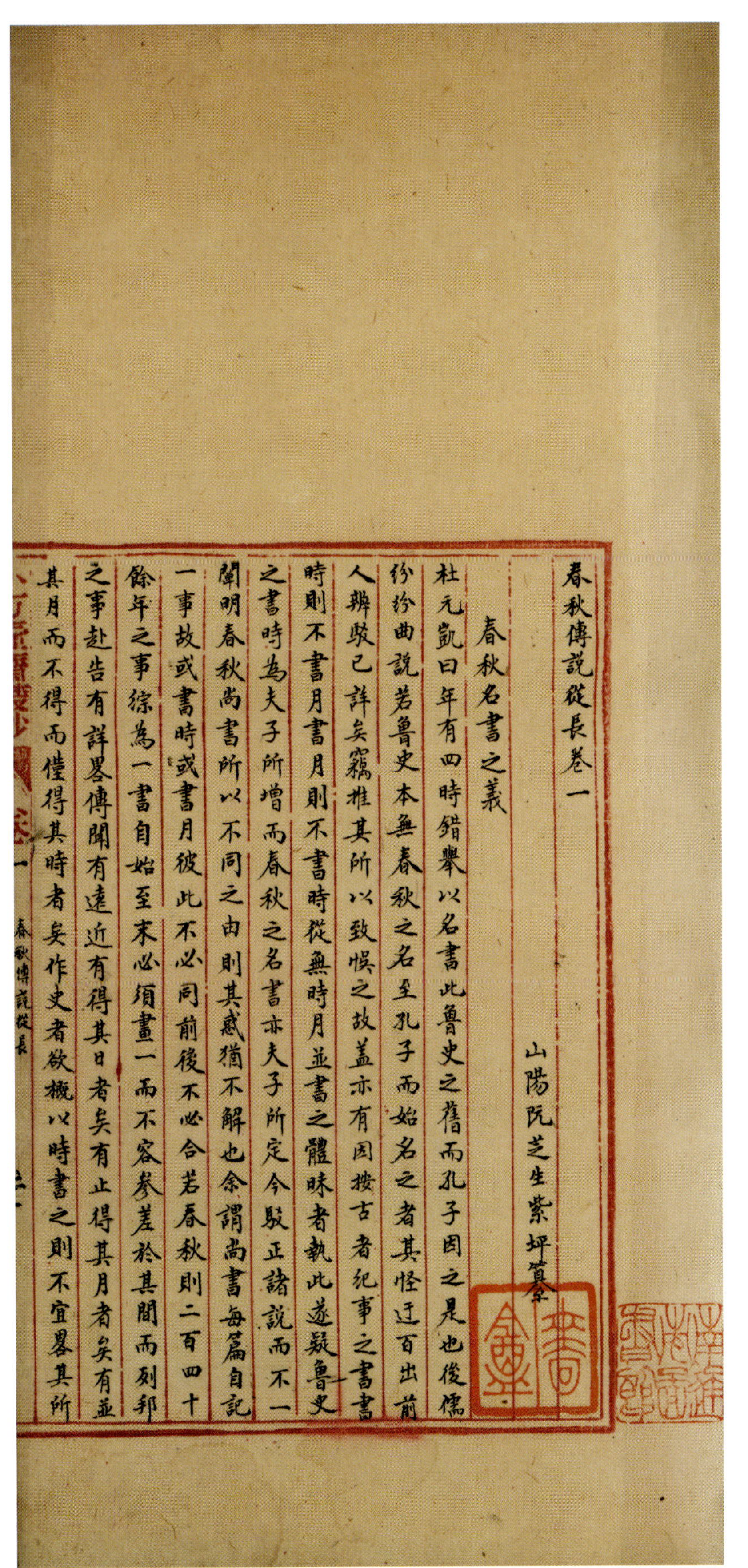

春秋傳說從長卷一

山陽阮芝生紫坪纂

春秋名書之義

杜元凱曰年有四時錯舉以名書此魯史之舊而孔子因之是也後儒紛紛曲說若魯史本無春秋之名至孔子而始名之者其怪迂百出前人辨駁已詳矣竊推其所以致悞之故蓋亦有因按古者紀事之書書時則不書月書月則不書時從無時月並書之體昧者執此遂疑魯史之書時爲夫子所增而春秋之名亦夫子所定今駁正諸說而不一闡明春秋尚書所以不同之由則其惑猶不解也余謂尚書每篇自記一事故或書時或書月彼此不必同前後不必合若春秋則二百四十餘年之事綜爲一書自始至末必須畫一而不容參差於其間而列邦之事赴告有詳畧傳聞有遠近有得其日者矣有止得其月者矣有並其月而不得而僅得其時者矣作史者欲概以時書之則不宜畧其所

春秋傳說從長

011

春秋傳說從長十二卷

（清）阮芝生撰

清小方壺齋鈔本　張謇題記

2册。半葉13行，行27字，單魚尾，框高16.2釐米，寬10.8釐米。列入《中國古籍善本書目》、《江蘇省珍貴古籍名録》。

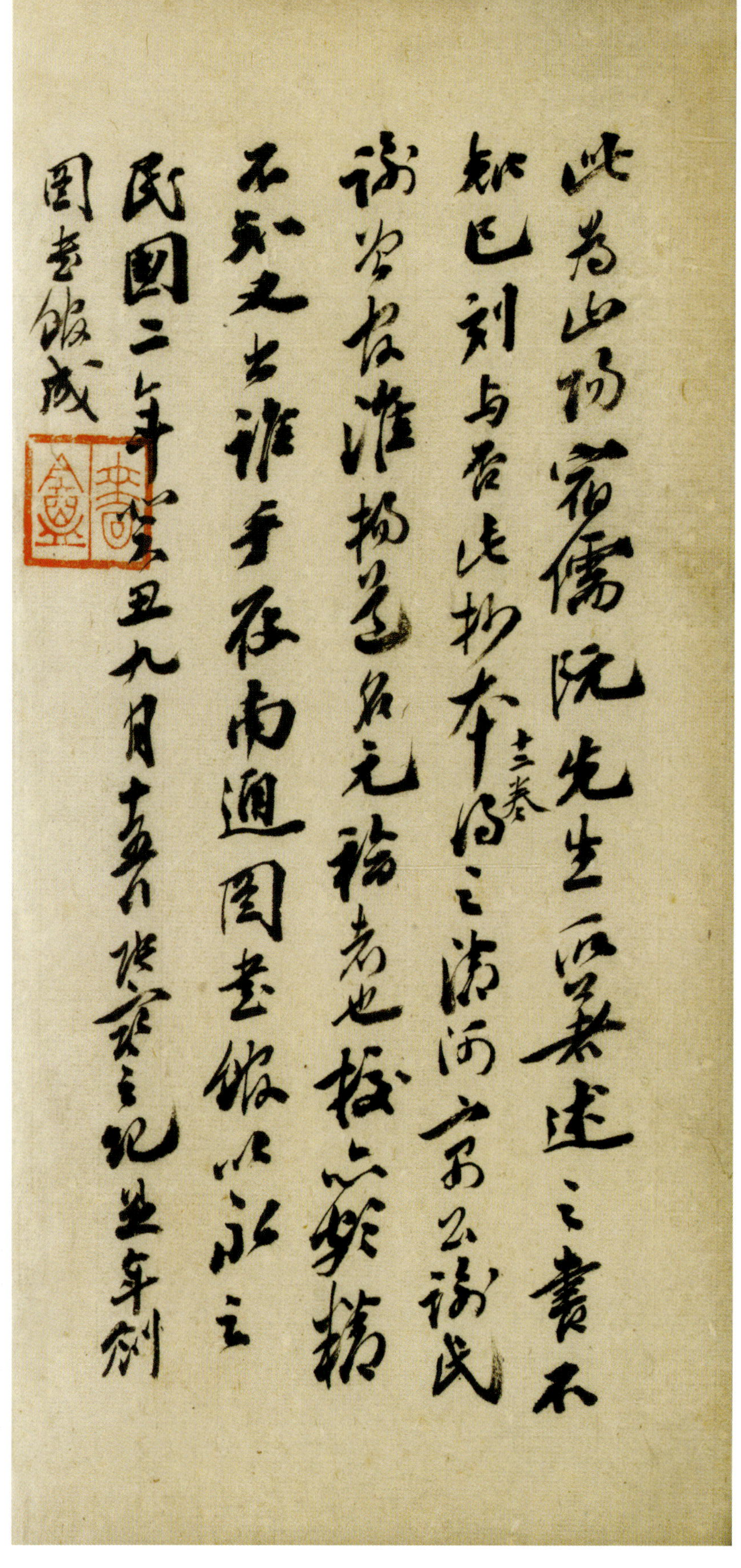
此為山陽宿儒阮先生所著述之書不
欲已刻與否此抄本十三卷得之清河六安公謝氏
謝咨搜淮揚名元稿者也校亦精
不知尤出誰手存南通圖書館以永之
民國二年癸丑九月十五日張謇之記並年列
圖書館藏

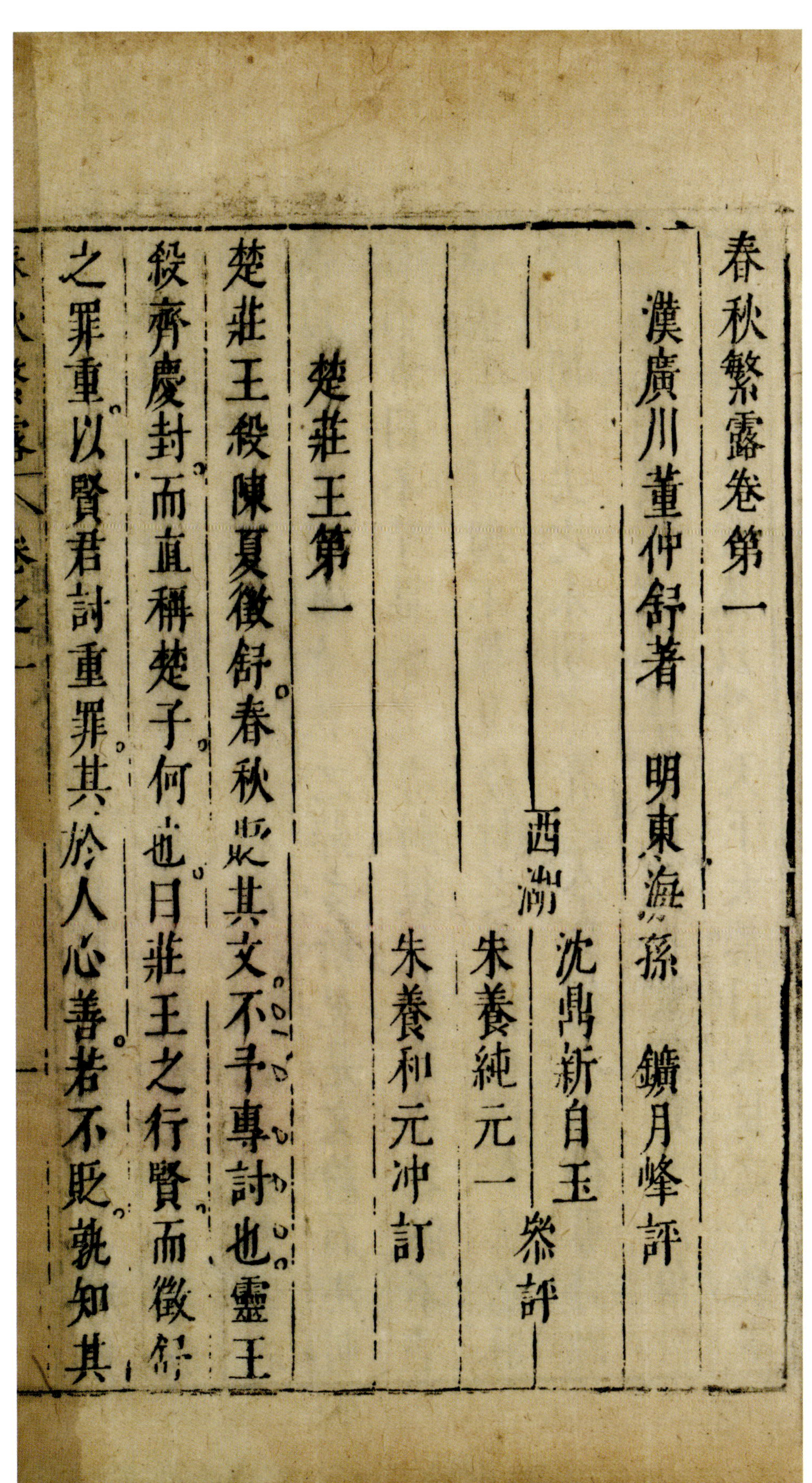

春秋繁露卷第一

漢廣川董仲舒著　明東海孫　鑛月峯評

西湖　沈禹新自玉
　　　朱養純元一　叅評
　　　朱養和元冲訂

楚莊王第一

楚莊王殺陳夏徵舒春秋貶其文不予專討也靈王殺齊慶封而直稱楚子何也曰莊王之行賢而徵舒之罪重以賢君討重罪其於人心善若不貶孰知其

012

春秋繁露十七卷

（漢）董仲舒撰

（明）孫鑛等評

附録一卷

（清）吴鼒批點

明末聚奎樓刻本

4册。半葉9行，行20字，白口，單魚尾，四周單邊，框高19.8釐米，寬13.5釐米。

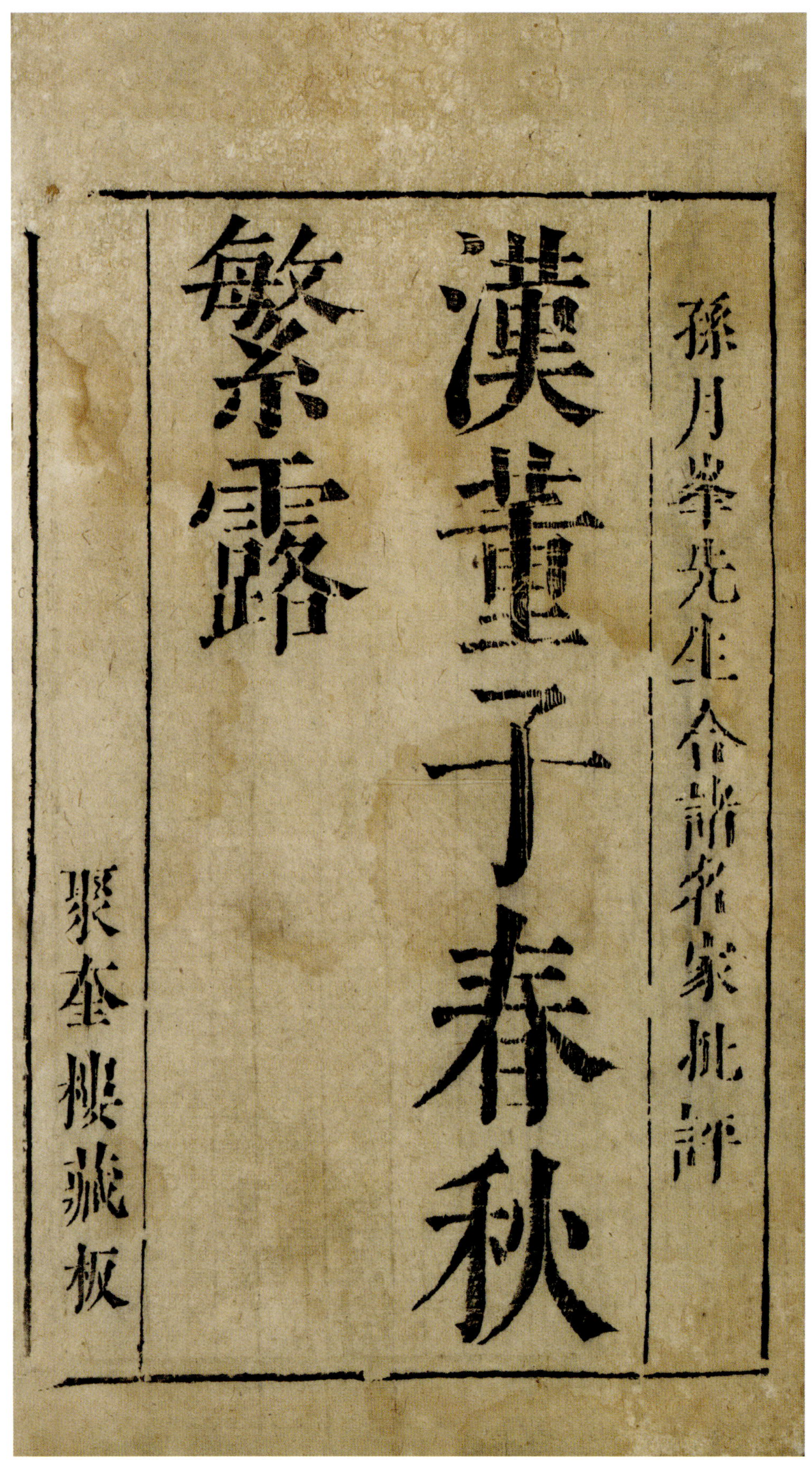

孫月峯先生合諸名家批評

漢董子春秋繁露

聚奎樓藏板

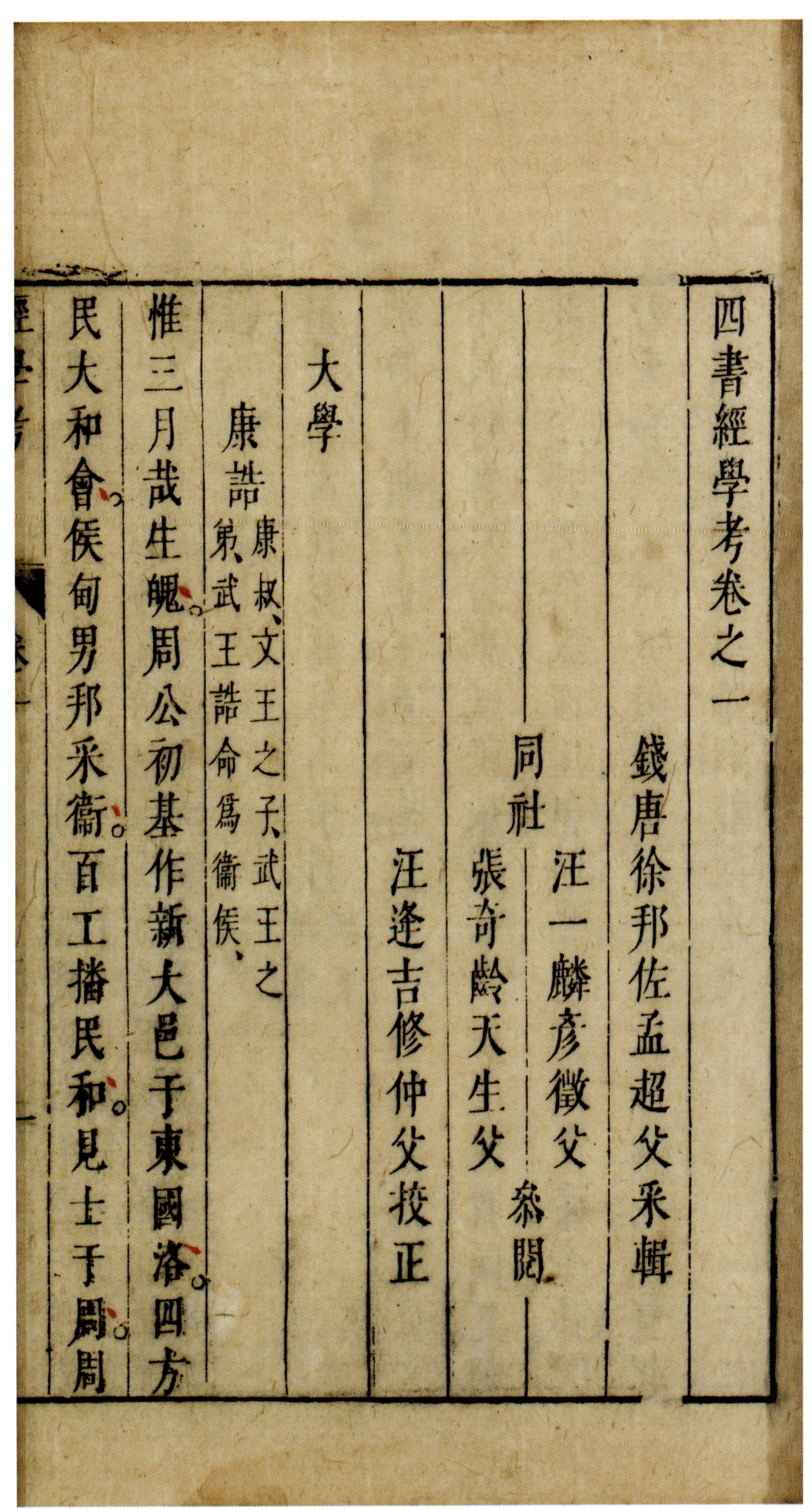

013

四書經學考十卷補遺一卷

（明）徐邦佐撰

明崇禎元年（1628）自刻本

2册。半葉九行，行20字，小字雙行，字數同，白口，四周單邊，框高20.6釐米，寬14釐米。列入《中國古籍善本書目》、《江蘇省珍貴古籍名録》。

經典釋文卷第一　序録

唐國子博士兼太子中允贈齊州刺史吳縣開國男陸德明撰

序　閩　楊用霖藏書

夫書音之作作者多矣前儒撰著光乎篇籍其來既久誠無閒然但降聖已還不免偏尚質文詳略互有不同漢魏迄今遺文可見或專出已意或祖述舊音各師成心製作如面加以楚夏聲異南北語殊是非信其所聞輕重因其所習後學鑽仰罕逢指要夫筌蹄所寄唯在文言差若毫釐謬便千里夫子有言必也正名乎名不正則言不順言不順則事不成故君子名之必可言也言之必可行也斯富哉言乎大矣盛矣無得而稱矣然人稟二儀之淳和含

014

經典釋文三十卷

（唐）陸德明撰

考證三十卷

（清）卢文弨撰

清乾隆五十六年（1791）常州龍城書院刻本

16冊。半葉11行，行22字，小字雙行，字數同，黑口，四周單邊，框高19.3釐米，寬14.3釐米。

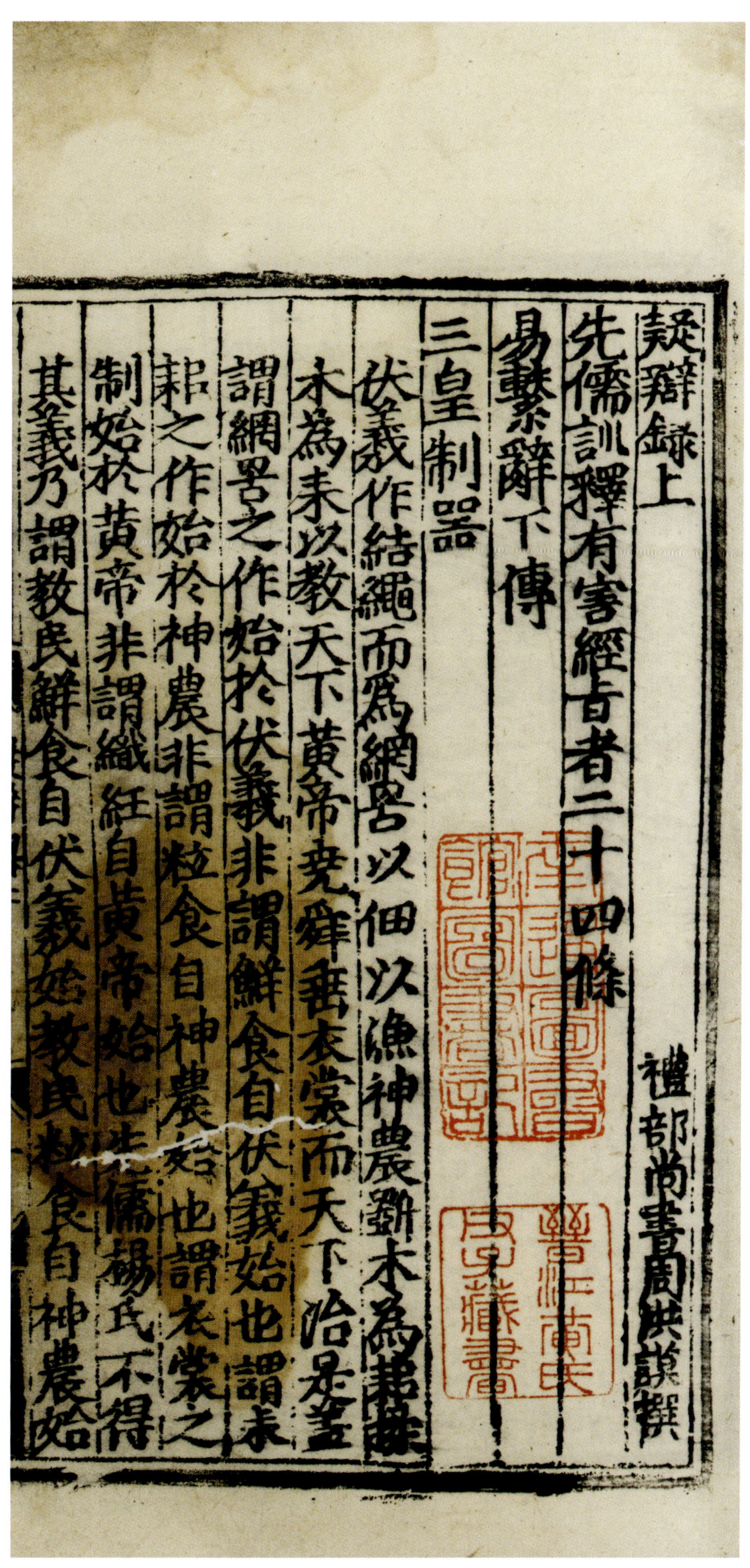

疑辯録上　　禮部尚書周洪謨撰

先儒訓釋有害經旨者二十四條

易繫辭下傳

三皇制器

伏羲作結繩而爲網罟以佃以漁神農斲木爲耜揉木爲耒以教天下黄帝堯舜垂衣裳而天下治是蓋謂網罟之作始於伏羲非謂鮮食自伏羲始也謂耒耜之作始於神農非謂粒食自神農始也謂衣裳之制始於黄帝非謂織紝自黄帝始也先儒楊氏不得其義乃謂教民鮮食自伏羲始教民粒食自神農始

015

疑辯録三卷

（明）周洪謨撰

明嘉靖十三年（1534）刻本

3册。半葉10行，行20字，黑口，三魚尾，四周雙邊。框高20.5釐米，寬12.2釐米。列入《中國古籍善本書目》、《國家珍貴古籍名録》。

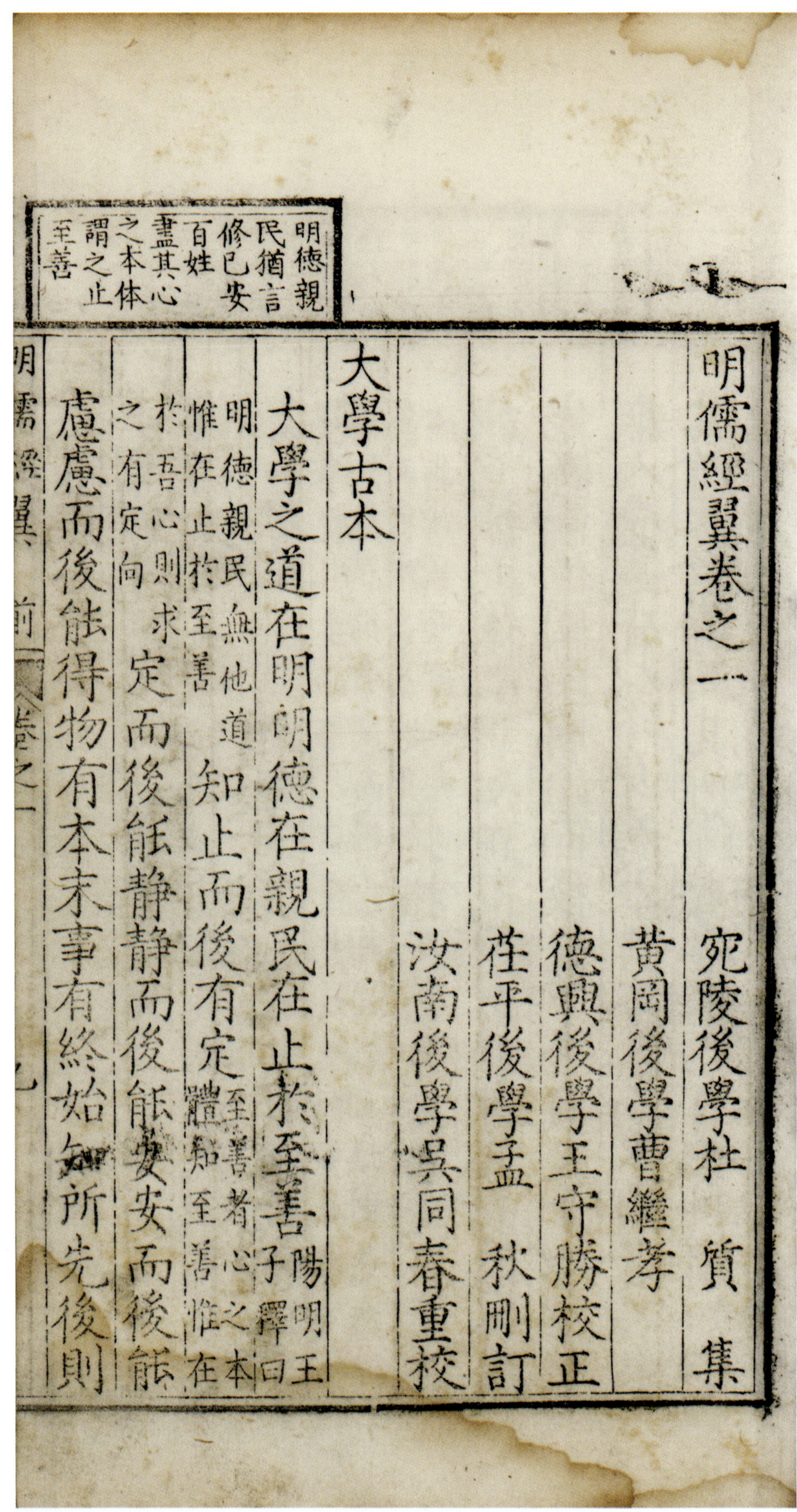

016

明儒經翼七卷

（明）杜質撰
（明）曹繼孝校
明萬曆十六年（1588）李戴刻本

5册。半葉10行，行20字，小字雙行，字數同，白口，單魚尾，四周雙邊，框高20.5釐米，寬14釐米。列入《中國古籍善本書目》、《江蘇省珍貴古籍名録》。

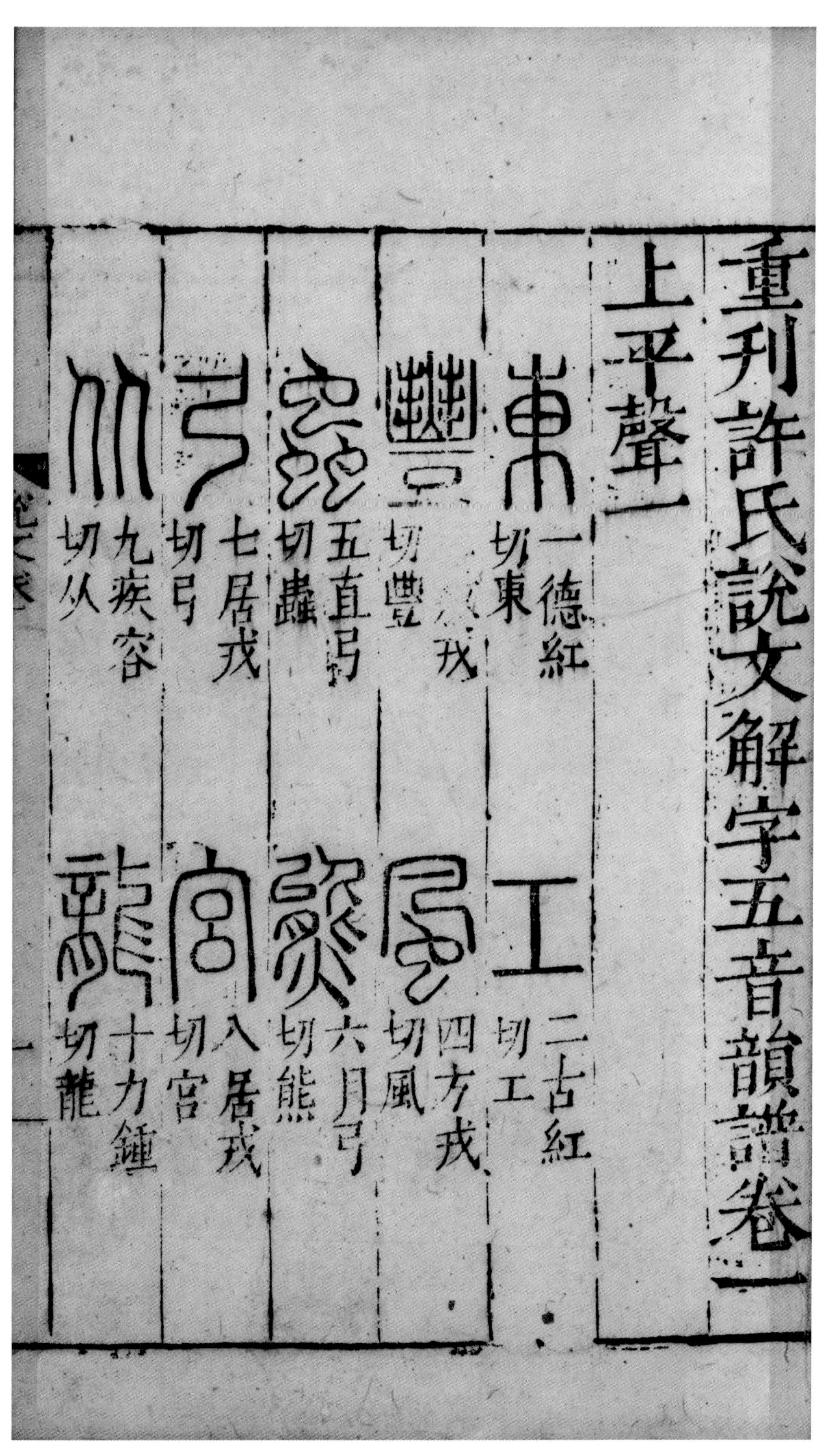

017

重刊許氏說文解字五音韻譜十二卷

（宋）李燾撰
明天啓七年（1627）世裕堂刻本

12册。半葉7行，每行字數不等，小字雙行，行20字，白口，單魚尾，左右雙邊，框高18.9釐米，寬13.7釐米。列入《中國古籍善本書目》。

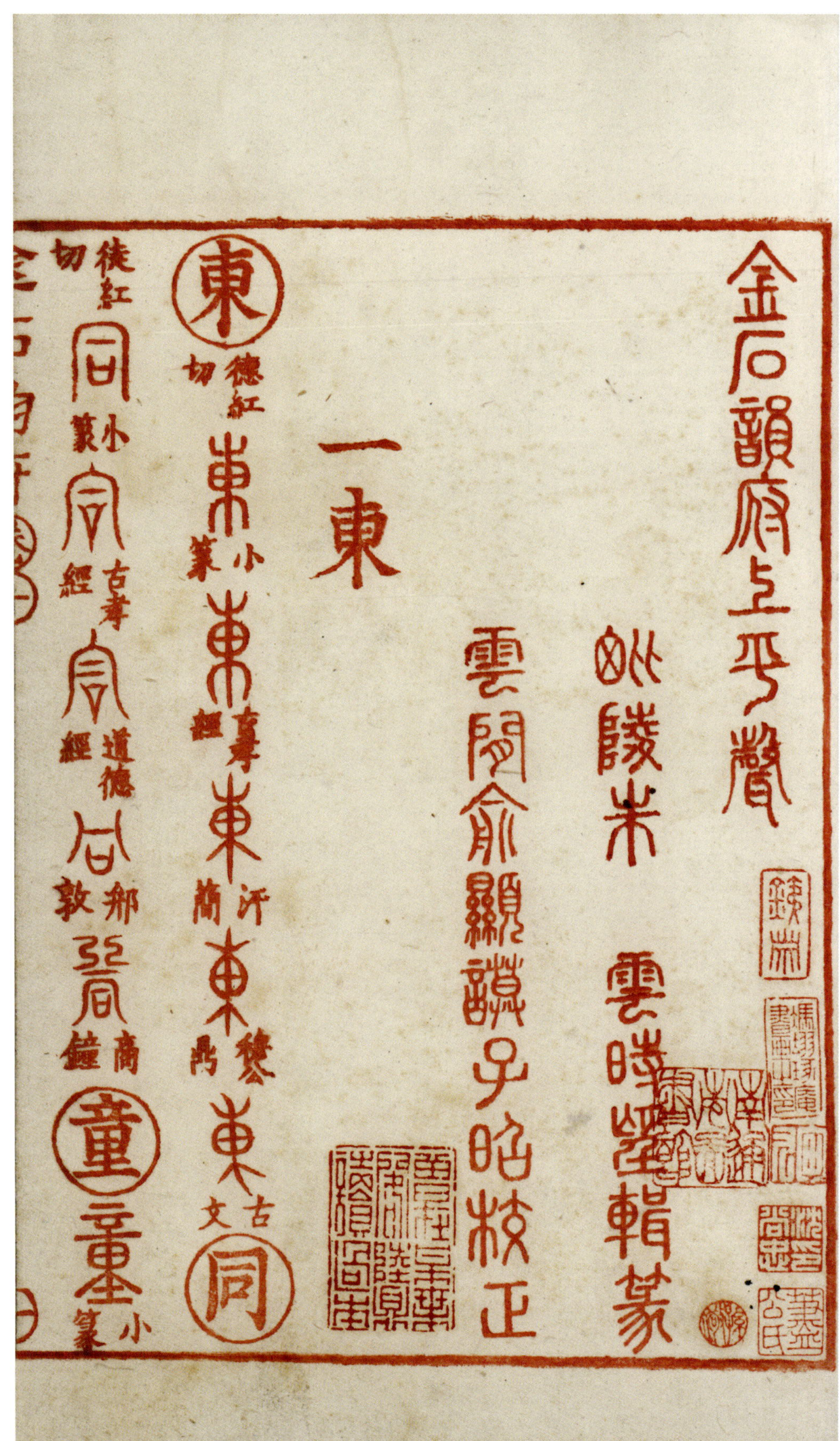

018

金石韻府五卷

（明）朱雲撰

明嘉靖十年（1531）俞顯謨刻朱印本

5册。半葉6行，字數不定，白口，四周單邊，框高20.8釐米，寬15.1釐米。列入《中國古籍善本書目》、《國家珍貴古籍名録》。

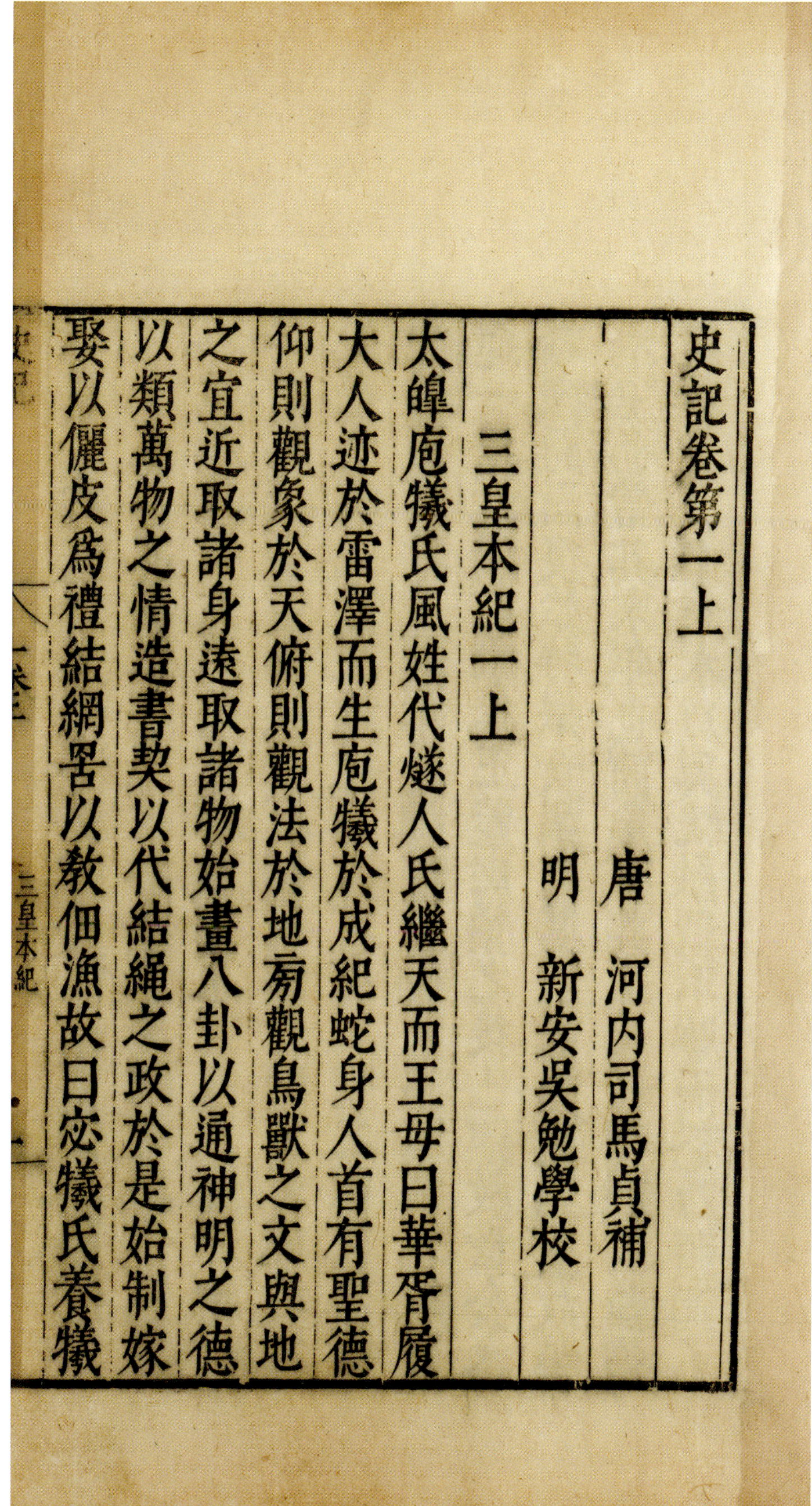

史記卷第一上

唐　河内司馬貞補

明　新安吴勉學校

三皇本紀一上

太皡庖犧氏風姓代燧人氏繼天而王母曰華胥履大人迹於雷澤而生庖犧於成紀蛇身人首有聖德仰則觀象於天俯則觀法於地旁觀鳥獸之文與地之宜近取諸身遠取諸物始畫八卦以通神明之德以類萬物之情造書契以代結繩之政於是始制嫁娶以儷皮爲禮結網罟以教佃漁故曰宓犧氏養犧

史記　卷一　三皇本紀　一

019

史記一百三十卷

（漢）司馬遷撰
（漢）褚少孫
（唐）司馬貞補
明吴勉學刻本

16册。半葉10行，行20字，白口，左右雙邊，框高20.1釐米，寬13.4釐米。列入《中國古籍善本書目》。

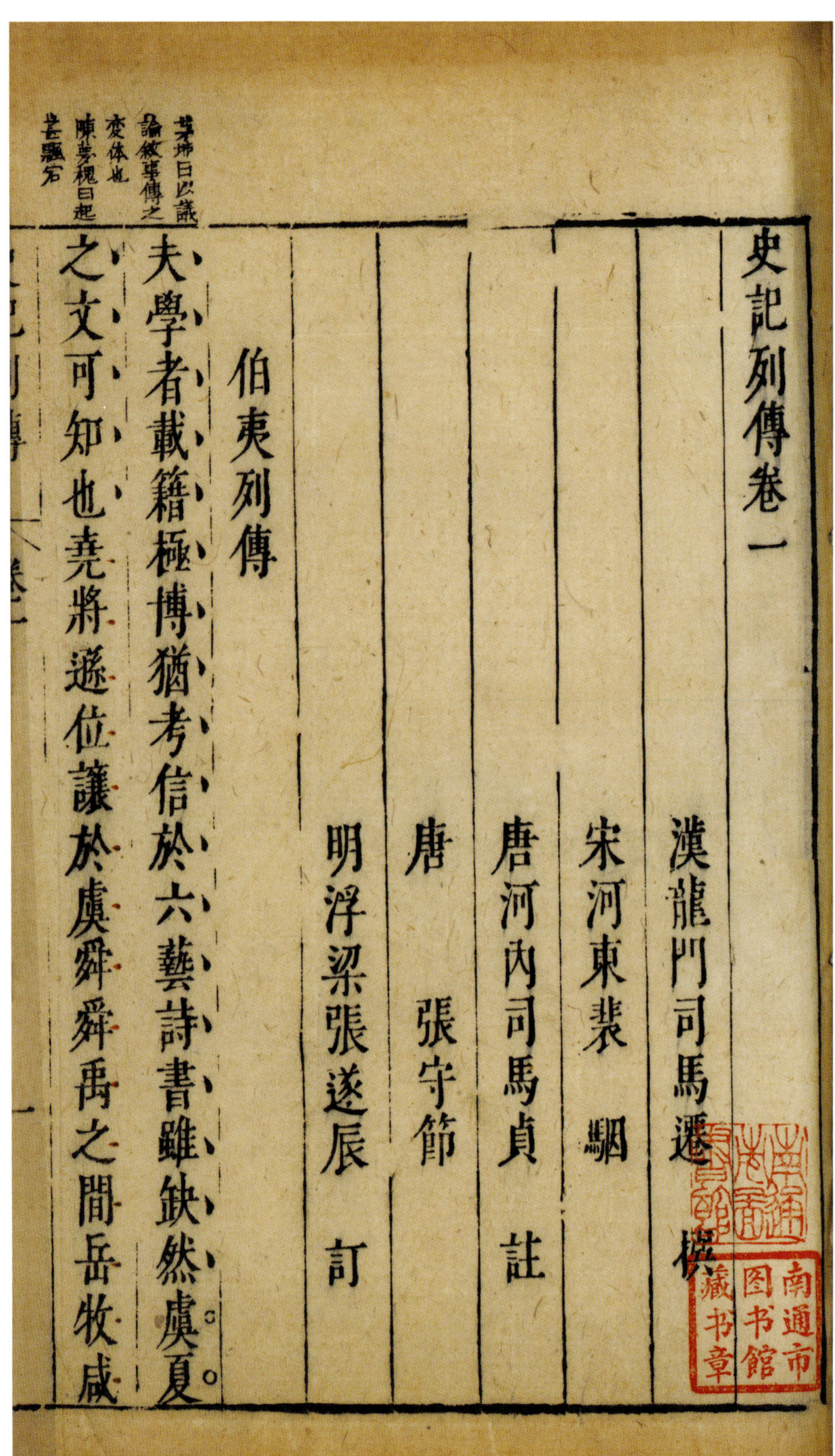

020

史記一百三十卷

(漢)司馬遷撰
(南朝宋)裴駰集解
(唐)司馬貞索隱
(唐)張守節正義
(明)鍾人傑輯評
明鍾人傑刻本

16册。半葉9行，行20字，小字雙行，字數同，白口，四周單邊，框高21.2釐米，14.3釐米。列入《中國古籍善本書目》。

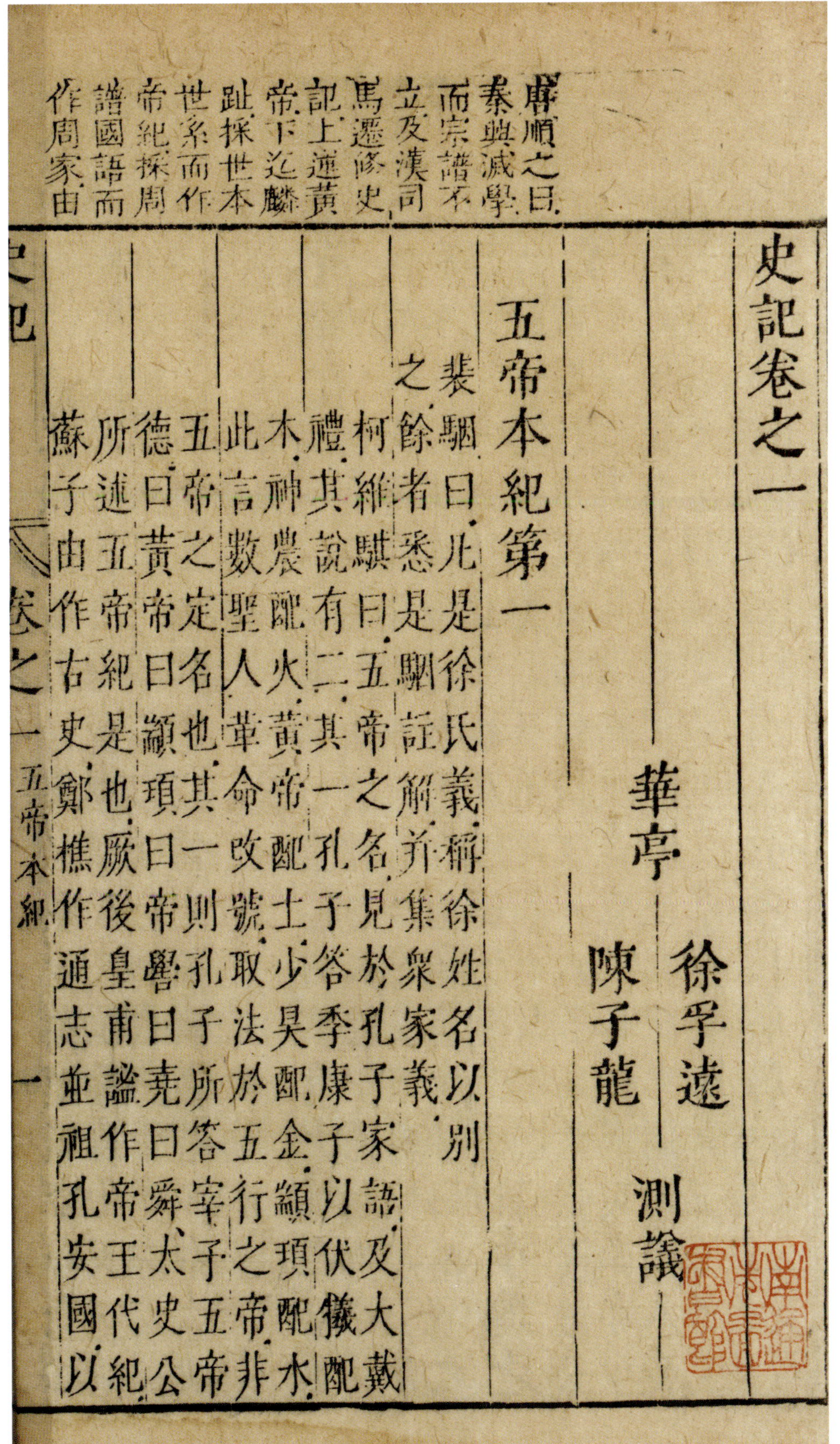

唐順之曰秦興滅學而宗譜不立及漢司馬遷修史記上述黃帝下迄麟趾採世本世系而作帝紀採周譜國語而作周家由

史記卷之一

華亭　徐孚遠

陳子龍　測議

五帝本紀第一

裴駰曰凡是徐氏義稱徐姓名以別之餘者悉是駰註解并集衆家義

柯維騏曰五帝之名見於孔子家語及大戴禮其說有二其一孔子答季康子以伏犧配木神農配火黃帝配土少昊配金顓頊配水此言數聖人革命改號取法於五行之帝非五帝之定名也其一則孔子所答宰予五帝德曰黃帝曰顓頊曰帝嚳曰堯曰舜太史公所述五帝紀是也厥後皇甫謐作帝王代紀蘇子由作古史鄭樵作通志並祖孔安國以

史記　卷之一　五帝本紀　一

021

史記一百三十卷

（漢）司馬遷撰
（南朝宋）裴駰集解
（唐）司馬貞索隱
（唐）張守節正義
（明）徐孚遠、陳子龍測議
明崇禎十三年（1640）刻本

32冊。半葉9行，行20字，小字雙行，字數同，白口，左右雙邊，框高19.8釐米，寬13.4釐米。列入《中國古籍善本書目》、《江蘇省珍貴古籍名録》

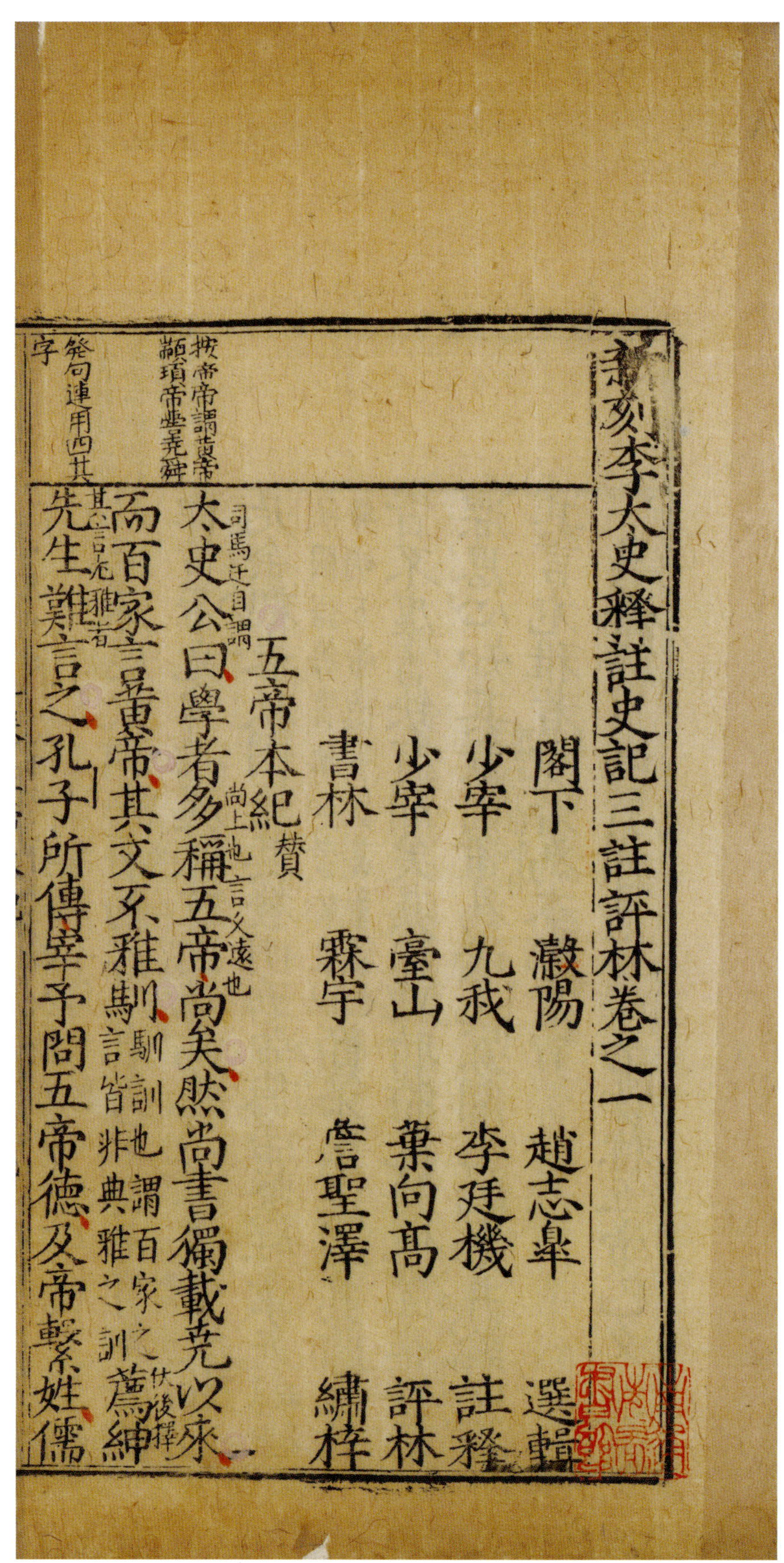

按帝帝謂黃帝顓頊帝嚳堯舜

幾句連用四其字

新刻李太史釋註史記三註評林卷之一

閣下　潁陽　趙志臯　選輯

少宰　九我　李廷機　註釋

少宰　臺山　葉向高　評林

書林　霽宇　詹聖澤　繡梓

五帝本紀贊

司馬遷自謂

太史公曰學者多稱五帝尚矣尚上也言久遠也然尚書獨載堯以來

而百家言黃帝其文不雅馴馴訓也謂百家之訓皆非典雅之訓薦紳

其言不雅若

先生難言之孔子所傳宰予問五帝德及帝繫姓儒

022

新刻李太史釋註史記三註評林六卷

（明）李廷機註釋

（明）葉向高評

（明）趙志臯輯

明書林詹聖澤刻本

4册。半葉9行，行20字，小字雙行，字數同，小字單行，字數不等，白口，四周雙邊，上下分欄，框高21.2釐米，寬12.3釐米。列入《中國古籍善本書目》、《江蘇省珍貴古籍名録》。

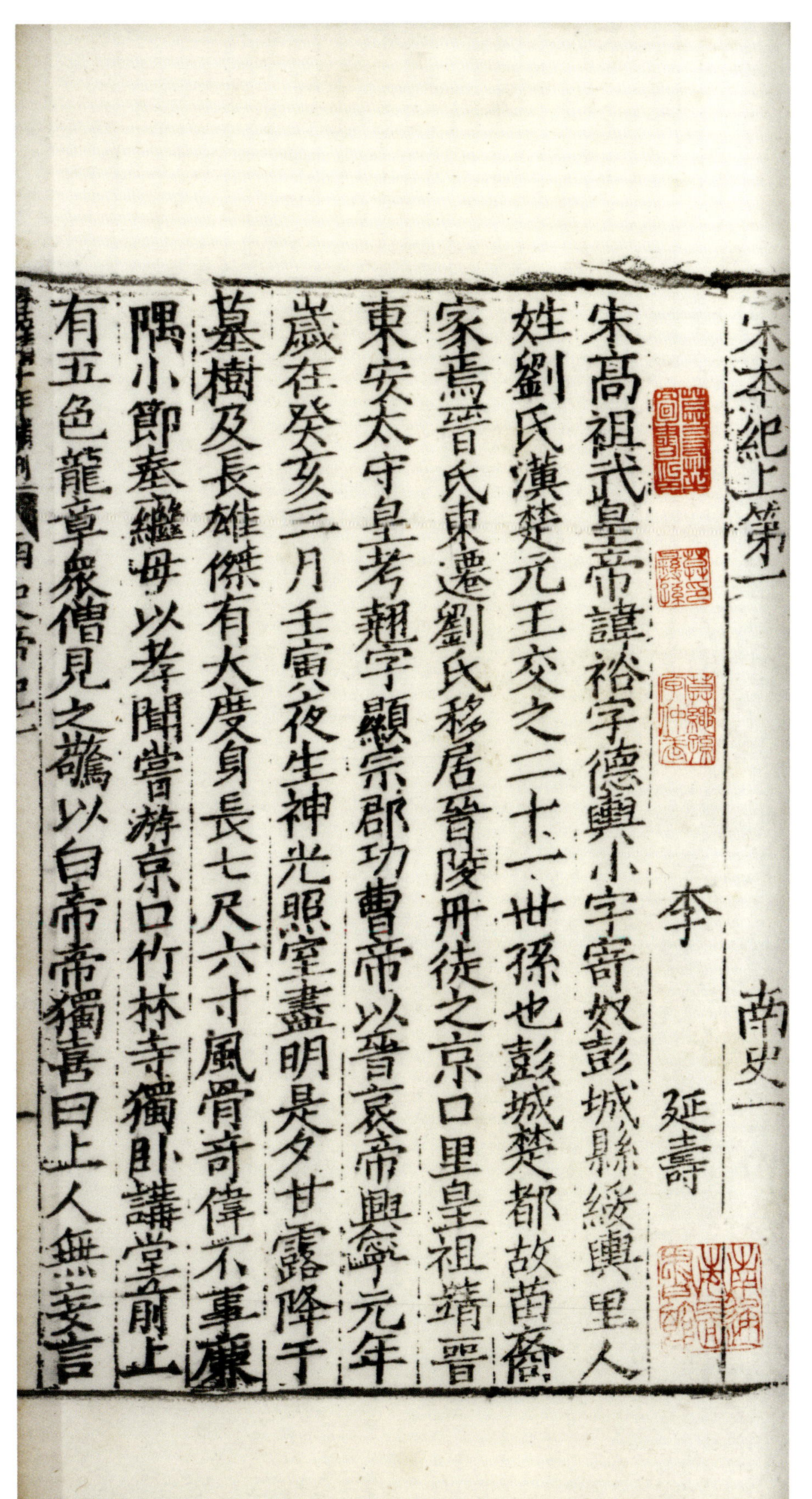

023

南史八十卷

（唐）李延壽撰

元大德十年（1306）刻明嘉靖遞修本

20册。半葉10行，行22字，白口，四周雙邊，框高21.8釐米，寬15.8釐米。有“莫友芝圖書記”、“莫彝孫印”、“莫繩孫字仲武”印。列入《中國古籍善本書目》、《國家珍貴古籍名録》。

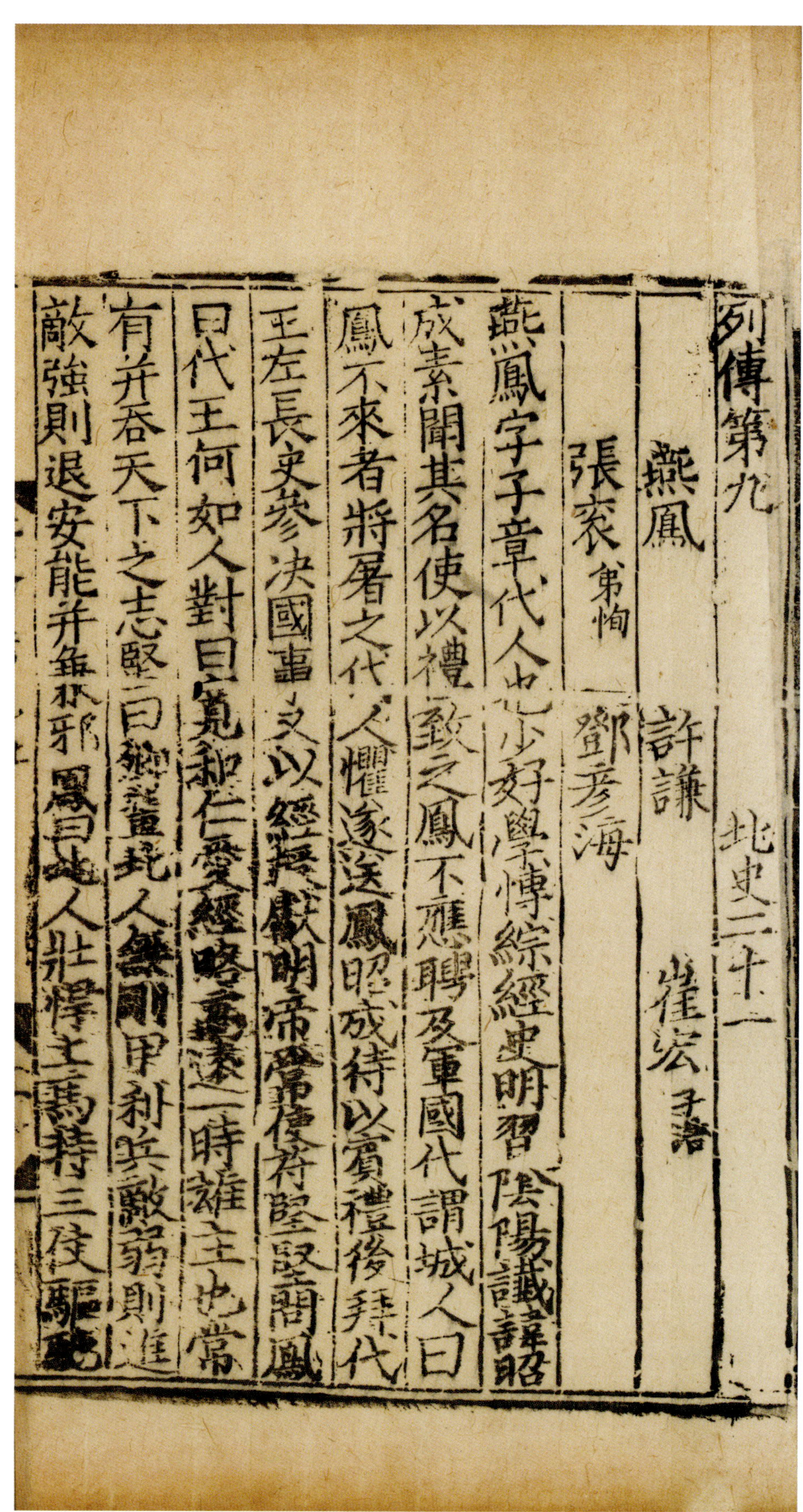
列傳第九　北史二十一
燕鳳　許謙　崔宏 子浩
張衮 弟恂　鄧彥海
燕鳳字子章代人也少好學博綜經史明習陰陽讖緯昭
成素聞其名使以禮致之鳳不應聘及軍國代謂城人曰
鳳不來者將屠之代人懼遂送鳳昭成待以賓禮後拜代
王左長史參決國事又以經授獻明帝常使符堅堅問鳳
曰代王何如人對曰寬和仁愛經略高遠一時雄主也常
有并吞天下之志堅曰卿輩北人無剛甲利兵敵弱則進
敵強則退安能并兼邪鳳曰北人壯悍上馬持三仗驅馳

024

北史一百卷

（唐）李延壽撰

元大德信州路儒學刻明嘉靖遞修本

20冊。半葉10行，行22字，小字雙行，字無定數，黑口，三魚尾，四周雙邊，框高21.7釐米，寬15.7釐米。列入《國家珍貴古籍名録》。

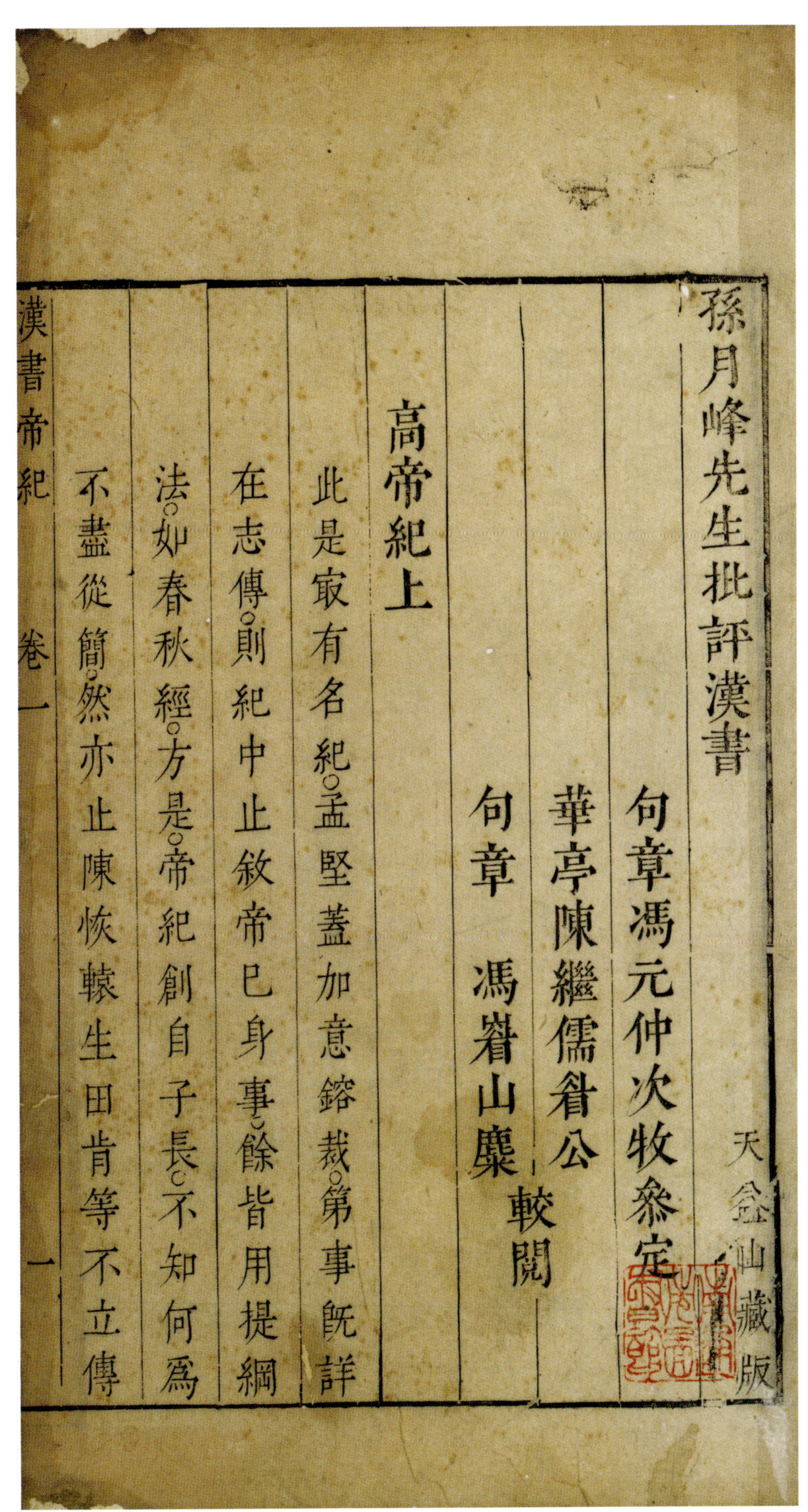

孫月峰先生批評漢書

句章馮元仲次牧叅定

華亭陳繼儒眘公

句章　馮睿山麋　較閲

天益山藏版

高帝紀上

此是冡有名紀。孟堅蓋加意鎔裁。第事既詳在志傳。則紀中止敘帝已身事。餘皆用提綱法。如春秋經。方是帝紀創自子長。不知何爲不盡從簡。然亦止陳恢轅生田肯等不立傳

漢書帝紀　卷一　一

025

孫月峰先生批評漢書一百卷

（漢）班固撰

（明）孫鑛評

明末馮元仲天益山刻本

16册。半葉9行，行20字，白口，四周單邊，框高21釐米，寬13.7釐米。列入《中國古籍善本書目》、《江蘇省珍貴古籍名録》。

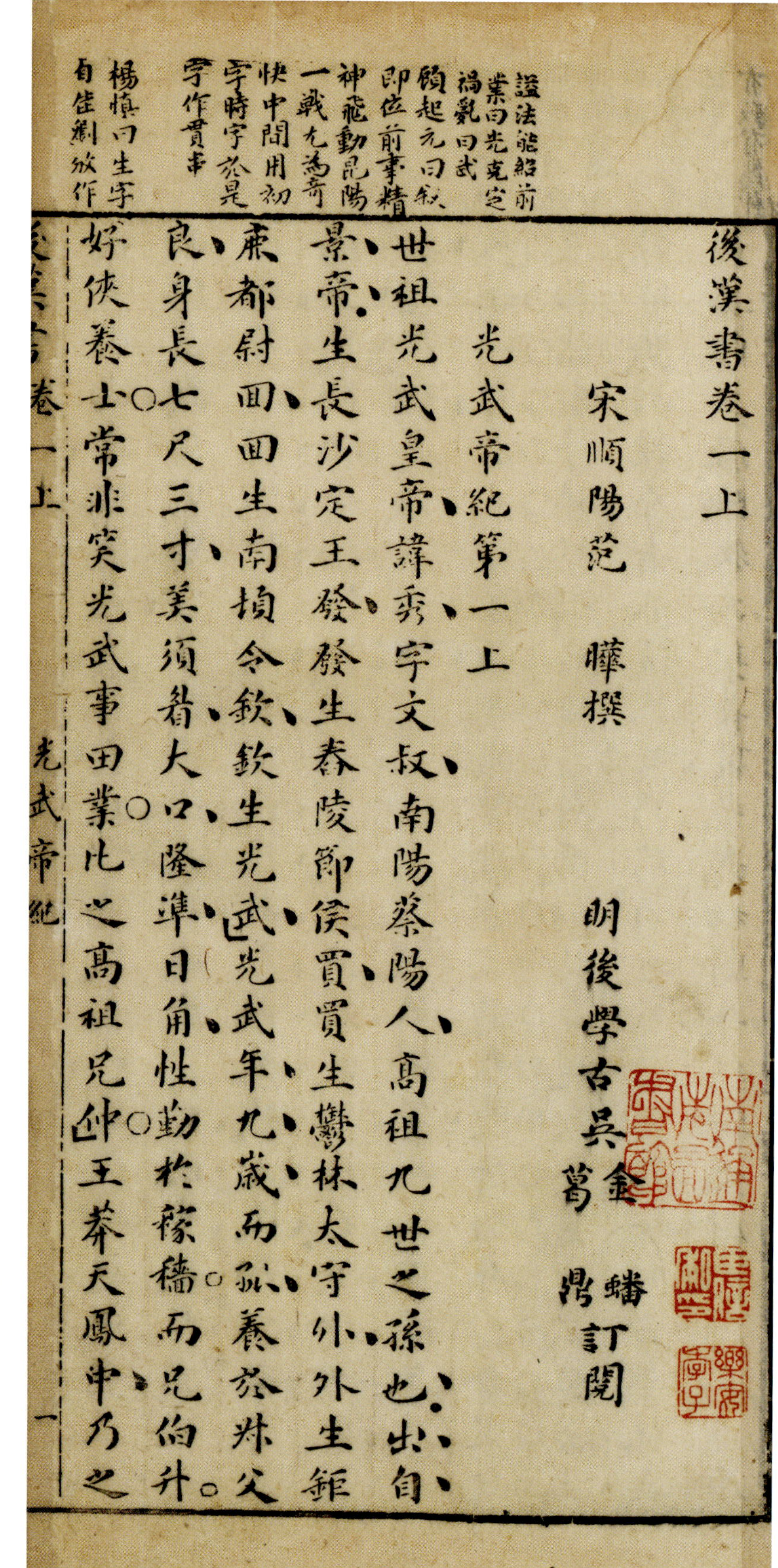
謚法能紹前業曰光克定禍亂曰武

顧起元曰敘即位前事精神飛動昆陽一戰尤為奇快中間用初字時字於是字作貫串

楊慎曰生字自佳劉攽作

後漢書卷一上

宋順陽范　曄撰

明後學古吳金　蟠　葛　鼎訂閱

光武帝紀第一上

世祖光武皇帝諱秀字文叔南陽蔡陽人高祖九世之孫也出自景帝生長沙定王發發生舂陵節侯買買生鬱林太守外外生鉅鹿都尉回回生南頓令欽欽生光武光武年九歲而孤養於叔父良身長七尺三寸美須眉大口隆準日角性勤於稼穡而兄伯升好俠養士常非笑光武事田業比之高祖兄仲王莽天鳳中乃之

後漢書卷一上　光武帝紀　一

026

後漢書一百二十卷

（南朝宋）范曄撰

（明）金蟠、葛鼎訂閱

明末刻本

16冊。半葉9行，行25字，白口，四周單邊，框高20.5釐米，寬11.6釐米。

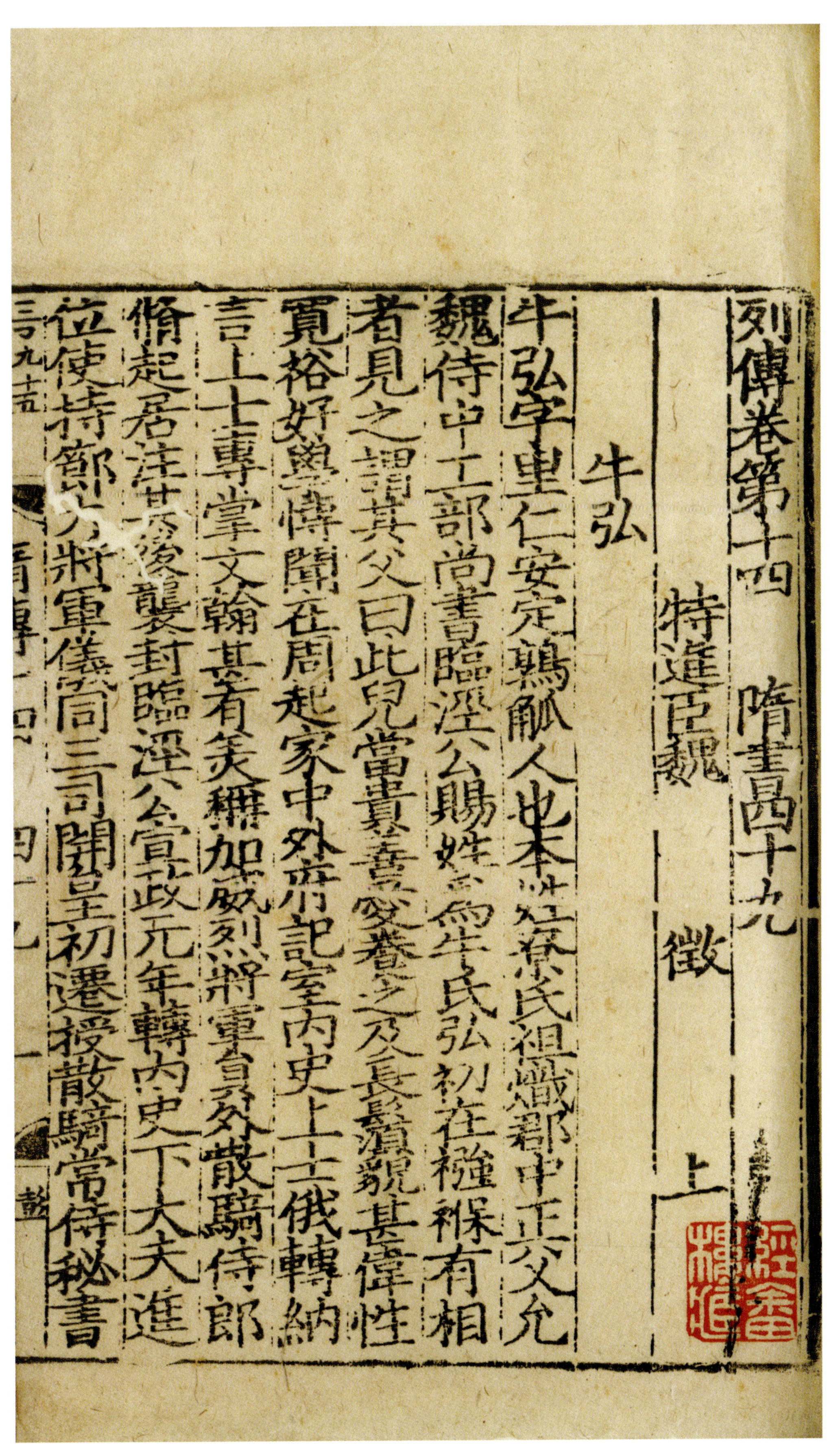
列傳卷第十四　隋書四十九

特進臣魏徵　上

牛弘

牛弘字里仁安定鶉觚人也本姓遼氏祖熾郡中正父允魏侍中工部尚書臨涇公賜姓爲牛氏弘初在襁褓有相者見之謂其父曰此兒當貴善愛養之及長鬚貌甚偉性寬裕好學博聞在周起家中外府記室內史上士俄轉納言上士專掌文翰甚有美稱加威烈將軍員外散騎侍郎脩起居注其後襲封臨涇公宣政元年轉內史下大夫進位使持節大將軍儀同三司開皇初遷授散騎常侍秘書

027

隋書八十五卷

（唐）魏徵等撰

元大德饒州路儒學刻明正德十年（1515）重修本

1册。存六卷（四十八至五十三）。半葉10行，行22字，白口，左右雙邊，框高20.7釐米，寬15.5釐米。有“經畬樓藏”印。列入《中國古籍善本書目》、《江蘇省珍貴古籍名録》。

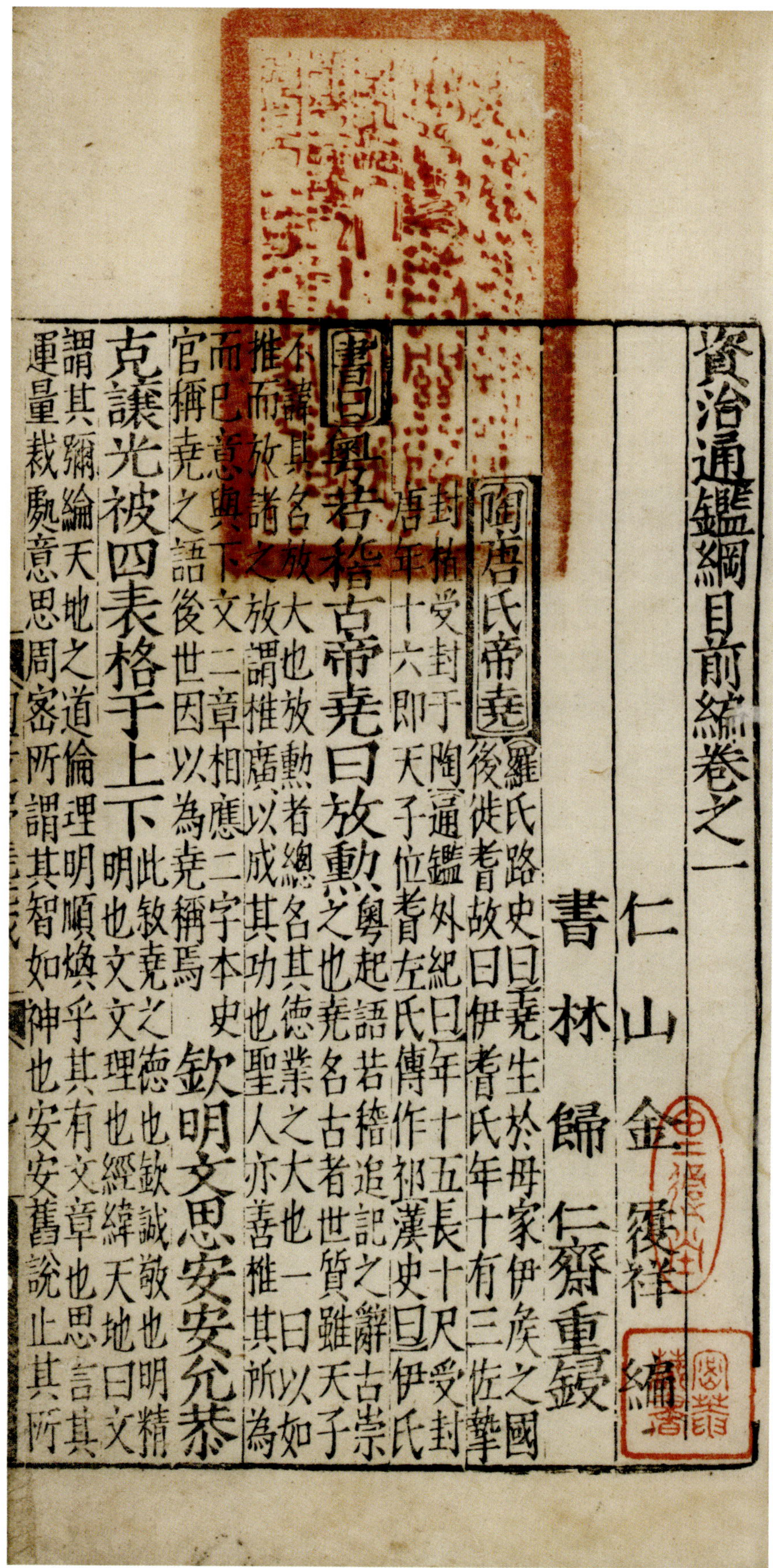

資治通鑑綱目前編卷之一

仁山金履祥編

書林歸仁齋重鋟

陶唐氏帝堯羅氏路史曰堯生於母家伊侯之國後徙者故曰伊耆氏年十有三佐摯封植受封于陶通鑑外紀曰年十五長十尺受封唐年十六即天子位耆左氏傳作祁漢史曰伊氏

書曰粵若稽古帝堯曰放勳粵起語若稽追記之辭古崇之也堯名古者世質雖天子不諱其名放大也放勳者總名其德業之大也一曰以如推而放諸之放謂推廣以成其功也聖人亦善推其所為而已意與下文二章相應二字本史官稱堯之語後世因以為堯稱焉欽明文思安安允恭克讓光被四表格于上下此敘堯之德也欽誠敬也明精明也文文理也經緯天地曰文謂其彌綸天地之道倫理明順煥乎其有文章也思言其運量裁處意思周密所謂其智如神也安安舊說止其所

028

通鑑綱目全書

一百八卷

明嘉靖三十九年（1560）書林楊氏歸仁齋刻本

40册。存四十九卷（資治通鑑綱目前編外紀一卷 資治通鑑綱目前編十八卷舉要三卷 續資治通鑑綱目二十七卷）。半葉10行，行22字，小字雙行，字數同，黑口，雙魚尾，框高19.7釐米，寬13釐米。列入《中國古籍善本書目》、《國家珍貴古籍名録》。

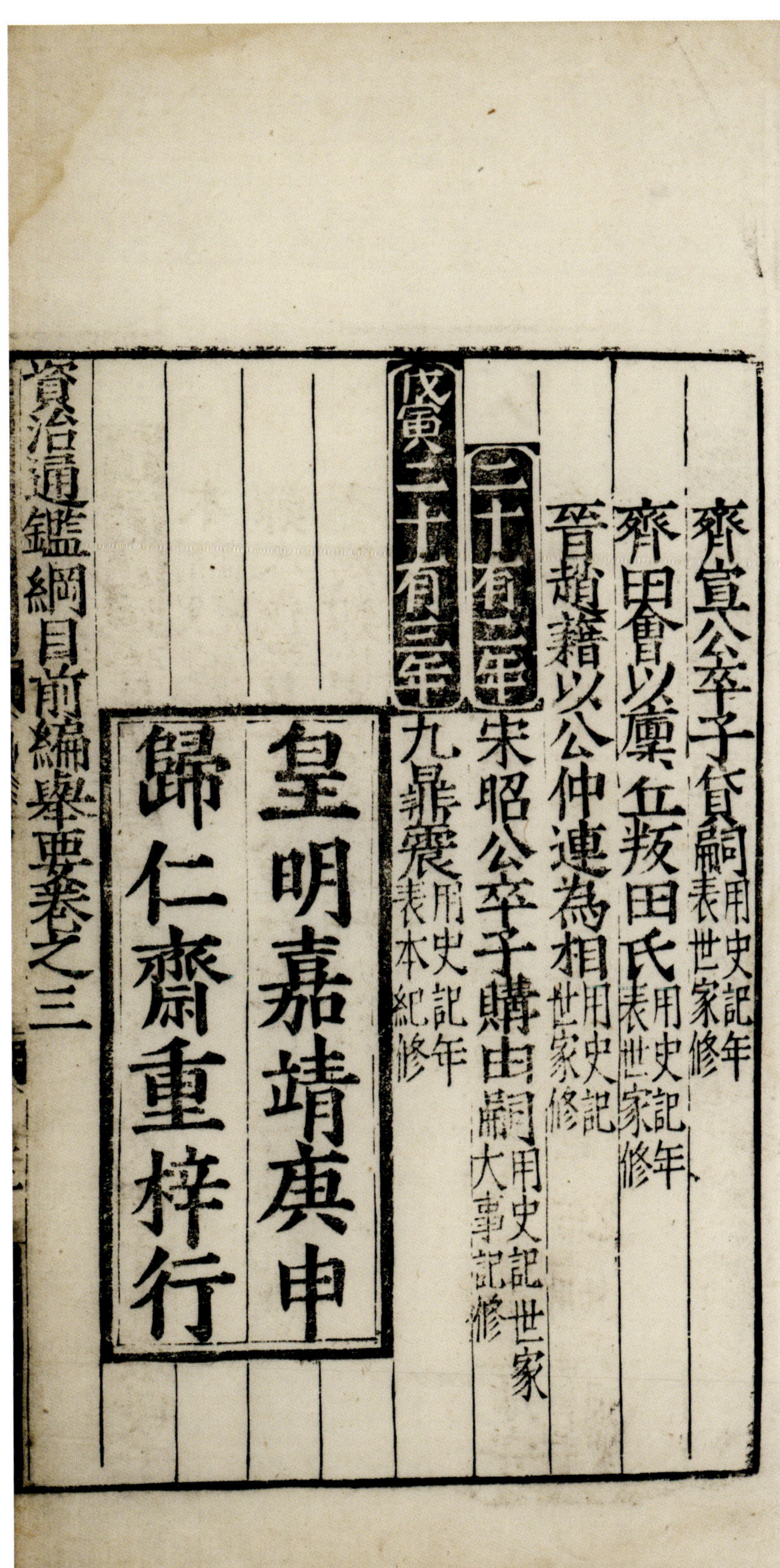
齊宣公卒子貸嗣用史記年表世家修
齊田會以廩丘叛田氏用史記年表世家修
晉趙籍以公仲連為相用史記世家修
二十有二年
宋昭公卒子購由嗣用史記大事記修世家
戊寅二十有三年
九鼎震用史記年表本紀修
皇明嘉靖庚申
歸仁齋重梓行
資治通鑑綱目前編舉要卷之三

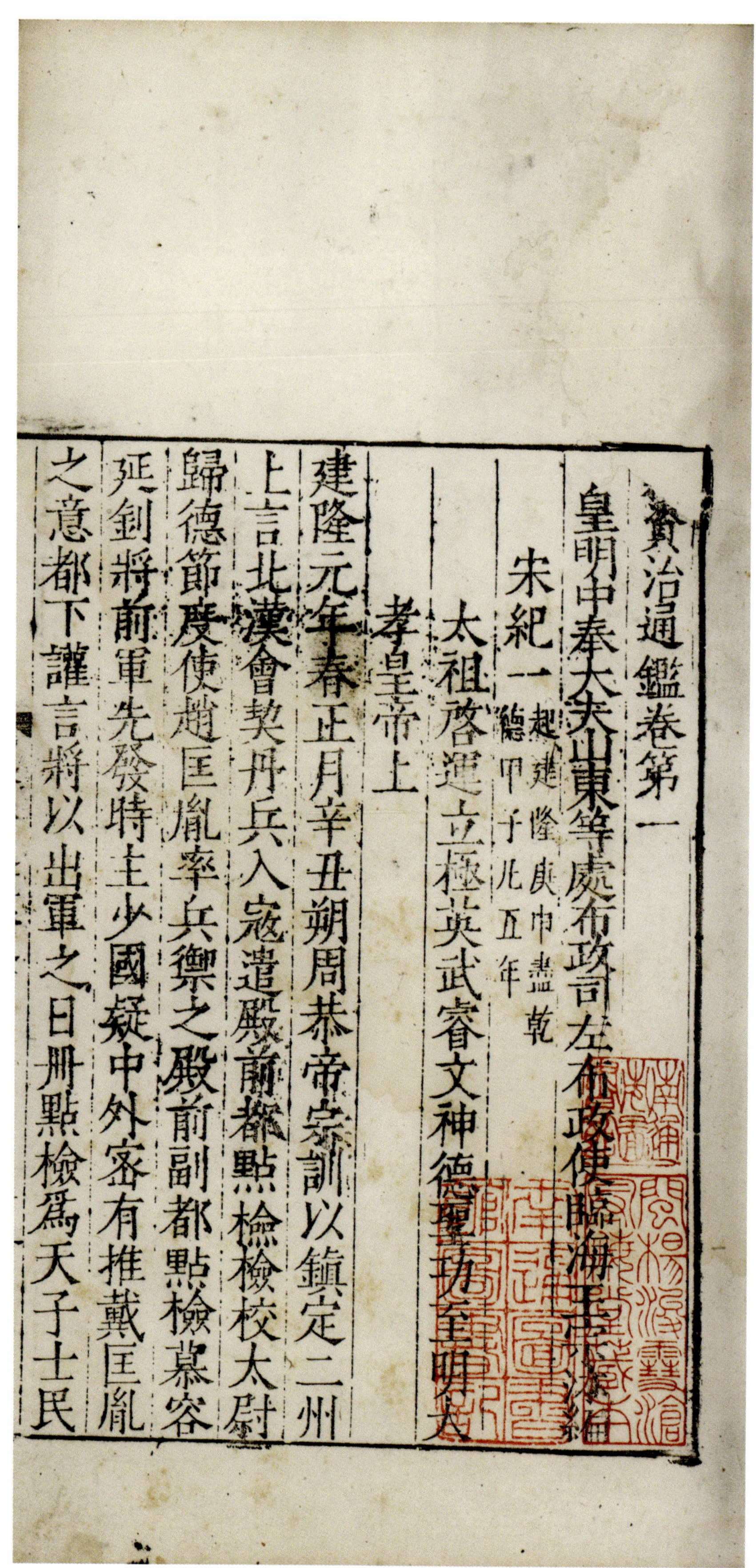
續資治通鑑卷第一
皇明中奉大夫山東等處布政司左布政使臨海王宗沐編
宋紀一 起建隆庚申盡乾德甲子凡五年
太祖啓運立極英武睿文神德聖功至明大
孝皇帝上
建隆元年春正月辛丑朔周恭帝宗訓以鎮定二州
上言北漢會契丹兵入寇遣殿前都點檢檢校太尉
歸德節度使趙匡胤率兵禦之殿前副都點檢慕容
延釗將前軍先發時主少國疑中外密有推戴匡胤
之意都下讙言將以出軍之日册點檢爲天子士民

029

續資治通鑑六十四卷

（明）王宗沐撰

明隆慶刻萬曆重修本

20册。半葉10行，行20字，小字雙行，字數同，白口，單魚尾，左右雙邊，框高19.9釐米，寬14.1釐米。列入《中國古籍善本書目》、《江蘇省珍貴古籍名録》。

宋資治通鑑卷第一

皇明中奉大夫都察院右副都御史臨海王宗沐編

後學　新安吳中珩校

宋紀一　起建隆庚申盡乾德甲子凡五年

太祖啓運立極英武睿文神德聖功至明大

孝皇帝上

建隆元年春正月辛丑朔周恭帝宗訓以鎮定二州上言北漢會契丹兵入寇遣殿前都點檢檢校太尉歸德節度使趙匡胤率兵禦之殿前副都點檢慕容延釗將前軍先發時主少國疑中外寄有推戴匡胤

030

宋元資治通鑑 六十四卷

（明）王宗沐撰

明吳中珩刻本

40册。半葉10行，行20字，白口，單魚尾，左右雙邊，框高19.7釐米，寬13.3釐米。列入《中國古籍善本書目》、《江蘇省珍貴古籍名録》。

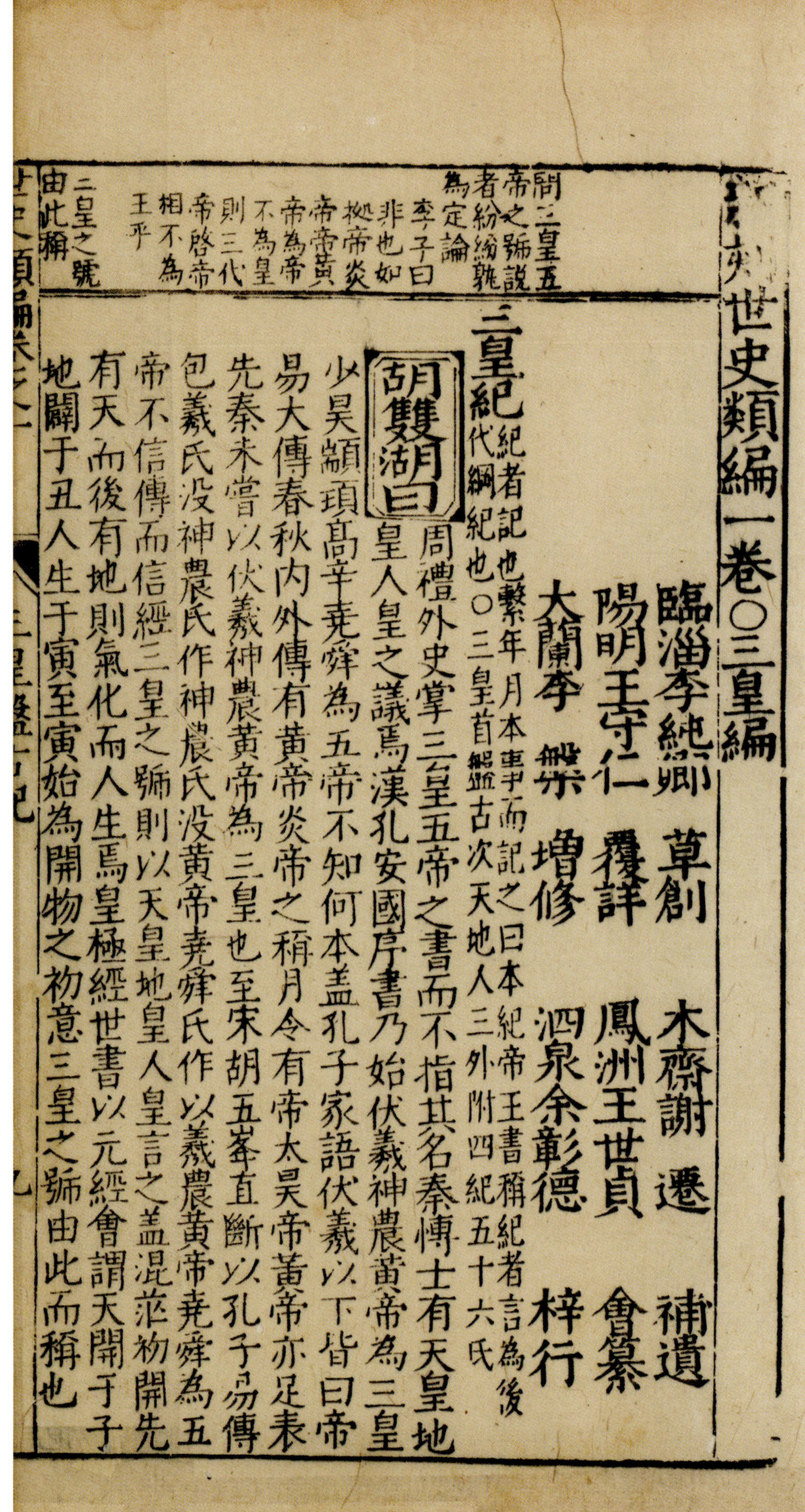

031

新刻世史類編四十五卷首一卷

（明）李純卿草創
（明）謝遷補遺
（明）王守仁覆詳
（明）王世貞會纂
（明）李槃增修
明萬曆三十四年（1606）書林余彰德刻本

20冊。半葉12行，行28字，小字雙行，字數同，白口，單魚尾，四周單邊，上下分欄，框高23.1釐米，寬14釐米。列入《中國古籍善本書目》、《江蘇省珍貴古籍名録》。

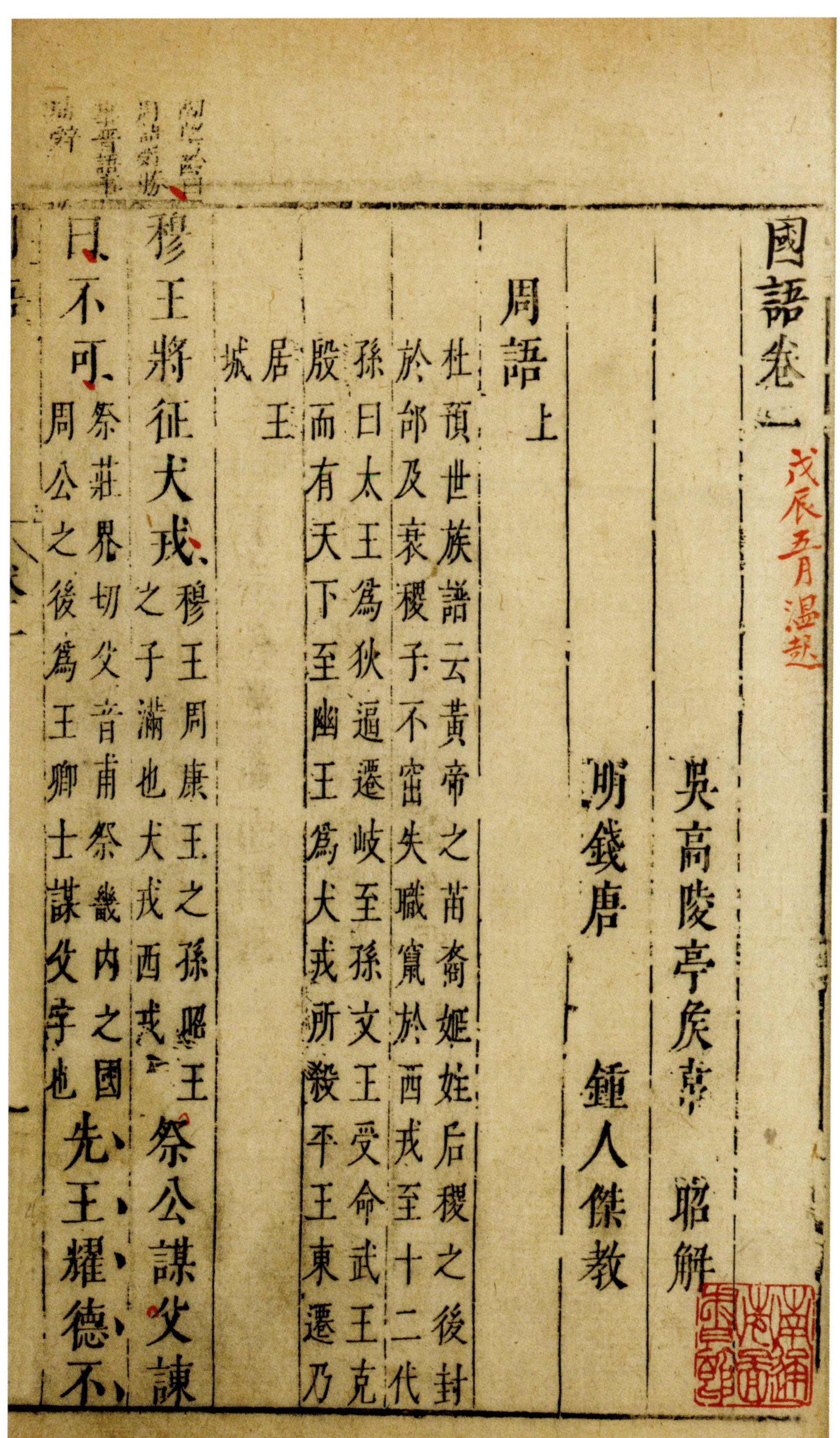

032

國語二十一卷

（三國吴）韋昭註
明天啓六年（1626）鍾人傑刻本

6册。半葉9行，行20字，小字雙行，字數同，白口，單魚尾，四周單邊，框高21.2釐米，寬14.1釐米。列入《中國古籍善本書目》、《江蘇省珍貴古籍名録》。

戰國策卷一

宋縉雲鮑　彪裁注

明武林鍾人傑重校

西周

漢志河南洛陽穀城平陰偃師鞏緱氏皆周地也正曰按大事記周貞定王二十八年考王初立封其弟揭於河南是爲河南桓公河南郟鄏武王遷九鼎周公營以爲都是爲王城洛陽周公所營下都以遷頑民是爲成周平王東遷定都王城王子朝之亂敬王徙都成周至是考王以王城故地封桓公焉平王東遷之後所謂西周者豐鎬也東周者東都也威烈王以後所謂西周者河南也東周者洛陽也何以稱河南爲西周自洛陽下都視王城則在西也何以稱

033

戰國策十卷

（宋）鮑彪校註

明天啓三年（1623）鍾人傑刻本

6册。半葉9行，行20字，小字雙行，字數同，白口，單魚尾，四周單邊，框高21.4釐米，寬14.1釐米。列入《中國古籍善本書目》。

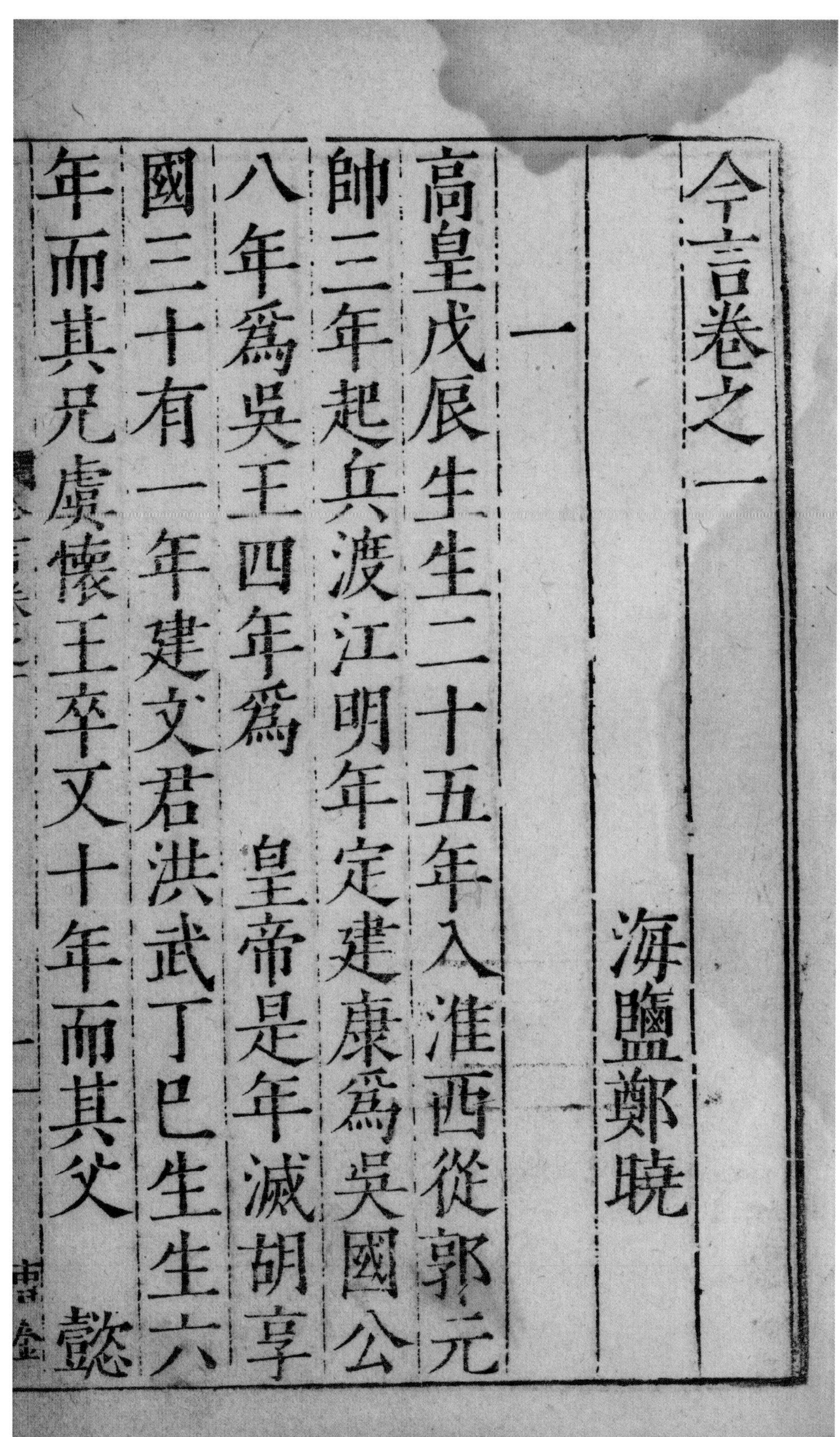

今言卷之一

海鹽鄭曉

一

高皇戊辰生生二十五年入淮西從郭元
帥三年起兵渡江明年定建康爲吳國公
八年爲吳王四年爲 皇帝是年滅胡亨
國三十有一年建文君洪武丁巳生生六
年而其兄虞懷王卒又十年而其父 懿

034

今言四卷

（明）鄭曉撰
明嘉靖四十五年（1566）項篤壽刻本

4册。半葉8行，行16字，白口，單魚尾，左右雙邊，框高20.6釐米，寬13.2釐米。列入《中國古籍善本書目》、《國家珍貴古籍名録》。

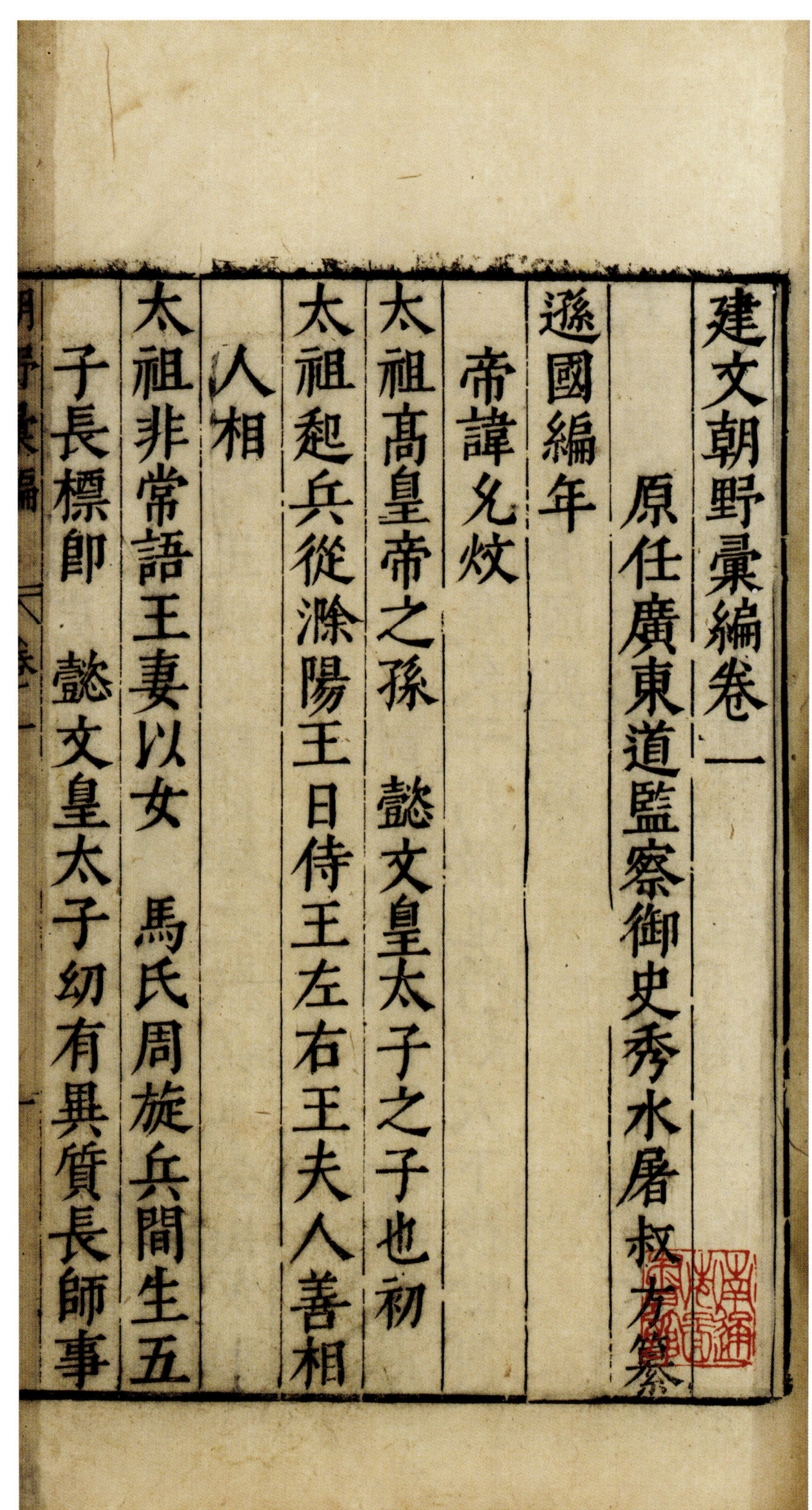
建文朝野彙編卷一
原任廣東道監察御史秀水屠叔方纂
遜國編年
帝諱允炆
太祖高皇帝之孫　懿文皇太子之子也初
太祖起兵從滁陽王日侍王左右王夫人善相
人相
太祖非常語王妻以女　馬氏周旋兵間生五
子長標即　懿文皇太子幼有異質長師事

035

建文朝野彙編二十卷

（明）屠叔方撰

明萬曆刻本

10册。半葉9行，行18字，小字雙行，字數同，白口，單魚尾，左右雙邊，框高20.7釐米，寬14.3釐米。列入《中國古籍善本書目》。

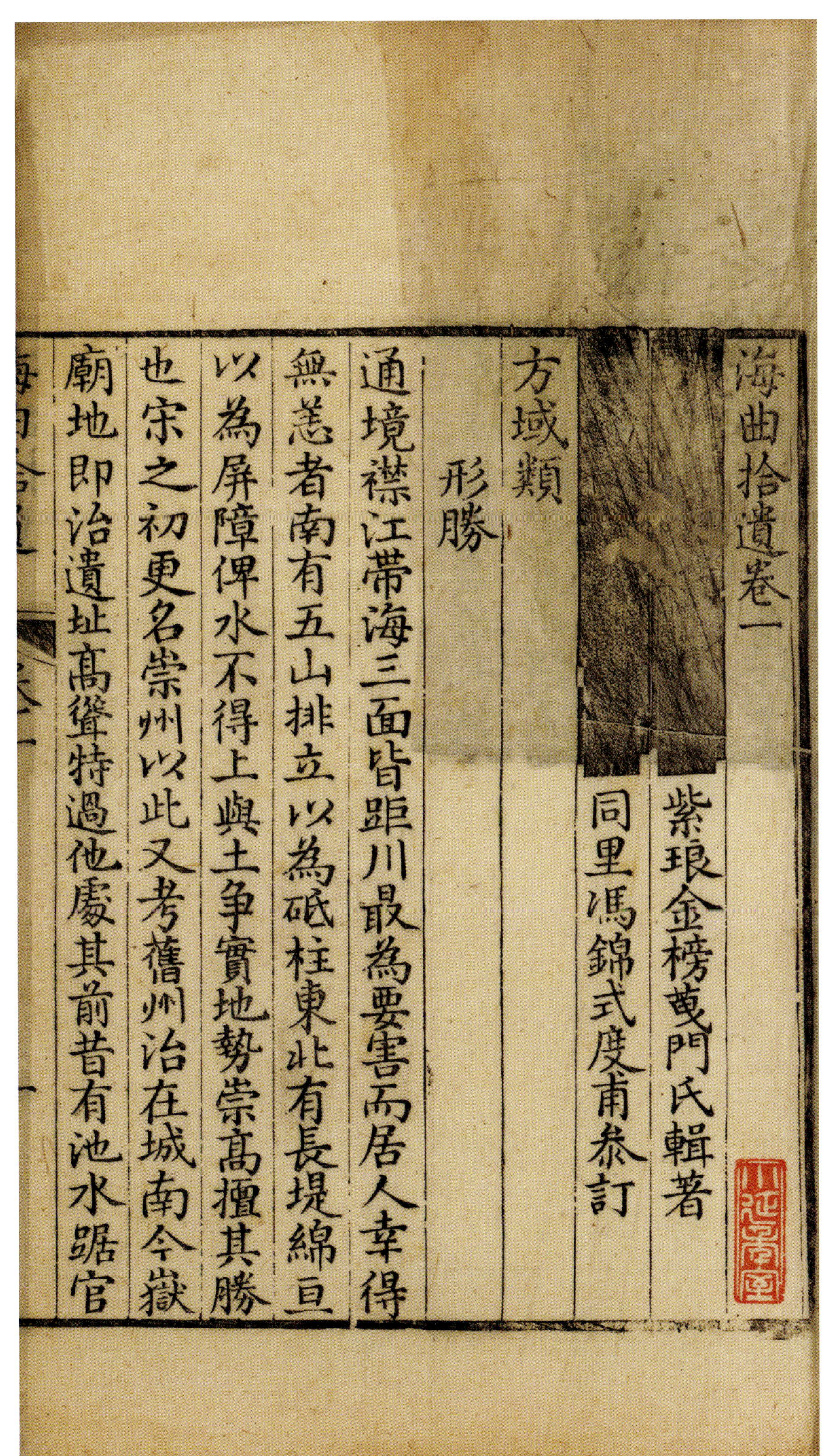

海曲拾遺卷一

紫琅金榜蕺門氏輯著

同里馮錦式度甫叅訂

方域類

形勝

通境襟江帶海三面皆距川最為要害而居人幸得無恙者南有五山排立以為砥柱東北有長堤綿亘以為屏障俾水不得上與土爭實地勢崇高擅其勝也宋之初更名崇州以此又考舊州治在城南今嶽廟地即治遺址高聳特過他處其前昔有池水踞官

036

海曲拾遺六卷

（清）金榜輯

清刻本

2冊。半葉10行，行20字，白口，單魚尾，左右雙邊，框高17.2釐米，寬13.4釐米。

周武王端冕受丹書

歷代名臣奏議卷之一

吳郡　子永錫　孫玉衡 玉璇　重較

君德

周武王踐祚三日召師尚父而問焉曰黃帝顓帝之道存乎曰在丹書王欲聞之則齋矣齋三日王端冕師尚父亦端冕奉書而入王東面而立師尚父西面道書之言曰敬勝怠者吉怠勝敬者滅義勝欲者從欲勝義者凶凡事不強則枉弗敬則不正枉者滅廢敬者萬世王聞書之

奏議　卷之一

037

歷代名臣奏議三百一十九卷

（明）黄淮、楊士奇等輯（明）張溥編次（明）張永錫、張玉衡、張玉璇重校
明崇禎八年（1635）東觀閣刻清正雅堂遞修本

80册。半葉9行，行18字，白口，單魚尾，左右雙邊，上下分欄，框高20.5釐米，寬13.7釐米。列入《江蘇省珍貴古籍名録》。

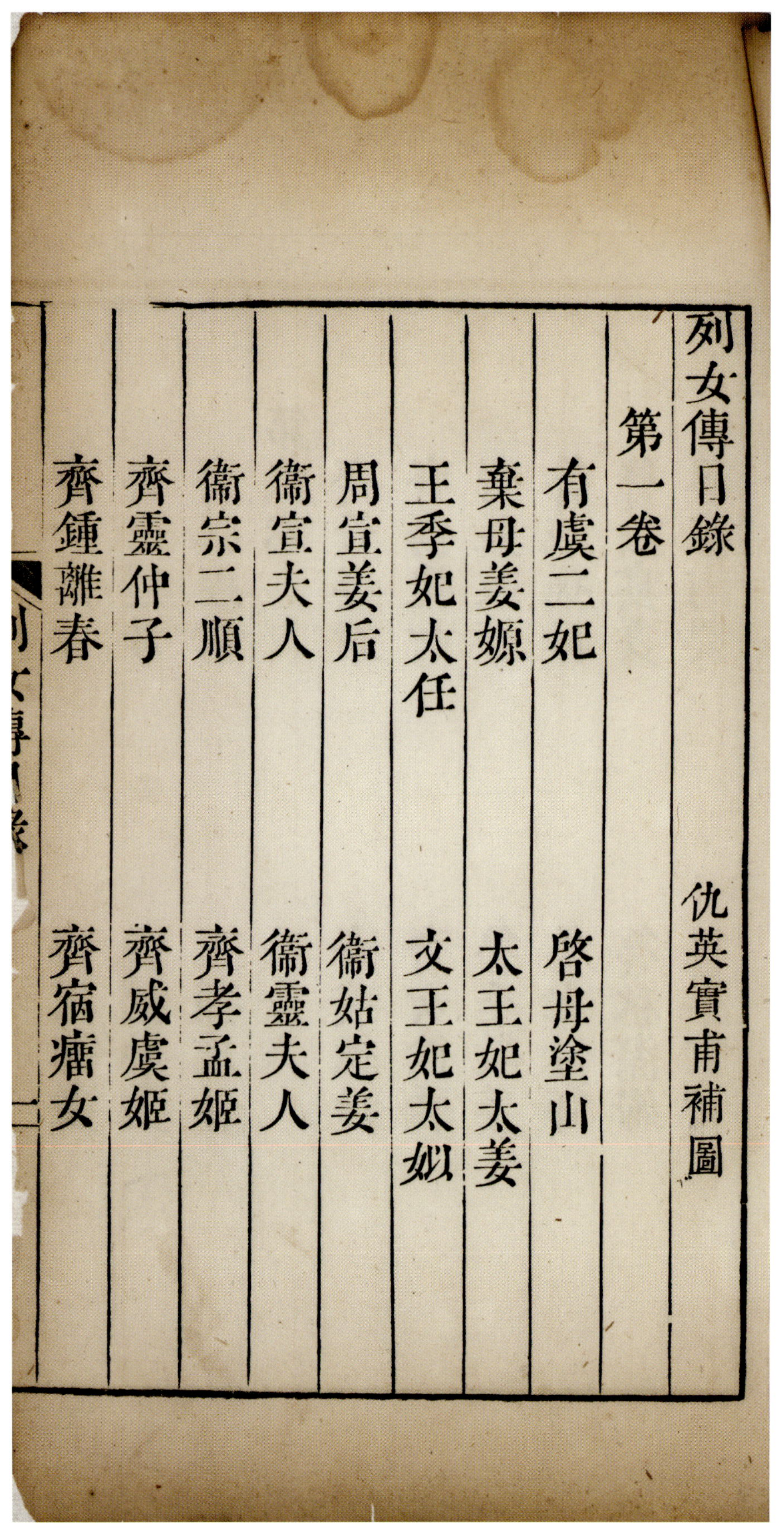

列女傳目錄　仇英實甫補圖

第一卷

有虞二妃　啓母塗山

棄母姜嫄　太王妃太姜

王季妃太任　文王妃太姒

周宣姜后　衛姑定姜

衛宣夫人　衛靈夫人

衛宗二順　齊孝孟姬

齊靈仲子　齊威虞姬

齊鍾離春　齊宿瘤女

038

列女傳十六卷

（漢）劉向撰
（明）汪道昆輯
（明）仇英繪圖
明萬曆刻清乾隆四十四年（1779）鮑氏知不足齋印本

8冊。半葉10行，行21字，白口，四周單邊，字框高22.5釐米，寬14.8釐米，图框高22.9釐米，寬15.8釐米。列入《江蘇省珍貴古籍名録》。

列女傳卷三

十一

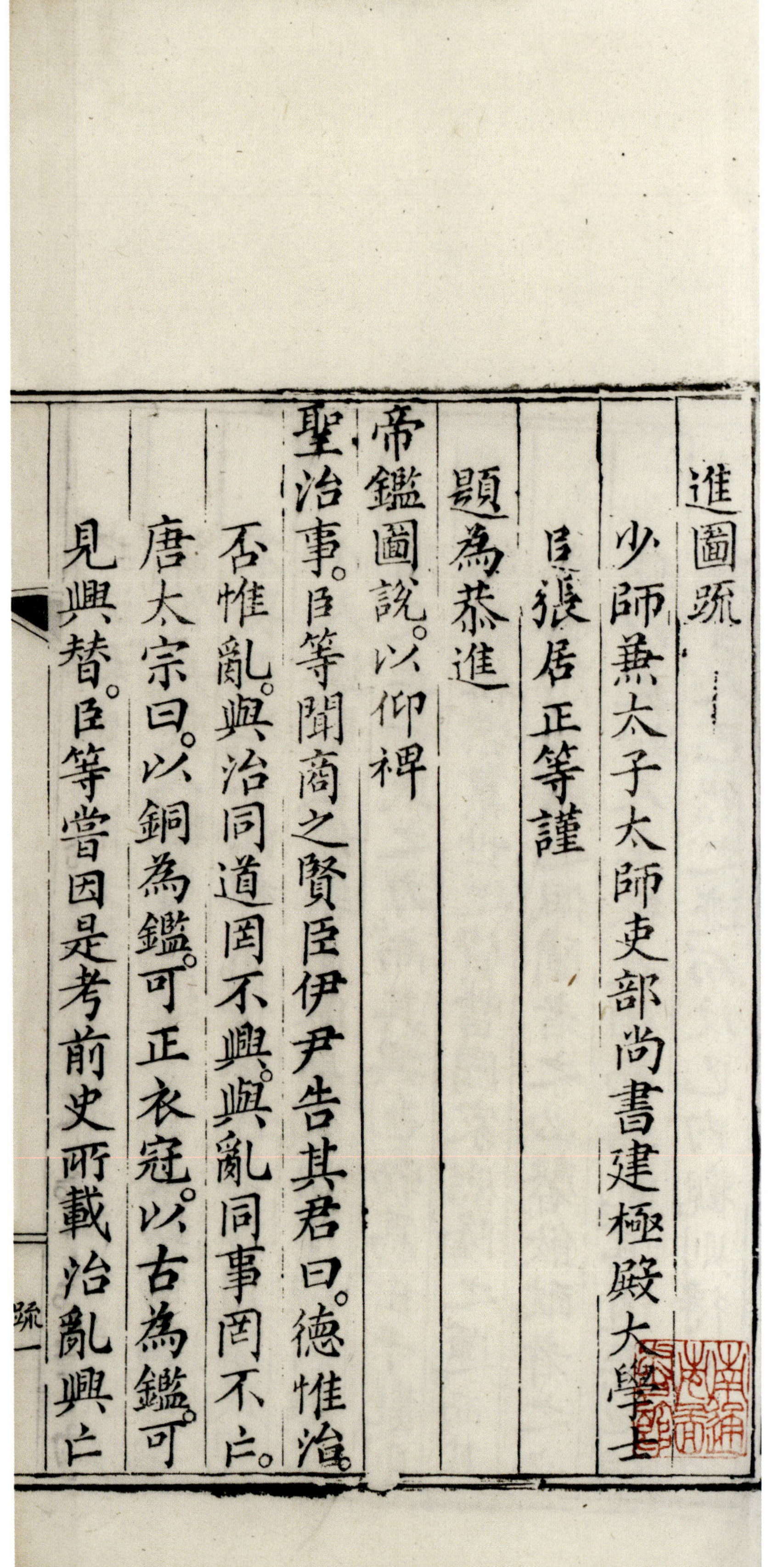

進圖疏

少師兼太子太師吏部尚書建極殿大學士

臣張居正等謹

題為恭進

帝鑑圖說。以仰裨

聖治事。臣等聞商之賢臣伊尹告其君曰。德惟治。

否惟亂。與治同道罔不興。與亂同事罔不亾。

唐太宗曰。以銅為鑑。可正衣冠。以古為鑑。可

見興替。臣等嘗因是考前史所載治亂興亾

疏一

039

帝鑑圖說不分卷

（明）張居正等撰

明刻本

4册。半葉9行，行19字，白口，四周雙邊，框高19.8釐米，寬13.4釐米。列入《江蘇省珍貴古籍名録》。

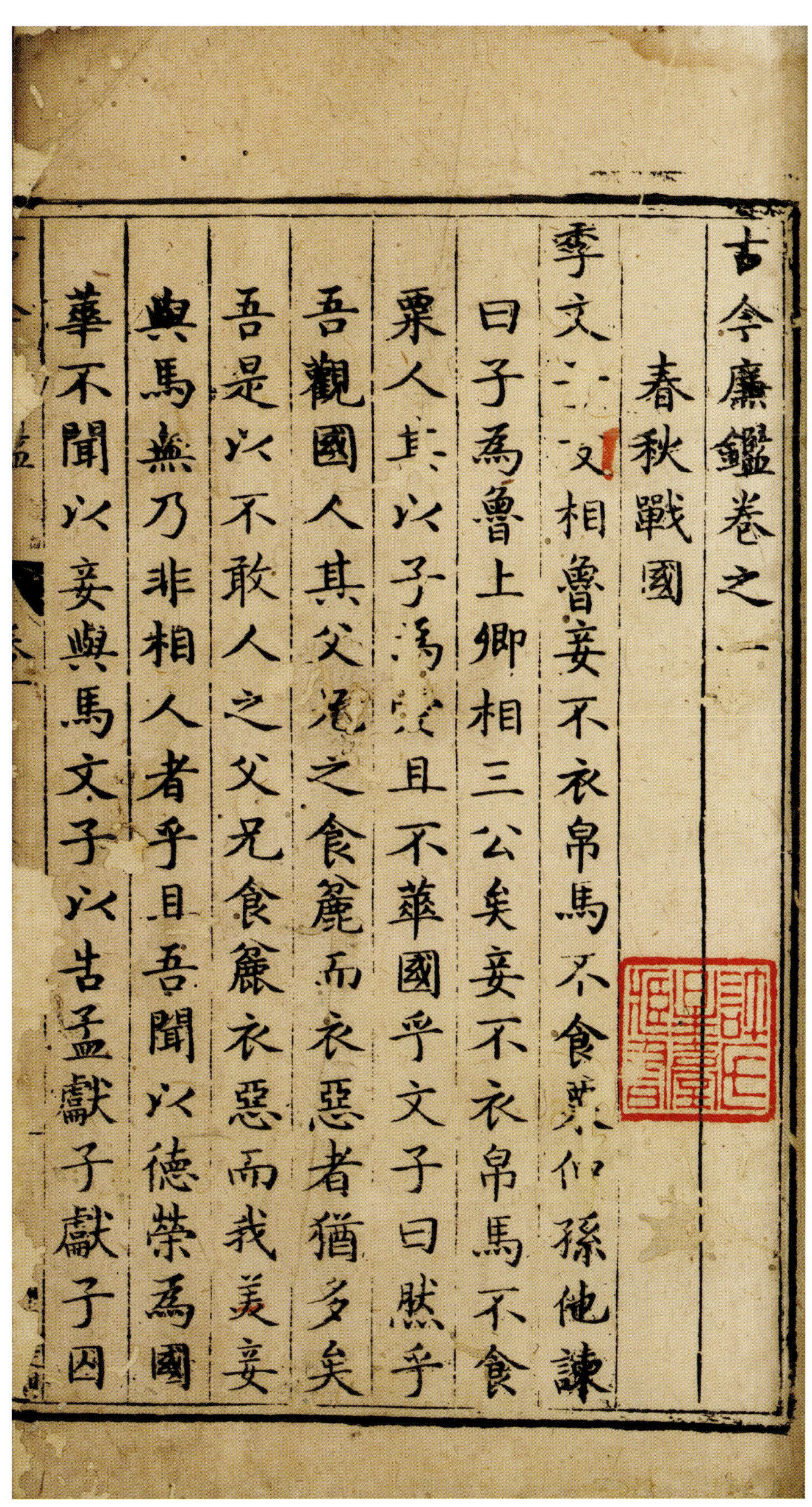

古今廉鑑卷之一

春秋戰國

季文[illegible]文相魯妾不衣帛馬不食粟仲孫他諫
曰子爲魯上卿相三公矣妾不衣帛馬不食
粟人其以子爲吝且不華國乎文子曰然乎
吾觀國人其父兄之食麤而衣惡者猶多矣
吾是以不敢人之父兄食麤衣惡而我美妾
與馬無乃非相人者乎且吾聞以德榮爲國
華不聞以妾與馬文子以告孟獻子獻子囚

040

古今廉鑑八卷

（明）喬懋敬撰
明萬曆六年（1578）刻本

4册。半葉9行，行18字，白口，單魚尾，四周雙邊，框高21.1釐米，寬13.5釐米。列入《中國古籍善本書目》、《江蘇省珍貴古籍名録》。

古今明堂記卷之一

閩東厓黃景昉著

周召穆公虎

彘之亂宣王在召公之宮國人圍之召公曰昔吾驟諫王王不從以及此難今殺王子王其以我爲懟而怒乎夫事君者險而不懟怨而不怒况事王乎乃以其子代宣王宣王長而立之

厲王之虐衆至欲殺其子信怨毒之於人深也召公初意匿王子既終不可匿以其子代視程嬰杵

041

古今明堂記六卷

（明）黃景昉撰

明刻本

6册。半葉9行，行20字，白口，四周單邊，框高19.5釐米，寬13釐米。列入《中國古籍善本書目》、《江蘇省珍貴古籍名録》。

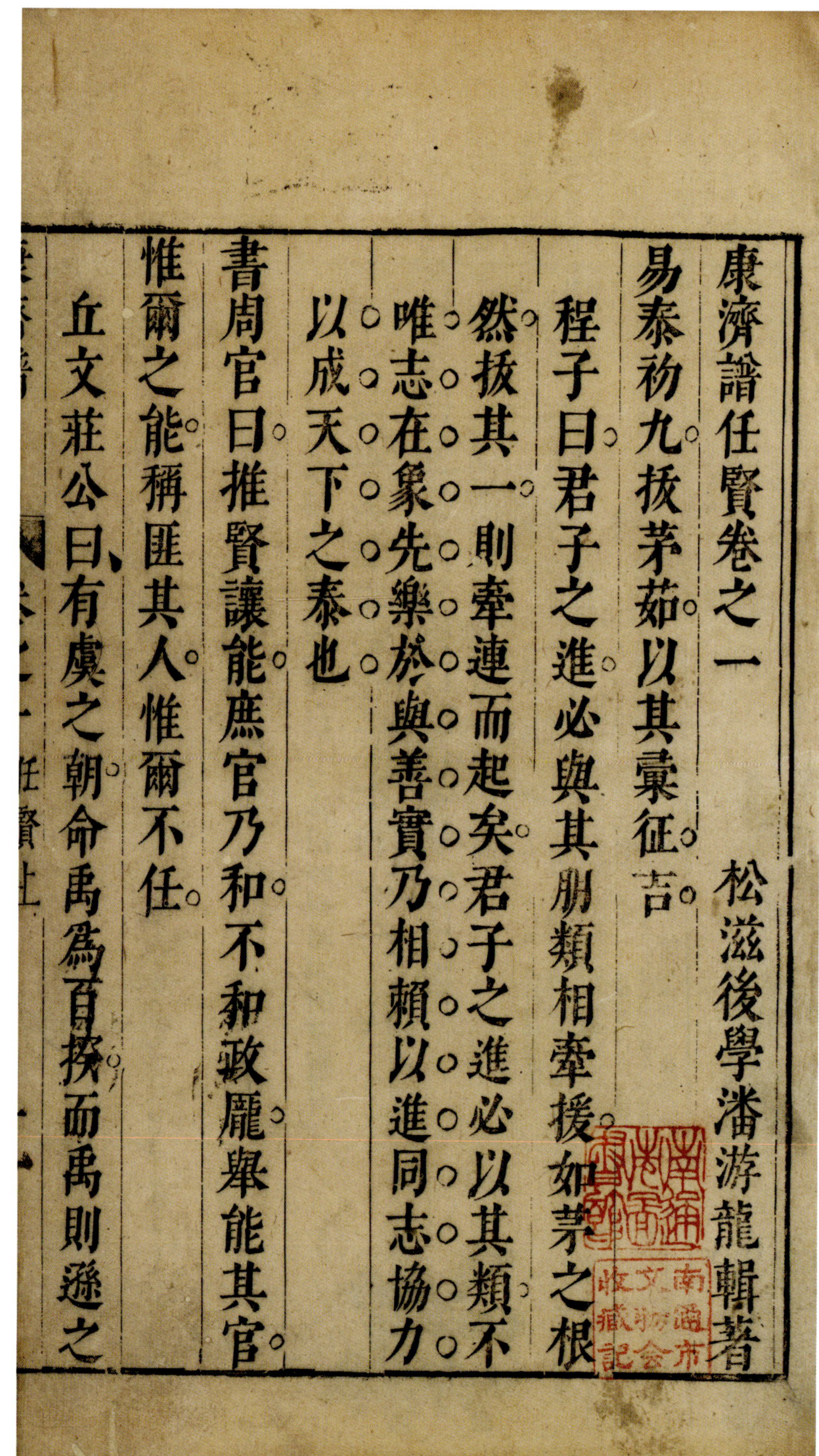

康濟譜任賢卷之一　　　松滋後學潘游龍輯著

易泰初九拔茅茹以其彚征吉

程子曰君子之進必與其朋類相牽援如茅之根然拔其一則牽連而起矣君子之進必以其類不唯志在象先樂於與善實乃相賴以進同志協力以成天下之泰也

書周官曰推賢讓能庶官乃和不和政厖舉能其官惟爾之能稱匪其人惟爾不任

丘文莊公曰有虞之朝命禹爲百揆而禹則遜之

042

康濟譜二十五卷

（明）潘游龍撰

明崇禎十三年（1640）王期昇刻本

15册。半葉9行，行20字，白口，單魚尾，左右雙邊，框高20釐米，寬13.6釐米。列入《中國古籍善本書目》、《江蘇省珍貴古籍名録》。

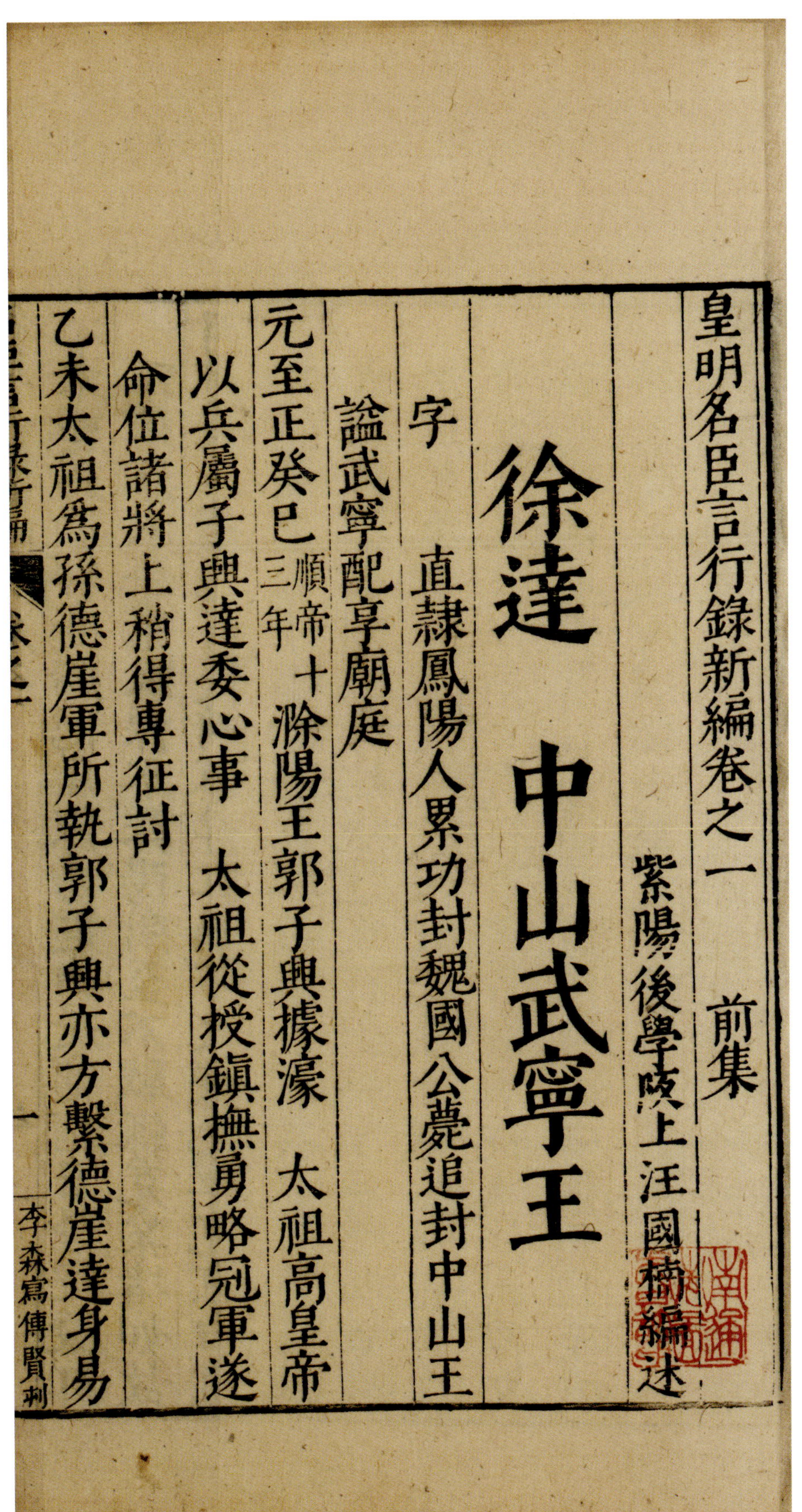

043

皇明名臣言行録新編四十四卷

(明)汪國楠輯

明萬曆四十年(1612)刻本

8册。半葉10行,行22字,小字雙行,字數同,白口,單魚尾,左右雙邊,框高20.2釐米,寬13.6釐米。列入《中國古籍善本書目》、《江蘇省珍貴古籍名録》。

平閩紀卷之一

三韓楊　𡌴元凱著　男懋緒令鴻纂

懋紹漁山

懋綸令掌

奏疏

驚聞　寵命等事疏

奏爲驚聞

寵命自揣老疾力難勝任謹具疏直陳以無誤巖疆事臣

於康熙十七年五月十六日卯時接蒙兵部劄付爲

平閩紀　卷之一　一

044

平閩紀十三卷

（清）楊捷撰

清康熙世澤堂刻本

8册。半葉9行，行22字，白口，單魚尾，四周單邊，框高20.7釐米，寬14.3釐米。列入《江蘇省珍貴古籍名録》。

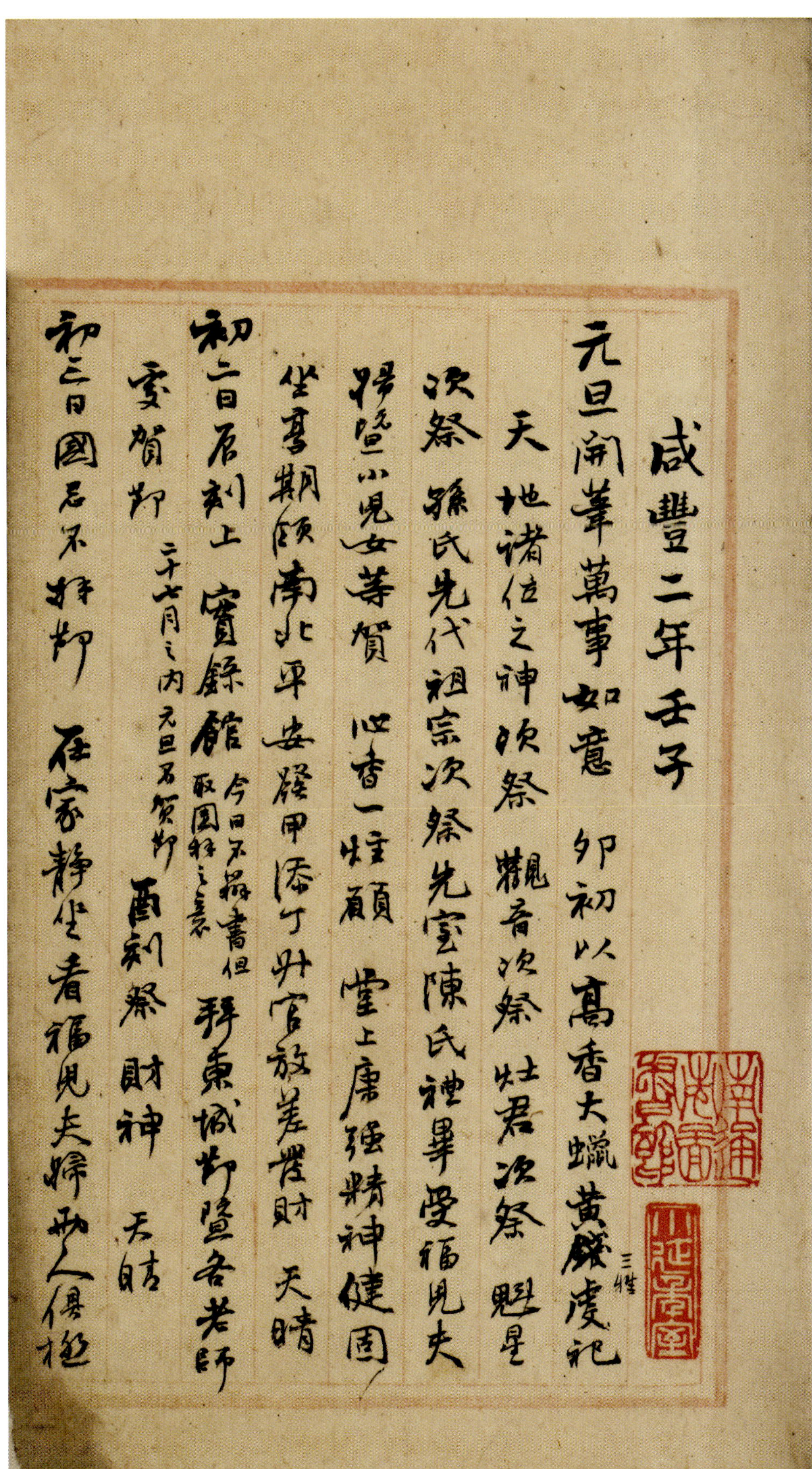

045

蘭檢京都日記不分卷

（清）孫銘恩撰
清咸豐二年（1852）稿本

1册。存"清咸豐二年（1852）"。半葉9行，字數不定，框高18釐米，寬11.5釐米。列入《中國古籍善本書目》、《國家珍貴古籍名録》。

歷代史纂左編卷第一

明都察院右僉都御史提督淮揚軍務前左春坊右司諫兼翰林院編修武進唐順之編輯

太子太保兵部尚書都察院右都御史總督浙直等處軍務新安胡宗憲校刊

門生宜興王　革

武進左　恭　校正

君

漢高祖　附田儋　彭越　黥布　盧綰　陳豨　吳芮

漢高祖劉邦字季沛豐邑中陽里人也母媼嘗息大澤之陂夢與神遇是時雷電晦冥父太公往視則交龍於上已而有娠遂產高祖高祖爲人隆準而龍顏

史纂左編卷一　漢高祖

046

歷代史纂左編一百四十二卷

（明）唐順之輯

明嘉靖四十年（1561）胡宗憲刻本

100册。半葉10行，行20字，白口，四周單邊，框高20.7釐米，寬13.7釐米。列入《中國古籍善本書目》、《國家珍貴古籍名録》。

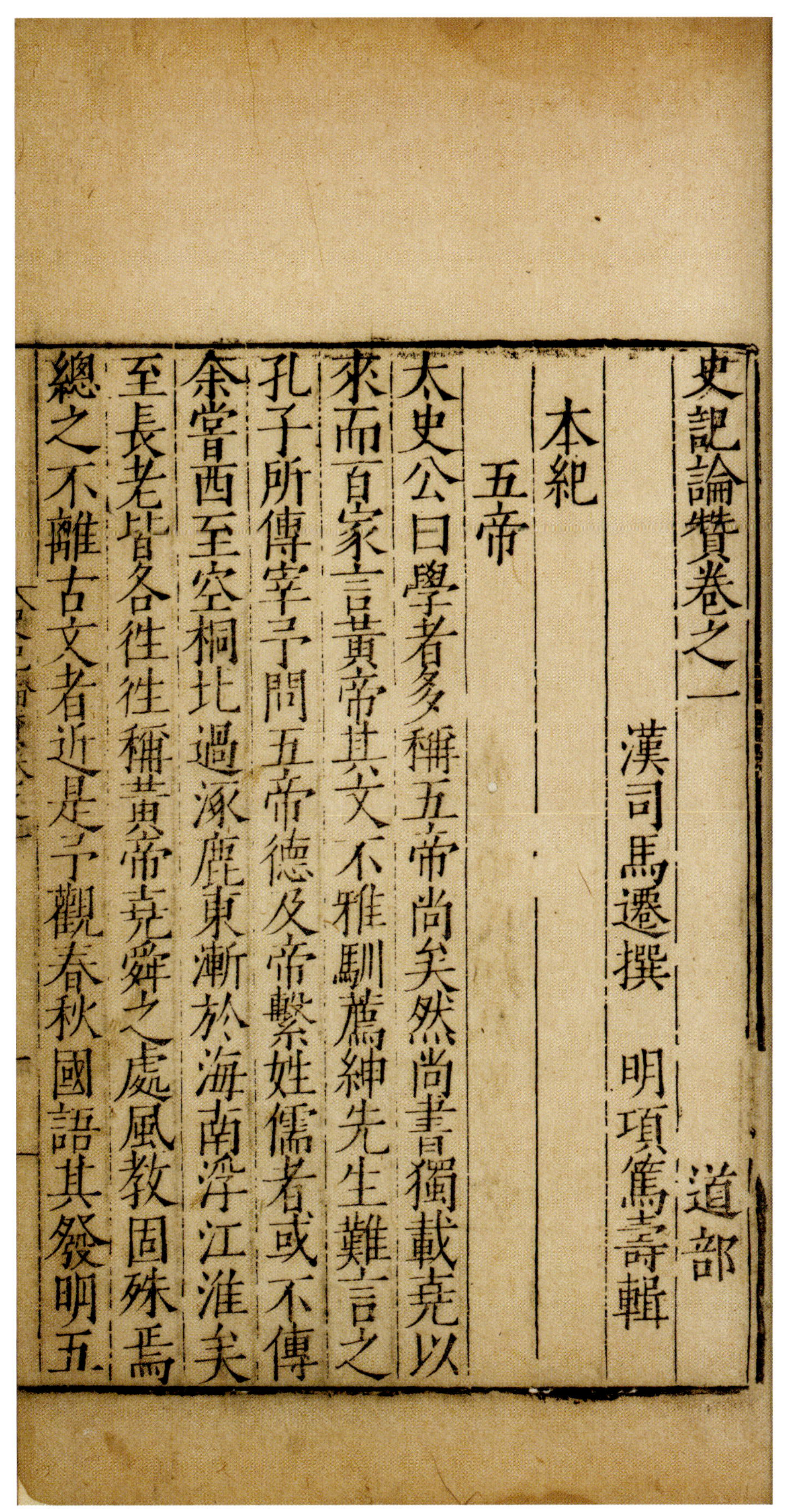

史記論贊卷之一　道部

漢司馬遷撰　明項篤壽輯

本紀

五帝

太史公曰學者多稱五帝尚矣然尚書獨載堯以
來而百家言黃帝其文不雅馴薦紳先生難言之
孔子所傳宰予問五帝德及帝繫姓儒者或不傳
余嘗西至空桐北過涿鹿東漸於海南浮江淮矣
至長老皆各往往稱黃帝堯舜之處風教固殊焉
總之不離古文者近是予觀春秋國語其發明五

047

全史論贊八十一卷

（明）項篤壽輯

明嘉靖四十五年（1566）項氏萬卷堂刻本

20册。半葉10行，行19字，白口，單魚尾，左右雙邊，框高18.8釐米，寬13.4釐米。有“嘉禾項氏萬卷堂梓”牌記。列入《中國古籍善本書目》、《國家珍貴古籍名録》。

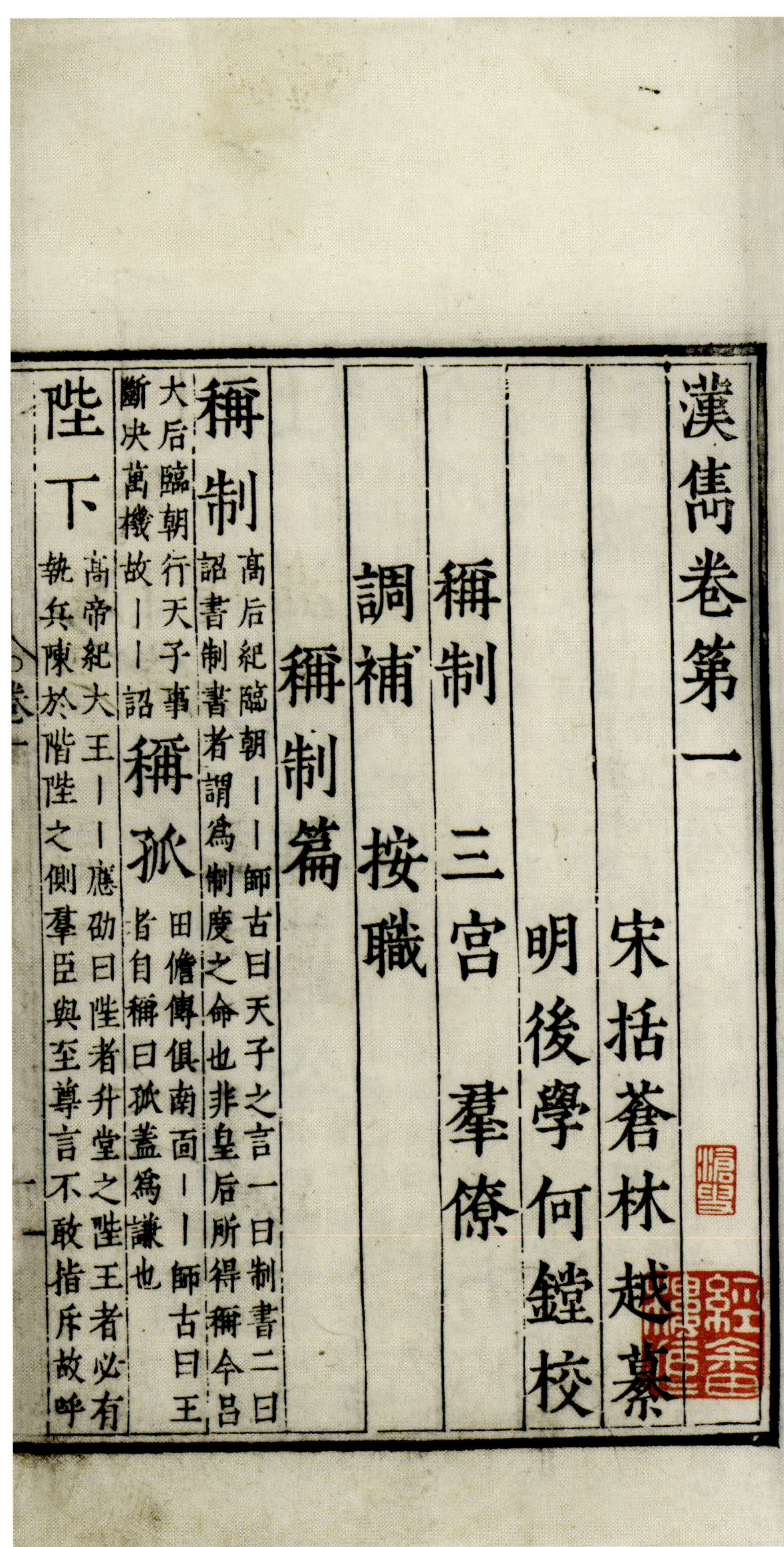

048

漢雋十卷

（宋）林越纂

明嘉靖四十年（1561）何鏜刻本

2册。半葉9行，行12字，小字雙行，行24字，白口，四周雙邊，框高20.2釐米，寬14釐米。有“經畲樓藏”印。列入《國家珍貴古籍名録》。

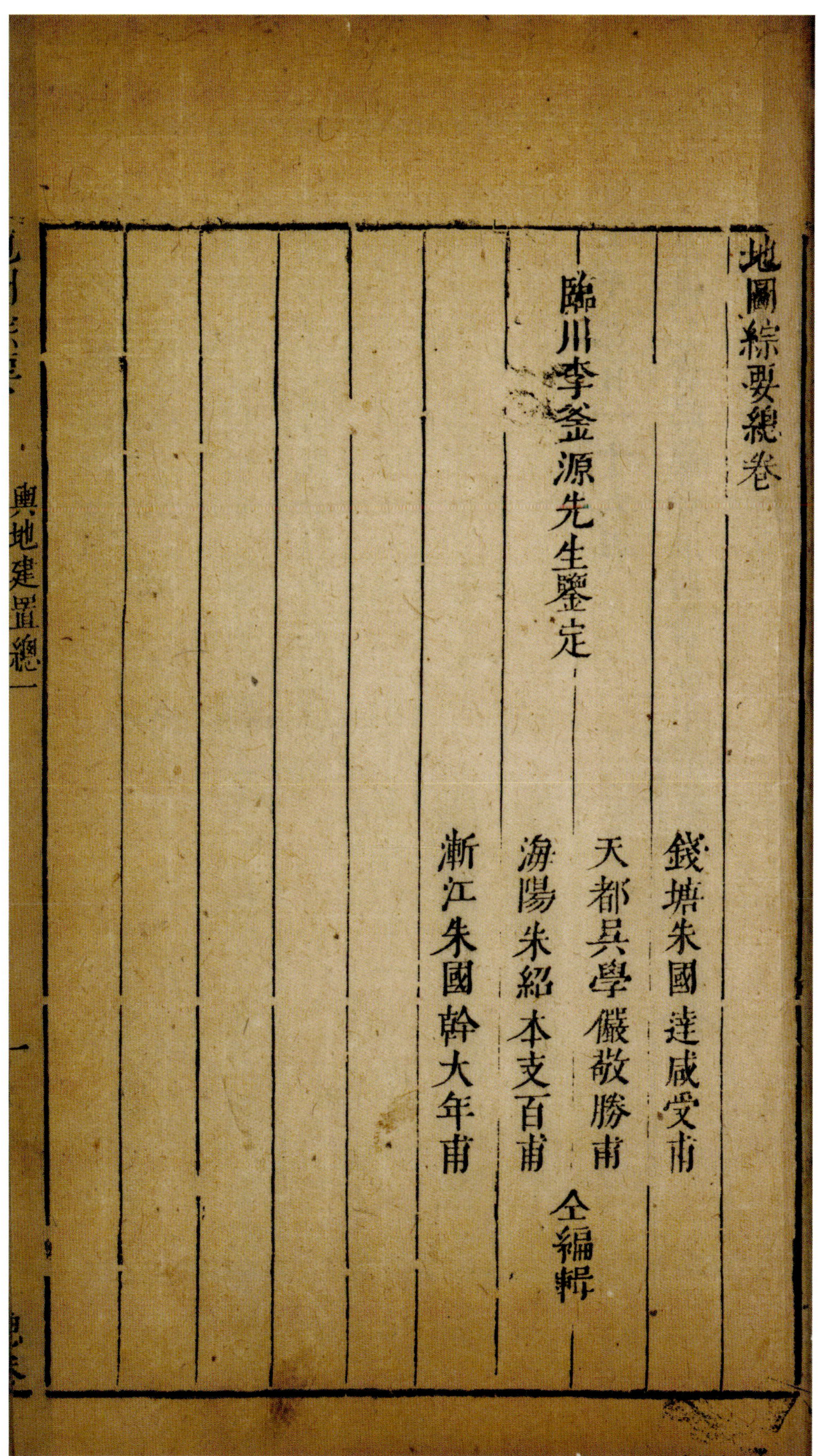

049

地圖綜要三卷

（明）吳學儼等撰
明末刻本

5册。半葉10行，行27字，小字雙行，行38字，白口，四周單邊，框高21釐米，寬14.2釐米。列入《中國古籍善本書目》、《江蘇省珍貴古籍名録》。

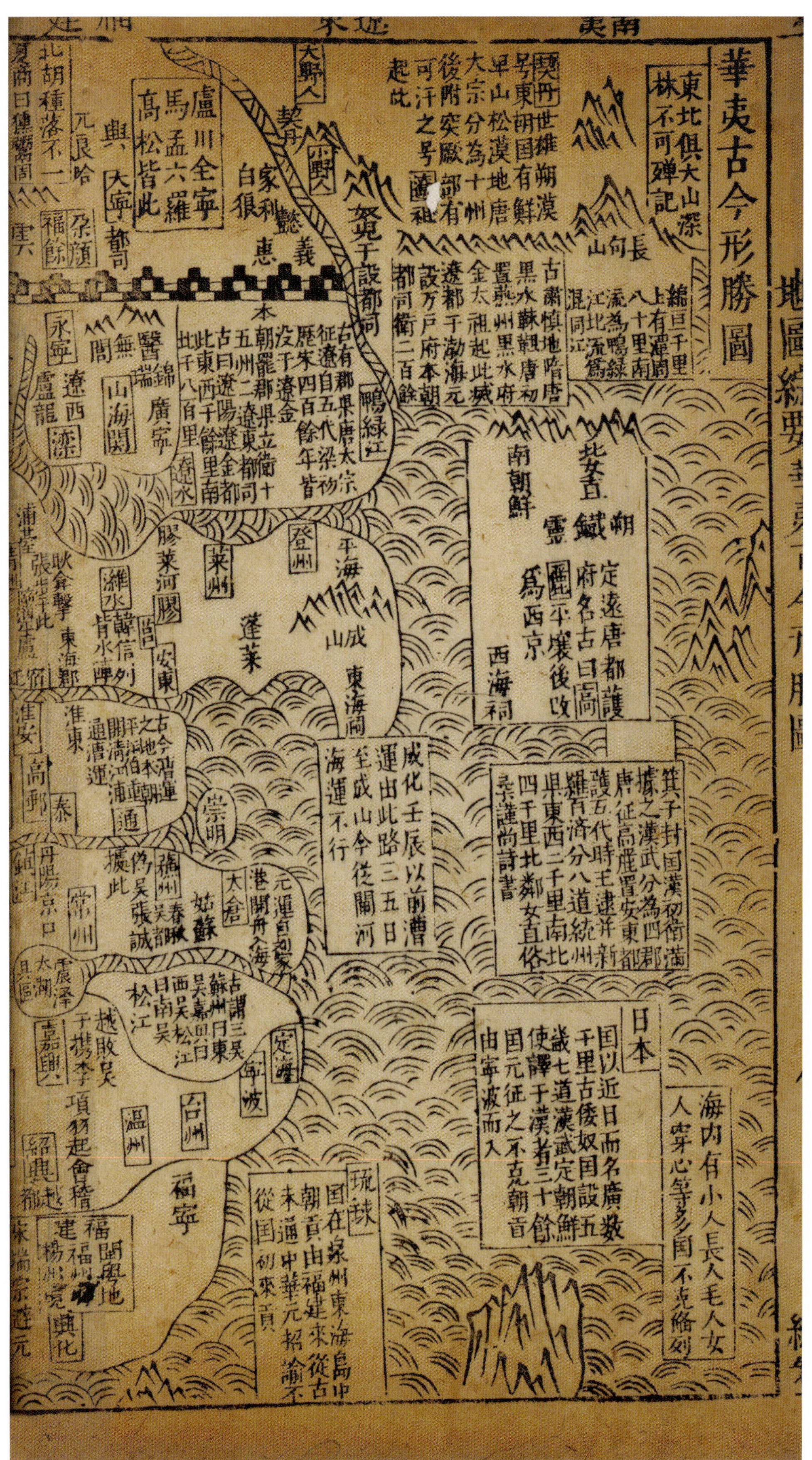
華夷古今形勝圖
地圖綜要
日本
朝鮮
琉球
鴨綠江
山海關
登州
萊州
蓬萊
成山
崇明
太倉
常州
姑蘇
松江
寧波
台州
溫州
福寧

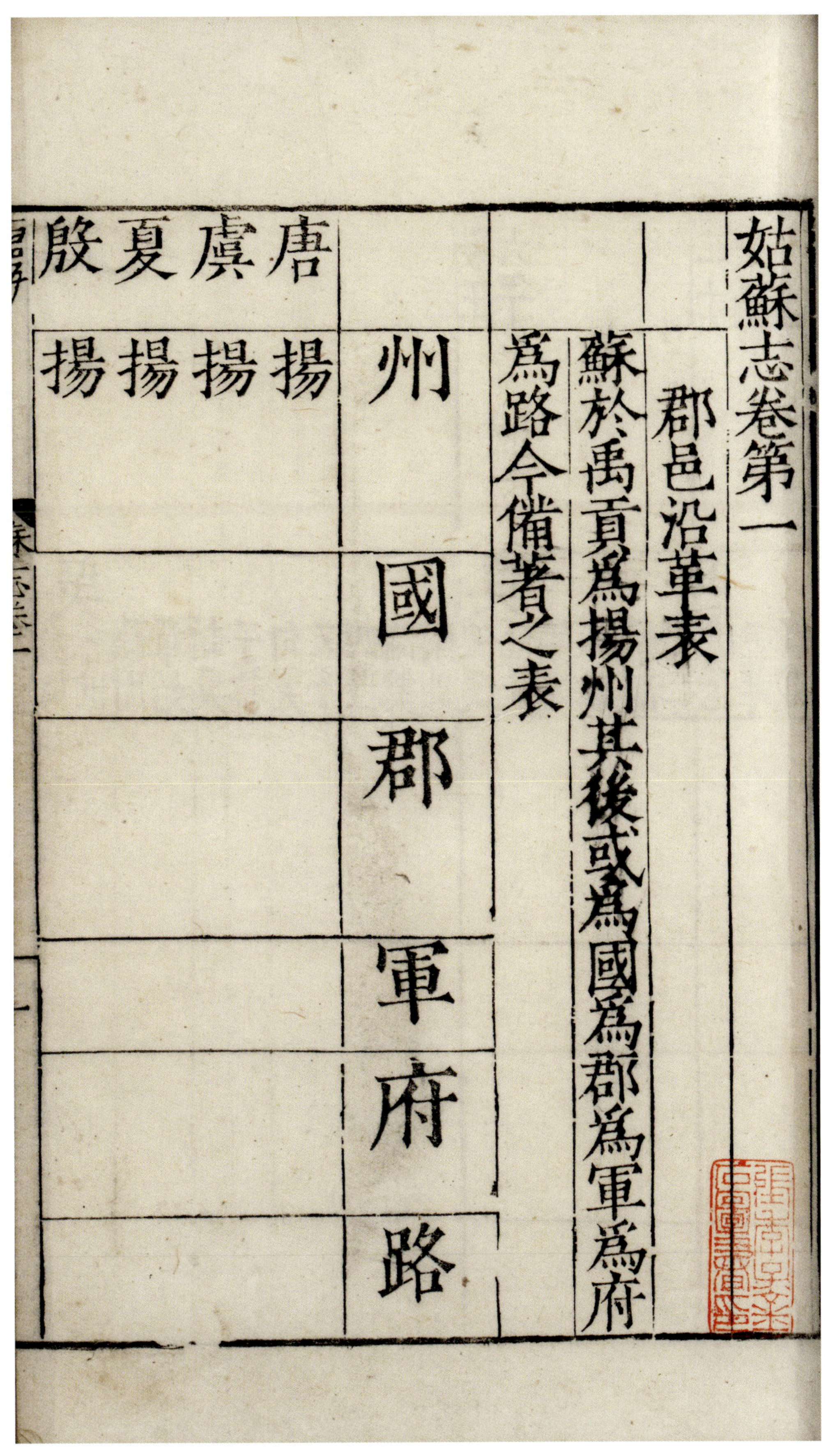

050

［正德］姑蘇志六十卷

（明）林世遠、王鏊等纂修

明正德元年（1506）刻嘉靖增修本

20冊。半葉10行，行20字，小字雙行，字數同，白口，單魚尾，左右雙邊，框高22.7釐米，寬16.2釐米。列入《中國古籍善本書目》、《國家珍貴古籍名録》。

常熟縣
尚湖
承湖
常熟塘
至和塘
長洲縣界
蘇州府治
長洲縣
吳縣
吳縣界
橫塘橋
橫塘寺
楓橋
寒山寺
戶部分司
一支硎山
黃山
行春橋
山川壇
寶帶橋
石湖
吳江縣
洞庭東山
湖州烏程縣界

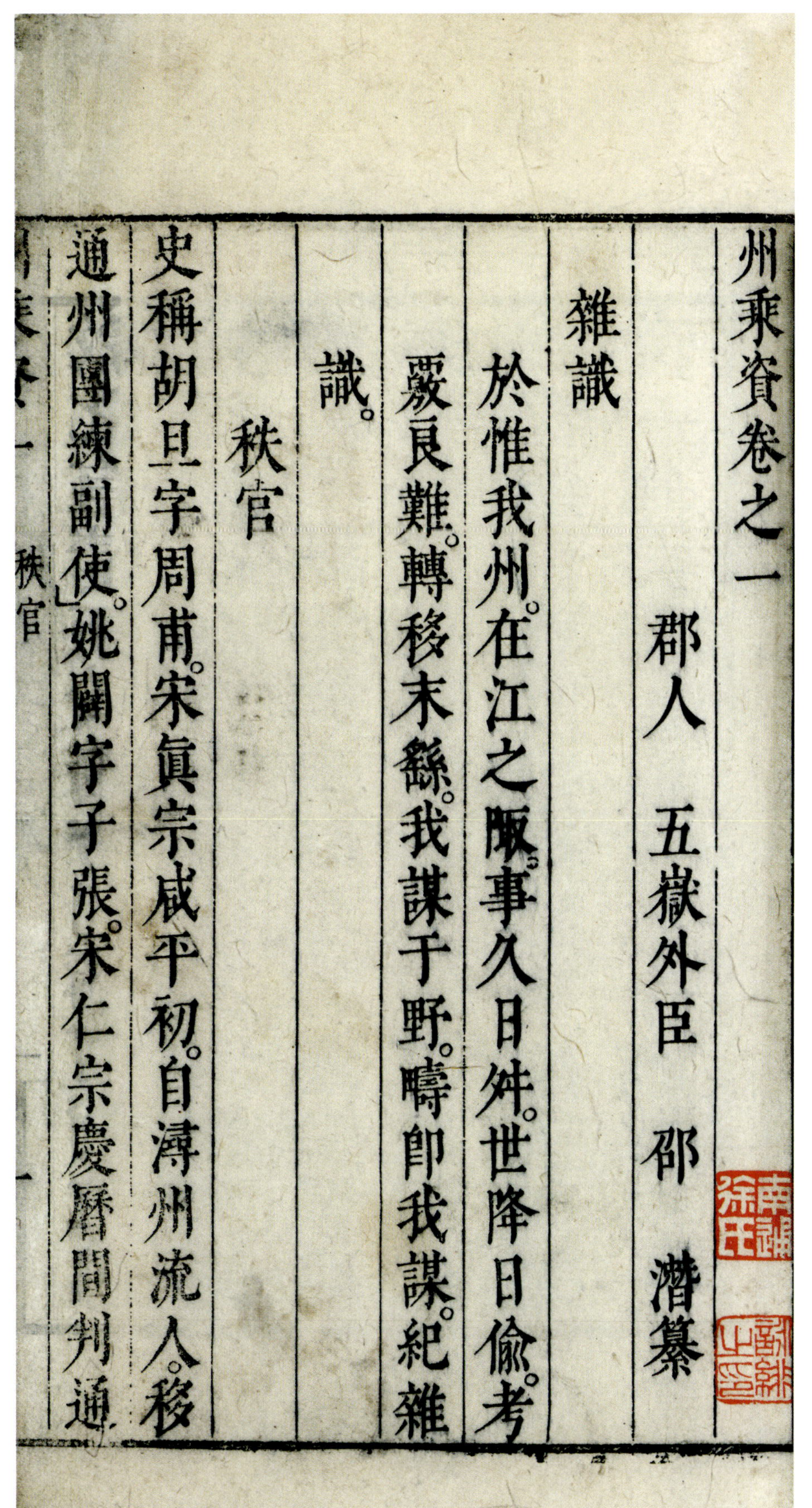
州乘資卷之一
郡人　五嶽外臣　邵　潛纂
雜識
於惟我州在江之陬事久日舛世降日偷考
覈良難轉移末繇我謀于野疇即我謀紀雜
識
秩官
史稱胡旦字周甫宋眞宗咸平初自潯州流人移
通州團練副使姚闢字子張宋仁宗慶曆間判通

051

州乘資四卷

（明）邵潛撰

明弘光刻本

5册。半葉9行，行19字，白口，四周單邊，框高21.6釐米，寬13.6釐米。有"夏之時印"等印。列入《中國古籍善本書目》、《國家珍貴古籍名録》。

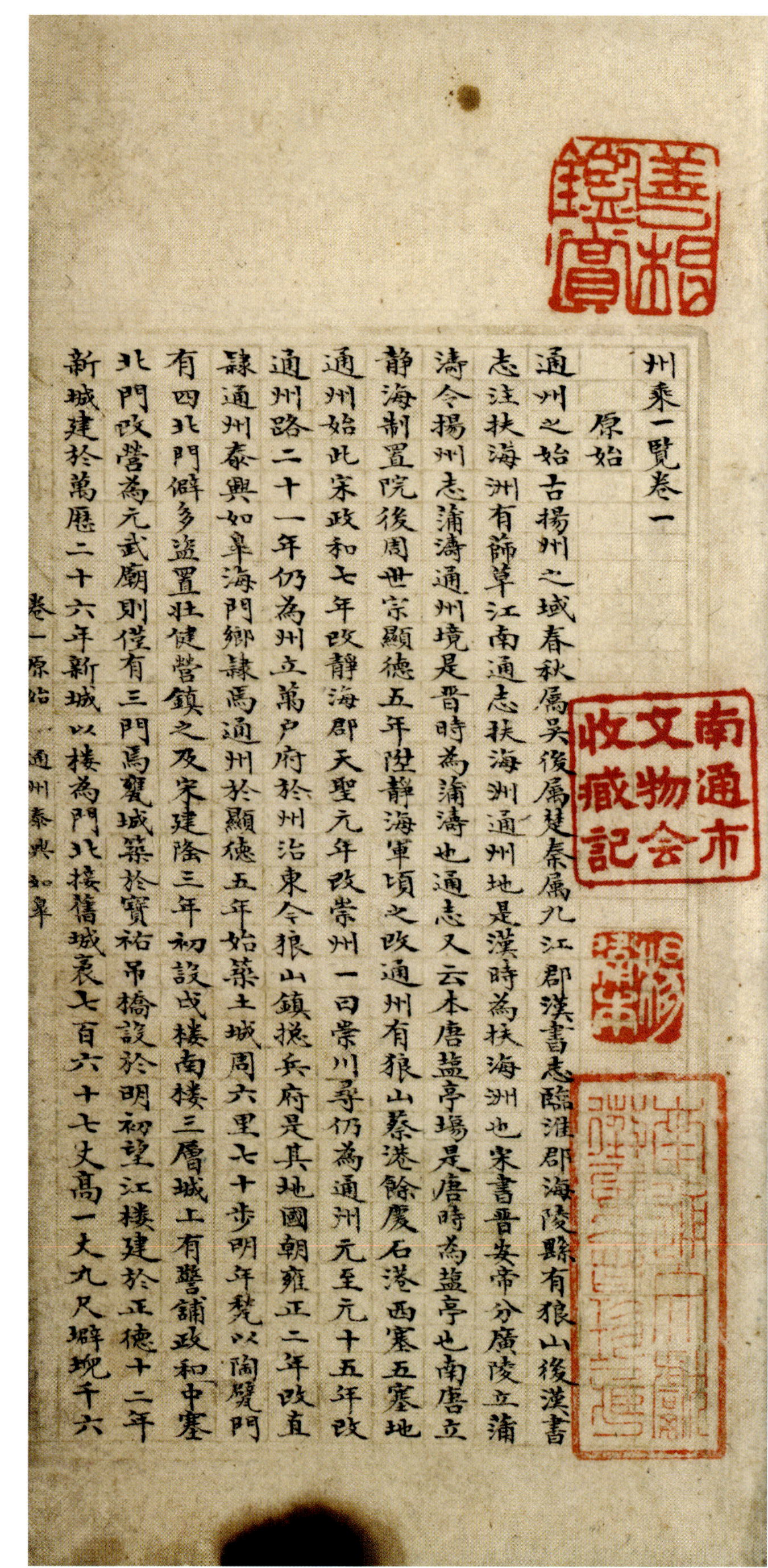

州乘一覽卷一

原始

通州之始古揚州之域春秋屬吳後屬楚秦屬九江郡漢書志臨淮郡海陵縣有狼山後漢書志注扶海洲有飾草江南通志扶海洲通州地是漢時為扶海洲也宋書晉安帝分廣陵立蒲濤令揚州志蒲濤通州境是晉時為蒲濤也通志又云本唐鹽亭場是唐時為鹽亭也南唐立靜海制置院後周世宗顯德五年陞靜海軍頃之改通州有狼山蔡港餘慶石港西塞五塞地通州始此宋政和七年改靜海郡天聖元年改崇州一曰崇川尋仍為通州元至元十五年改通州路二十一年仍為州立萬戶府於州治東令狼山鎮撫兵府是其地國朝雍正二年改直隸通州泰興如皋海門鄉隸焉通州於顯德五年始築土城周六里七十步明年甃以陶甓門有四北門僻多盜置壯健營鎮之及宋建隆三年初設戍樓南樓三層城上有警舖政和中塞北門改營為元武廟則僅有三門焉甕城築於寶祐吊橋設於明初望江樓建於正德十二年新城建於萬歷二十六年新城以樓為門北接舊城袤七百六十七丈高一丈九尺雉堞千六

卷一 原始 一 通州泰興如皋

052

州乘一覽八卷

（清）江椉撰

清鈔本

1册。半葉12行，行36字。列入《中國古籍善本書目》、《江蘇省珍貴古籍名録》。

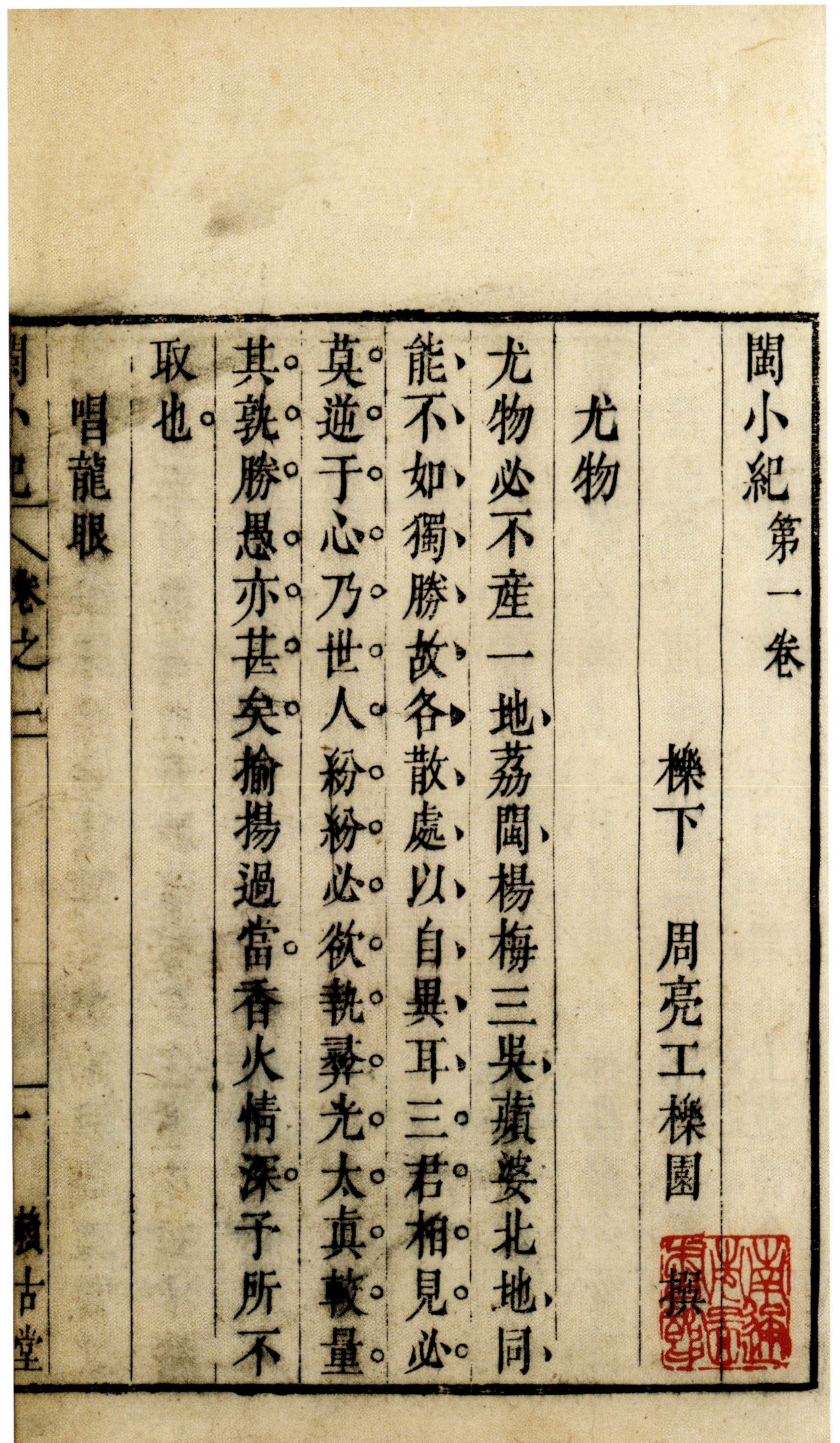
閩小紀第一卷

櫟下　周亮工櫟園　撰

尤物

尤物必不産一地荔閩楊梅三吳蘋婆北地同
能不如獨勝故各散處以自異耳三君相見必
莫逆于心乃世人紛紛必欲執彜光太真較量
其孰勝愚亦甚矣揄揚過當香火情深予所不
取也

唱龍眼

閩小紀　卷之一　一　賴古堂

053

閩小紀四卷

（清）周亮工撰
清康熙六年（1667）周氏賴古堂刻本

4册。半葉9行，行18字，白口，單魚尾，四周單邊，框高17.3釐米，寬12.8釐米。列入《中國古籍善本書目》、《江蘇省珍貴古籍名録》。

籌海圖編卷之一

明少保新安胡宗憲輯議 曾孫庠生胡維極重校

孫舉人胡燈 舉人胡鳴岡 階慶 仝删

輿地全圖

廣東沿海山沙圖

福建沿海山沙圖

浙江沿海山沙圖

直隷沿海山沙圖

山東沿海山沙圖

遼陽沿海山沙圖

054

籌海圖編十三卷

（明）胡宗憲輯

明天啓四年（1624）胡維極刻本

8册。半葉12行，行23字，小字雙行，字數同，白口，單魚尾，四周單邊，框高20釐米，寬14.6釐米。列入《中國古籍善本書目》。

直一卷
五四十七
三槿口
大横口
吕四場
深洴港
非亍港
張方港
四港口
大樓港
瀝水港
姜絲港
盧便塲
江便塲
餘中塲
餘東塲
餘西塲
海門縣
烽堠二十八座
金沙塲
烽堠捌座
西亭塲
石港塲
石港廵檢司
馬塘塲
烽堠十一座
烽堠九座
掘港東西二營
掘港廵檢司
川山窪
泰
通州

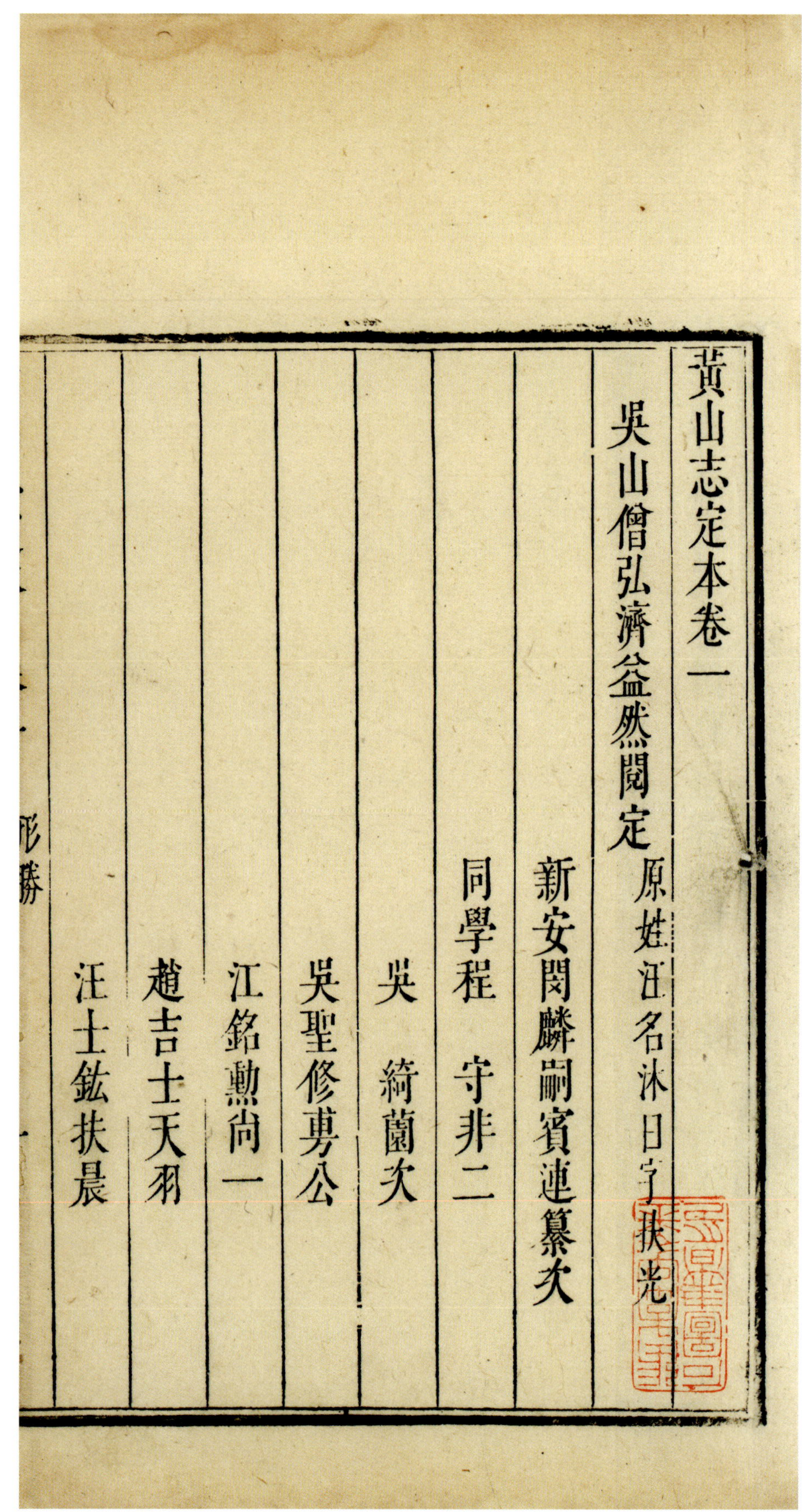
黃山志定本卷一
吳山僧弘濟益然閱定　原姓汪名沐日字扶光
新安閔麟嗣賓連纂次
同學程　守非二
吳　綺薗次
吳聖修旉公
江銘勳尚一
趙吉士天羽
汪士鋐扶晨

055

黃山志七卷首一卷

（清）閔麟嗣纂

清康熙十八年（1679）刻本

7册。半葉9行，行21字，小字雙行，字數同，白口，四周雙邊，框高19.3釐米，寬13.1釐米。有"張季子金石圖書印"。

聖泉峰

水經第一

漢　桑　欽撰

後魏酈道元注

明　吳　琯校

河水一

崑崙墟在西北

三成爲崑崙丘崑崙說曰崑崙之山三級下曰樊

桐一名板松二曰玄圃一名閬風上曰增城一名

天庭是謂太帝之居

去嵩高五萬里地之中也

056

水經注四十卷

（北魏）酈道元撰

明萬曆十三年（1585）吴琯刻本

25册。半葉10行，行20字，白口，單魚尾，左右雙邊，框高21.1釐米，寬13.3釐米。列入《中國古籍善本書目》、《江蘇省珍貴古籍名録》。

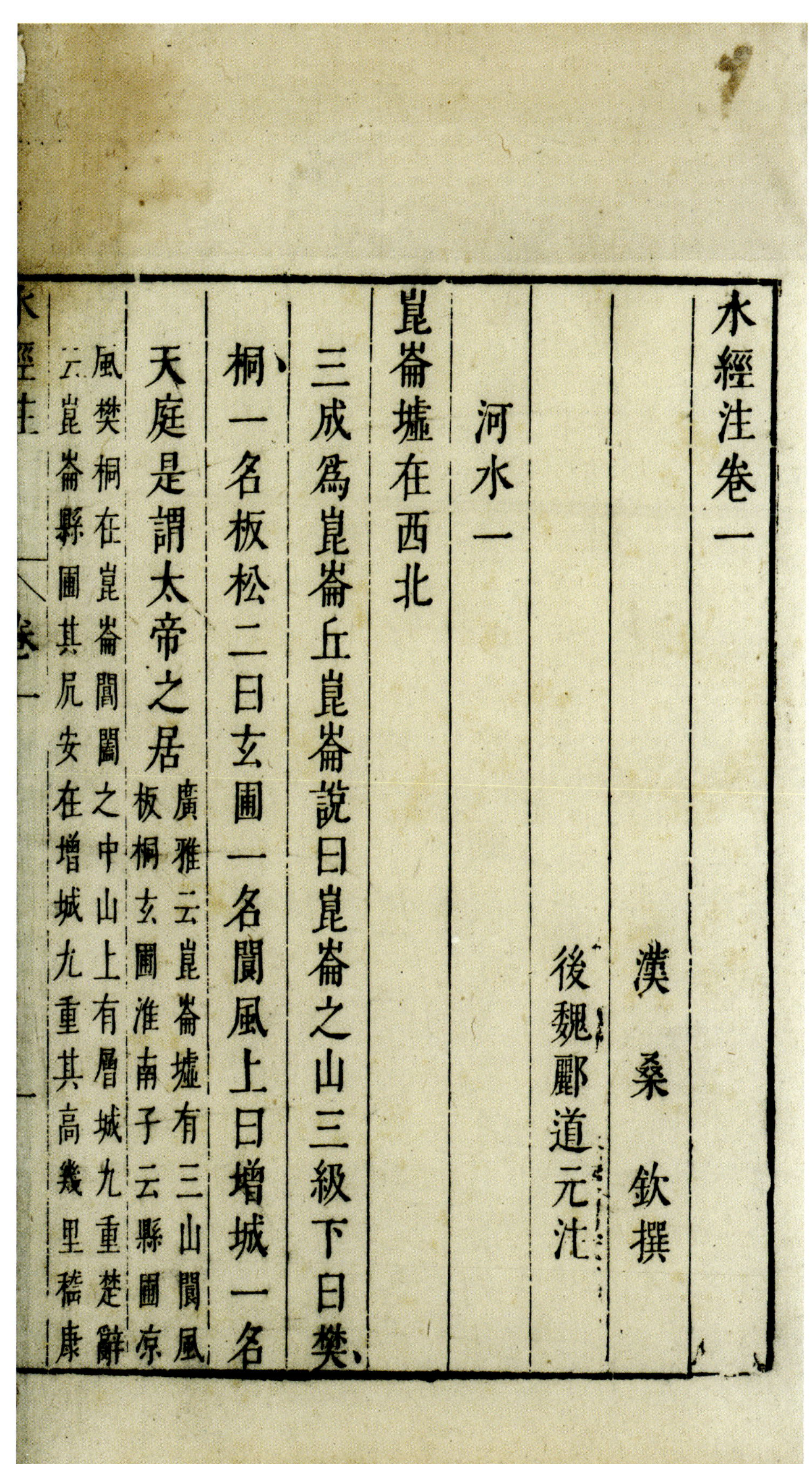

057

水經注四十卷

（北魏）酈道元撰
明崇禎二年（1629）嚴忍公等刻本

10册。半葉9行，行20字，小字雙行，字數同，白口，單魚尾，四周單邊，框高20.2釐米，寬13.7釐米。列入《中國古籍善本書目》。

水地記

中國山川維首起于西尾終于東河所出山其地曰崐
崘之虛今枯爾坤值青海西南自山東北至西寧府千四百五十餘里河北之山崐崘
東千里而近曰積石在青海南境東北至西寧府五百三十餘里鮮水西北
白龍堆沙之東漢書地理志敦煌郡正西關外有白龍堆沙今敦煌縣西百五十里有壽昌故
城白龍堆在其西曰三危是山不協禹貢之文其名蓋後起也
黑水經焉俗呼畢羽山在敦煌縣東南二十里其山三峰峭絕曰嘉峪即壁玉山在肅州西
六十里山之西麓即嘉峪關曰祁連西山在張掖縣西南百里河湟之北弱水所
出山曰窮石括地志窮石山在刪丹西南七十里即今山丹縣蘭門山縣在甘州府東南百八十

058

水地記五卷

（清）戴震撰

清鈔本

5册。半葉9行，字數不等。列入《中國古籍善本書目》、《江蘇省珍貴古籍名録》。

十七里曰巫山在縣東北江中曰覆釜山在常熟縣北四十里江濱曰虞山在縣

治西北一名海隅山曰蛇山在崇明縣東二百餘里海中黑水之外曰崐崘岡

土俗語譌字轉曰高黎共山在騰越州東北百二十里

乾隆丁酉七月十五日歸自江寧人全補之所校此

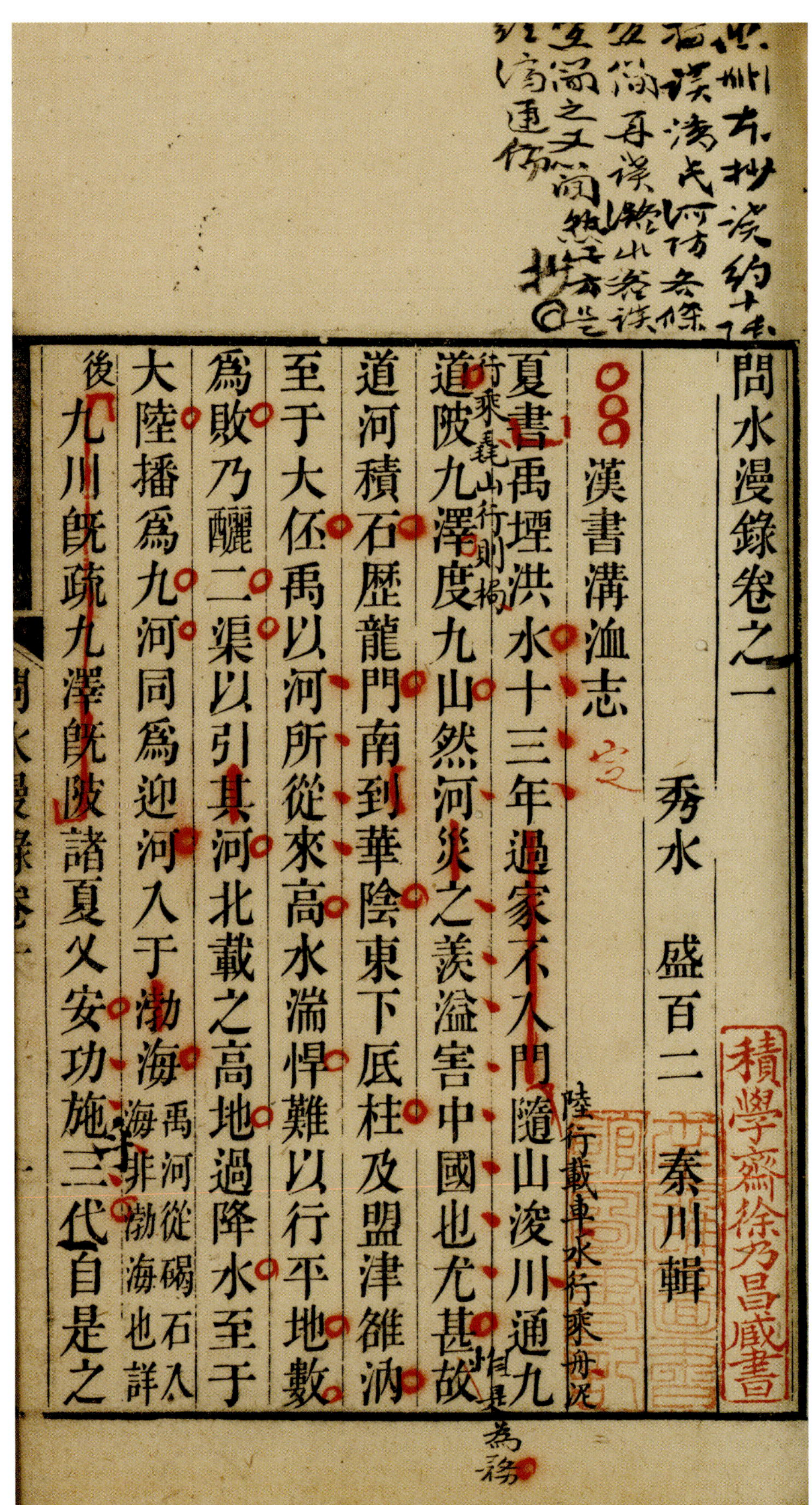

059

問水漫録四卷

（清）盛百二輯
清乾隆四十九年（1784）柚堂刻本

4册。半葉10行，行20字，小字雙行，字數同，黑口，左右雙邊，框高18.9釐米，寬13.7釐米。有“積學齋徐乃昌藏書”印。列入《中國古籍善本書目》。

山東水利管窺畧卷一

南通州李方膺虬仲甫著　姪曾孫琪少山校

小清河議

小清河古濟水也自歷城而東折會濼水逕華不注山由萬松口水寨等處直趨章邱至章邱之薛渡口一支東向從柳塘口歷鄒平長山新城高苑博興樂安入海此小清河之正派也一支向北從薛渡口逕滚水壩由齊東之減水河入大清此小清河之分流也自歷城至章邱之柳塘口河形尚在石壩猶存淤塞不通僅有故道今即以章邱縣東南之東嶺長白二山為小清河發源之地自西南而至東北橫亙七邑逕章邱之城東鄒平之東北長山新

060

山東水利管窺畧四卷

（清）李方膺撰

清鈔本

1册。半葉10行，行25字。列入《中國古籍善本書目》、《江蘇省珍貴古籍名録》。

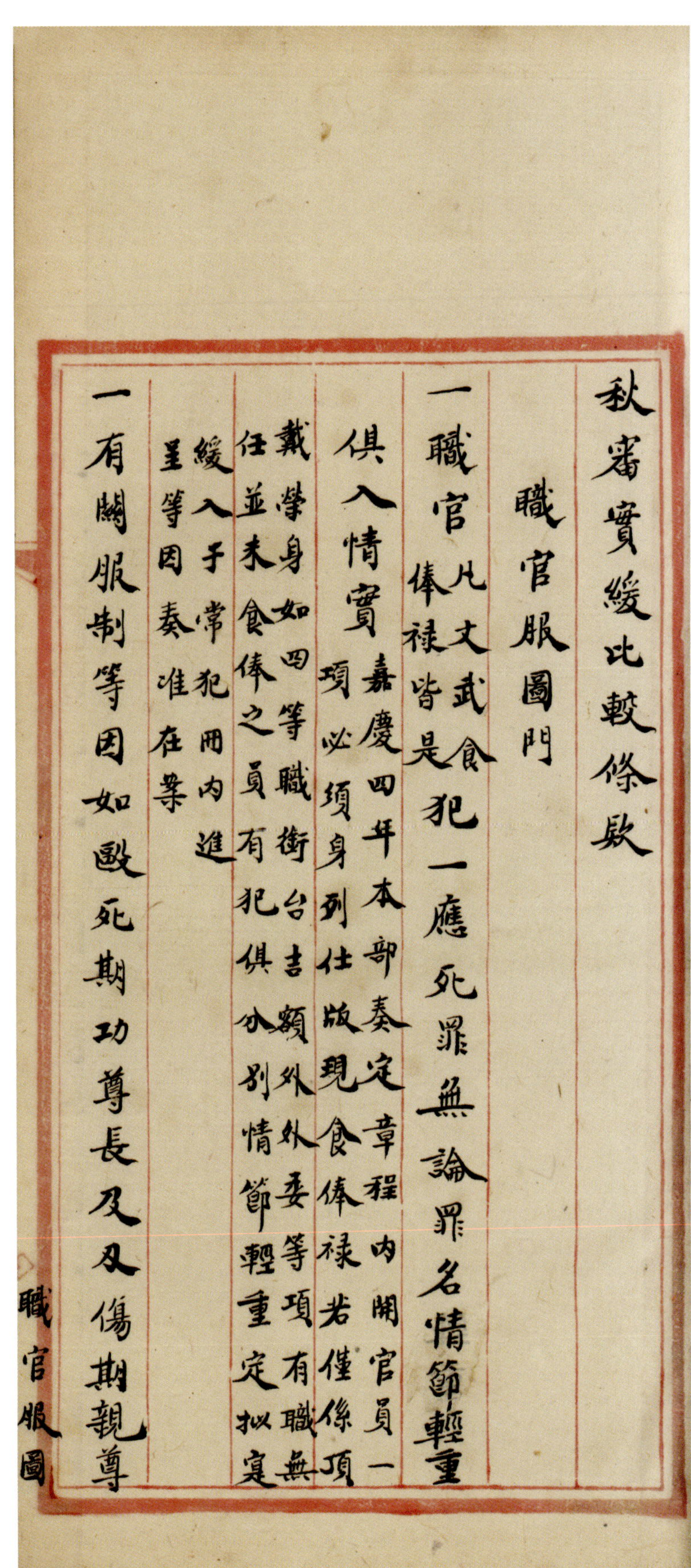

061

秋審實緩比較條欵十六卷

清鈔本

12册。半葉7行，字數不等，白口，單魚尾，四周雙邊，框高17.5釐米，寬10釐米。

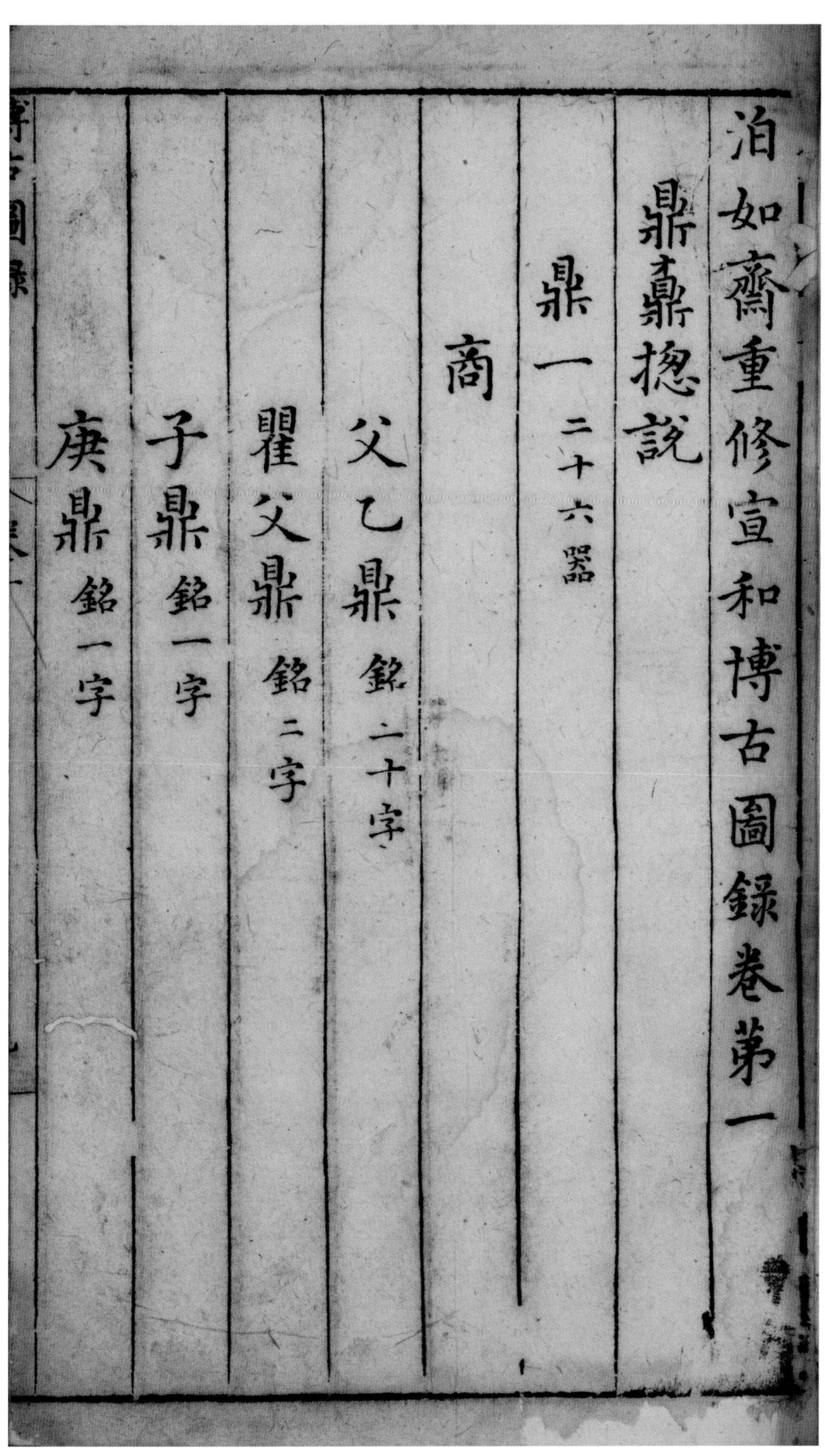

062

泊如齋重修宣和博古圖録三十卷

（宋）王黼等撰

明萬曆十六年（1588）泊如齋刻本

12册。半葉8行，行17字，白口，單魚尾，四周單邊，框高24.5釐米，寬15釐米。列入《中國古籍善本書目》、《江蘇省珍貴古籍名録》。

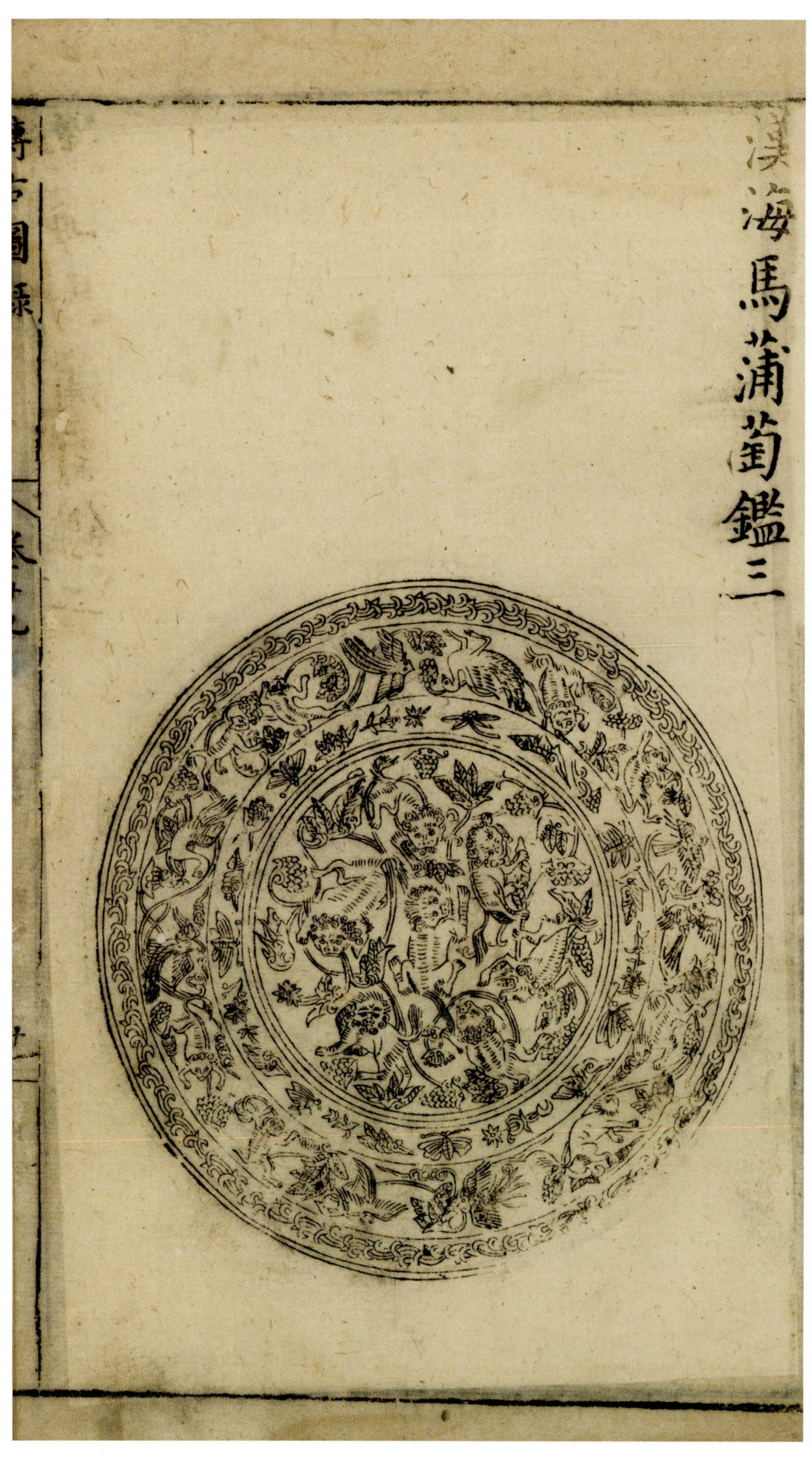
漢海馬蒲萄鑑三
博古圖録 卷廿九

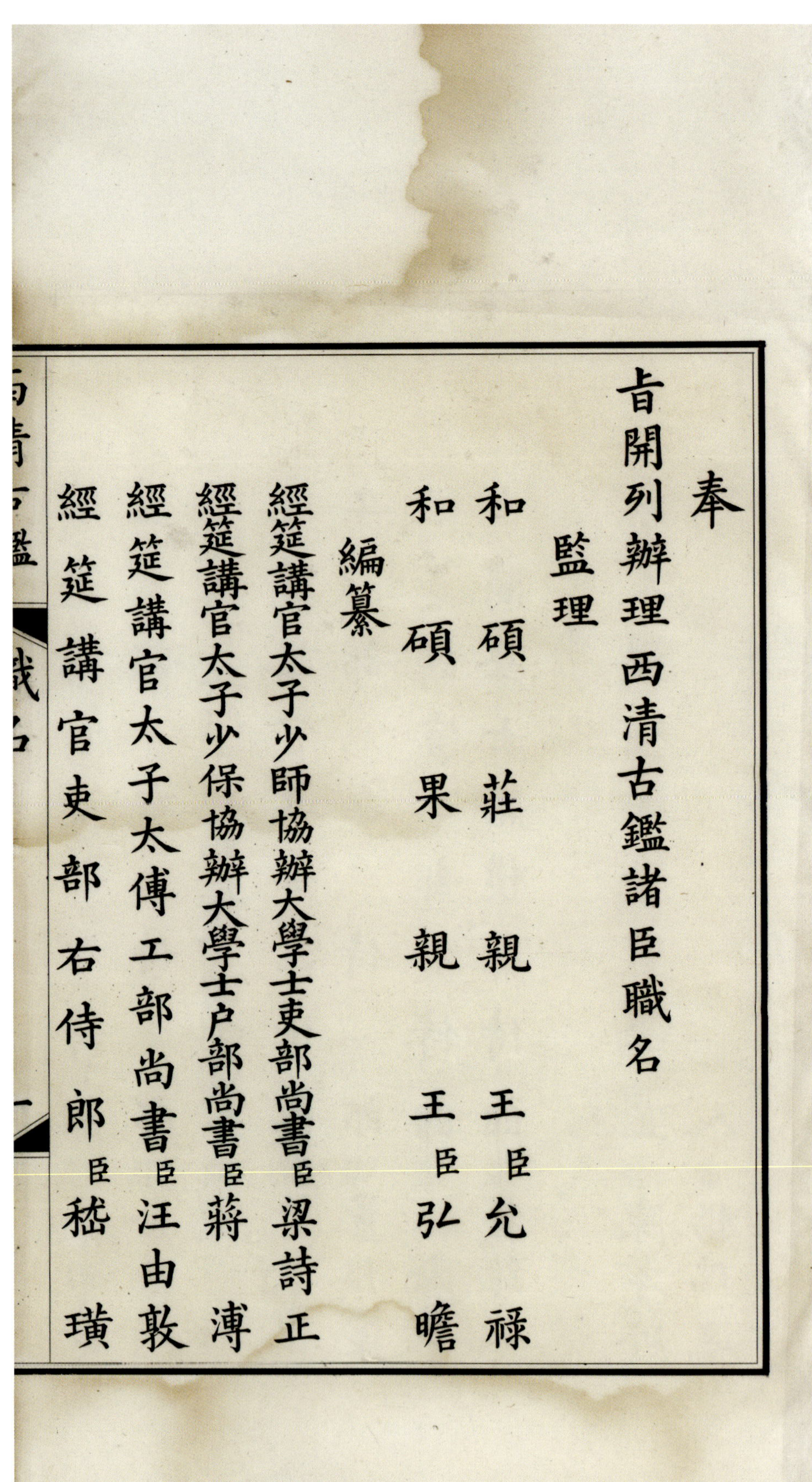
奉
旨開列辦理西清古鑑諸臣職名
監理
和碩莊親王臣允祿
和碩果親王臣弘瞻
編纂
經筵講官太子少師協辦大學士吏部尚書臣梁詩正
經筵講官太子少保協辦大學士户部尚書臣蔣溥
經筵講官太子太傅工部尚書臣汪由敦
經筵講官吏部右侍郎臣嵇璜

063

西清古鑑四十卷 錢録十六卷

（清）梁詩正、蔣溥等纂修
清乾隆十六年（1751）武英殿銅版印本

22册。半葉10行，行18字，白口，雙魚尾，四周雙邊，框高29.6釐米，寬21.4釐米。列入《中國古籍善本書目》、《江蘇省珍貴古籍名録》。

西清古鑑 卷二 鼎

周文王鼎三

爲人所異郎是下亂本聖爲人識郎與不知如往異色有不釋爲是故也

一部玄言奥義此句竊盡

杓者爲人所用也

亢倉子

全道篇第一

亢倉子居羽山之顔三年俗無疵癘而仍穀熟其俗竊相謂曰亢倉子之始來吾鮮然異之今吾日計之不足歲計之有餘其或聖者耶盍相與尸而祝之社而稷之乎亢倉子聞之色有不釋其徒黶吺從而啓之亢倉子曰吾聞至人尸居環堵之室而百姓猖狂不知其所如往今以羽俗父子竊竊焉將俎豆予我其杓之人邪吾是以不釋於老聃之言黶吺曰不者

亢倉子

064

亢倉子一卷

（明）楊慎評註

（明）張懋寀校梓

明刻本

1册。半葉9行，行20字，白口，四周單邊，框高20.1釐米，寬13.6釐米。

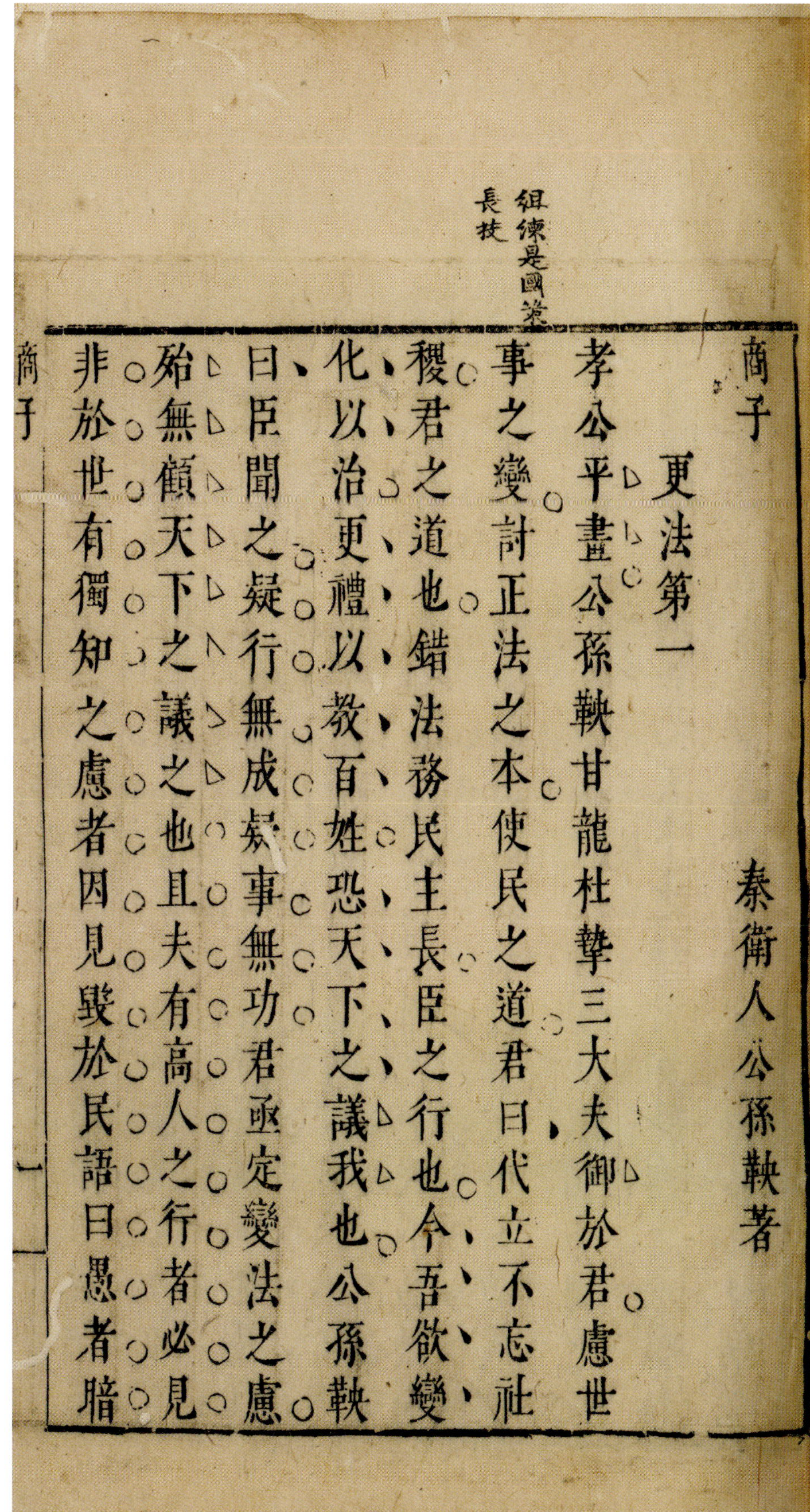

065

商子五卷

（明）馮覲點評
明天啓六年（1626）馮愫刻本

1册。半葉9行，行19字，白口，四周單邊，框高19.7釐米，寬14釐米。列入《江蘇省珍貴古籍名録》。

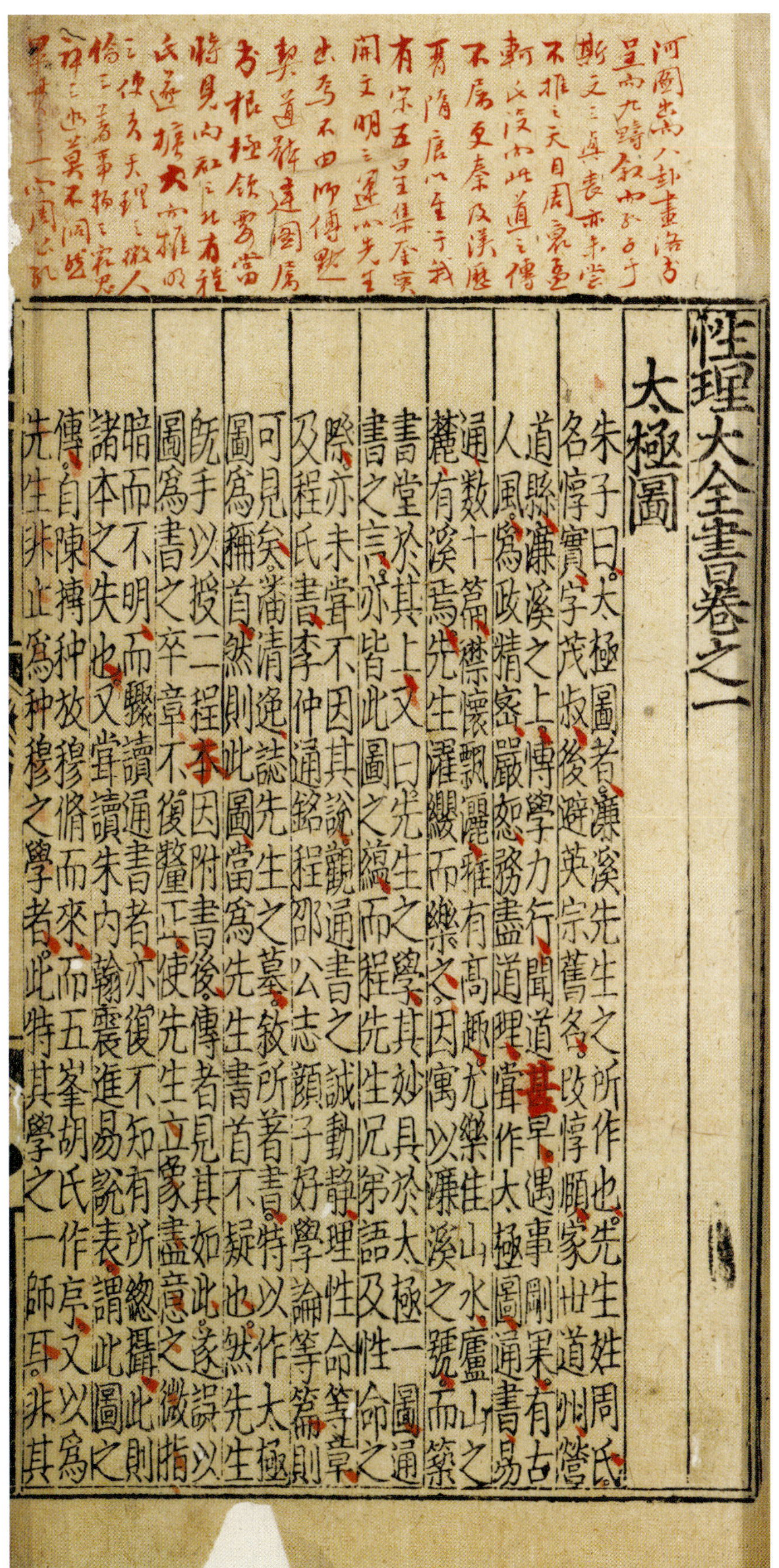

066

性理大全書七十卷

（明）胡廣等撰
明弘治八年（1495）書林魏氏仁實堂刻本

13册，存六十五卷（一至三十五、四十一至七十）。半葉11行，行22字，小字雙行，字數同，黑口，雙魚尾，四周雙邊，框高20釐米，寬12.8釐米。列入《江蘇省珍貴古籍名録》。

愈明兮貽話言於不朽昔聖門之多賢兮纉入室而升堂端木氏之穎悟兮僅有覩其文章雖亞聖之挺生兮猶歎其前後之無方疇敢索無聲於窅默兮孰能求無形於泬茫惟下學而上達兮炳聖謨之洋洋諸生之貿貿兮方鈎深而摘隱探賾也之未聞兮誇神奇而捷敏持空言於繫影兮曾不滿夫一哂曰予未有知兮何太極之敢言秉忠誠之遺訓兮矢顛沛而弗諼庶返觀而有得兮明萬理之一原申誦言以自詔兮聊抒意於斯文

弘治乙卯孟春魏氏仁實堂刊

性理大全書卷之七十終

唐荊川先生纂輯武編前卷一

瑯琊焦竑校

將

許洞曰國家行師授生殺之柄大將所主將者國之腹心三軍之司命也可不慎於選乎苟欲命將豫以精誠辯其可否者有四一曰貌二曰言語三曰舉動四曰行事其一曰貌凡眷上雙骨橫起而隆巘者語言而不相合者目如鷹仰視者方坐內多虛驚者行而瞠乎必照後者目睛白多而有赤焰瞻視不端者此六者人有其一斯人常蘊不臣之心不可使之也

纂輯武編　卷前一　一

067

唐荊川先生纂輯武編前六卷後六卷

（明）唐順之撰

明萬曆四十六年（1618）徐象檈曼山館刻本

24册。半葉10行，行20字，小字雙行，字數同，白口，單魚尾，左右雙邊，框高21.3釐米，寬13.7釐米。列入《中國古籍善本書目》。

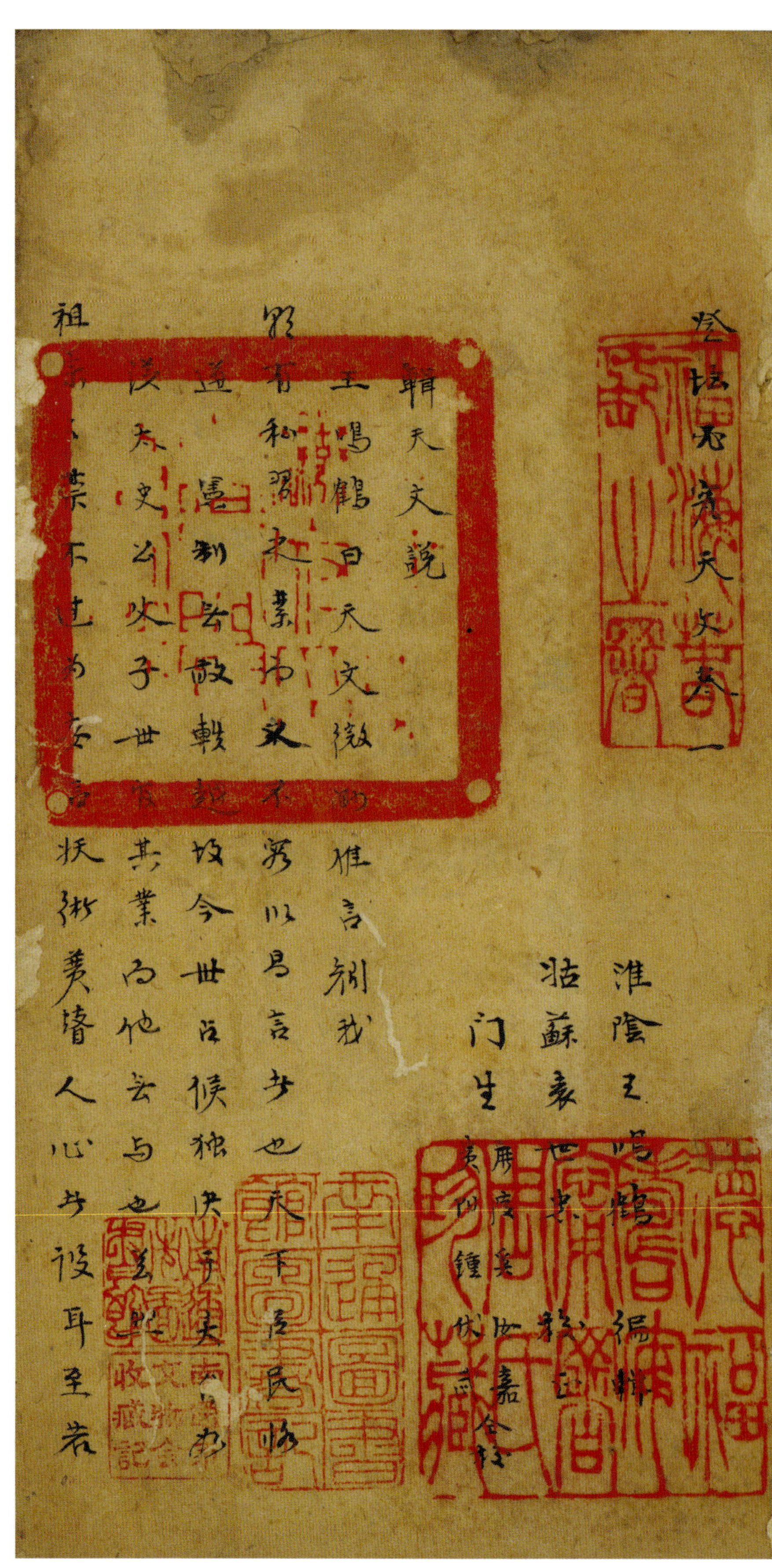

068

登坛必究不分卷

（明）王鳴鶴輯
（明）袁世忠校正
清鈔本

12冊。半葉10行，行數、字數不等。列入《江蘇省珍貴古籍名録》。

張榜曰篇中或相承或錯出古人不拘一法

管子卷一

唐司空房玄齡註　劉績朱長春叅補

牧民第一　經言一

凡有地牧民者務在四時守在倉廩國多財則遠者來地辟舉則民留處舉盡也倉廩實則知禮節衣食足則知榮辱上服度則六親固服行也上行禮度則六親各得其所故能感恩而結固之四維張則君令行故省刑之要在禁文巧文巧者刑罰所由生守國之度在飾四維順民之經在明鬼神祗山川敬宗廟恭祖舊謂恭承先祖之舊法不務天時則財不生不

069

管子二十四卷

（唐）房玄齡註
（明）劉績、朱長春補註
（明）張榜等評
明刻本

10册。半葉9行，行20字，小字雙行，字數同，白口，單魚尾，左右雙邊，框高19.8釐米，寬13.6釐米。列入《中國古籍善本書目》。

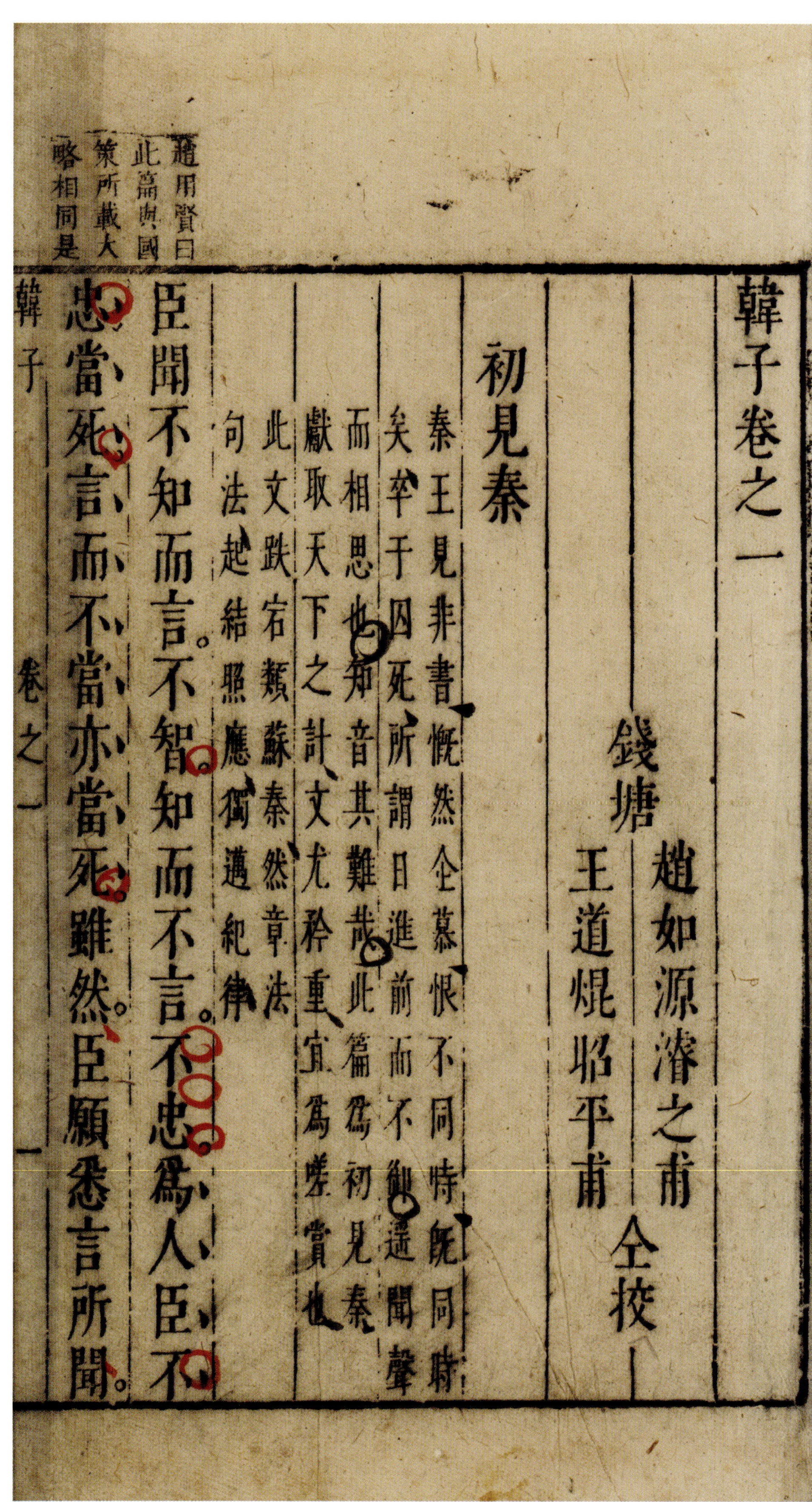

趙用賢曰此篇與國策所載大略相同是

韓子卷之一

錢塘　趙如源濬之甫
王道焜昭平甫　仝校

初見秦

秦王見非書慨然企慕恨不同時既同時矣卒于囚死所謂日進前而不御遠聞聲而相思也知音其難哉此篇爲初見秦獻取天下之計文尤矜重宜爲嬴賞也

此文跌宕類蘇秦然章法句法起結照應獨邁紀律

臣聞不知而言不智知而不言不忠爲人臣不忠當死言而不當亦當死雖然臣願悉言所聞

韓子　卷之一　一

070

韓子二十卷 附録一卷

明天啓五年（1625）趙如源刻本

4册。半葉9行，行18字，小字雙行，字數同，白口，四周單邊，框高20釐米，寬13.8釐米。列入《中國古籍善本書目》。

重廣補註黃帝内經素問卷第一

新校正云按王氏不解所以名素問之義及素問之名起於何代按隋書經籍志始有素問之名甲乙經序晉皇甫謐之文已云素問論病精辨王叔和西晉人撰脉經云出素問鍼經漢張仲景撰傷寒卒病論集云撰用素問是則素問之名著於隋志上見於漢代也自仲景已前無文可見莫得而知據今世所存之書則素問之名起漢世也所以名素問之義全元起有説云素者本也問者黃帝問岐伯也方陳性情之源五行之本故曰素問元起雖有此解義未甚明按乾鑿度云夫有形者生於無形故有太易有太初有太始有太素太易者未見氣也太初者氣之始也太始者形之始也太素者質之始也氣形質具而痾瘵由是萌生故黃帝問此太素質之始也素問之名義或由此

啓玄子次註林億孫奇高保衡等奉敕校正孫兆重改誤

上古天眞論　四氣調神大論

生氣通天論　金匱眞言論

上古天眞論篇第一　新校正云按全元起注本在第九卷王氏重次篇第移冠篇首今注逐篇必具全元起本之卷

071

重廣補註黃帝内經素問二十四卷

（唐）王冰註
（宋）林億等校正
（宋）孫兆改誤
明嘉靖二十九年（1550）顧從德影宋刻本

10冊。半葉10行，行20字，小字雙行，行30字，白口，單魚尾，左右雙邊，框高21.8釐米，寬15釐米。有“楚州王氏藏書”印。列入《中國古籍善本書目》、《國家珍貴古籍名録》。

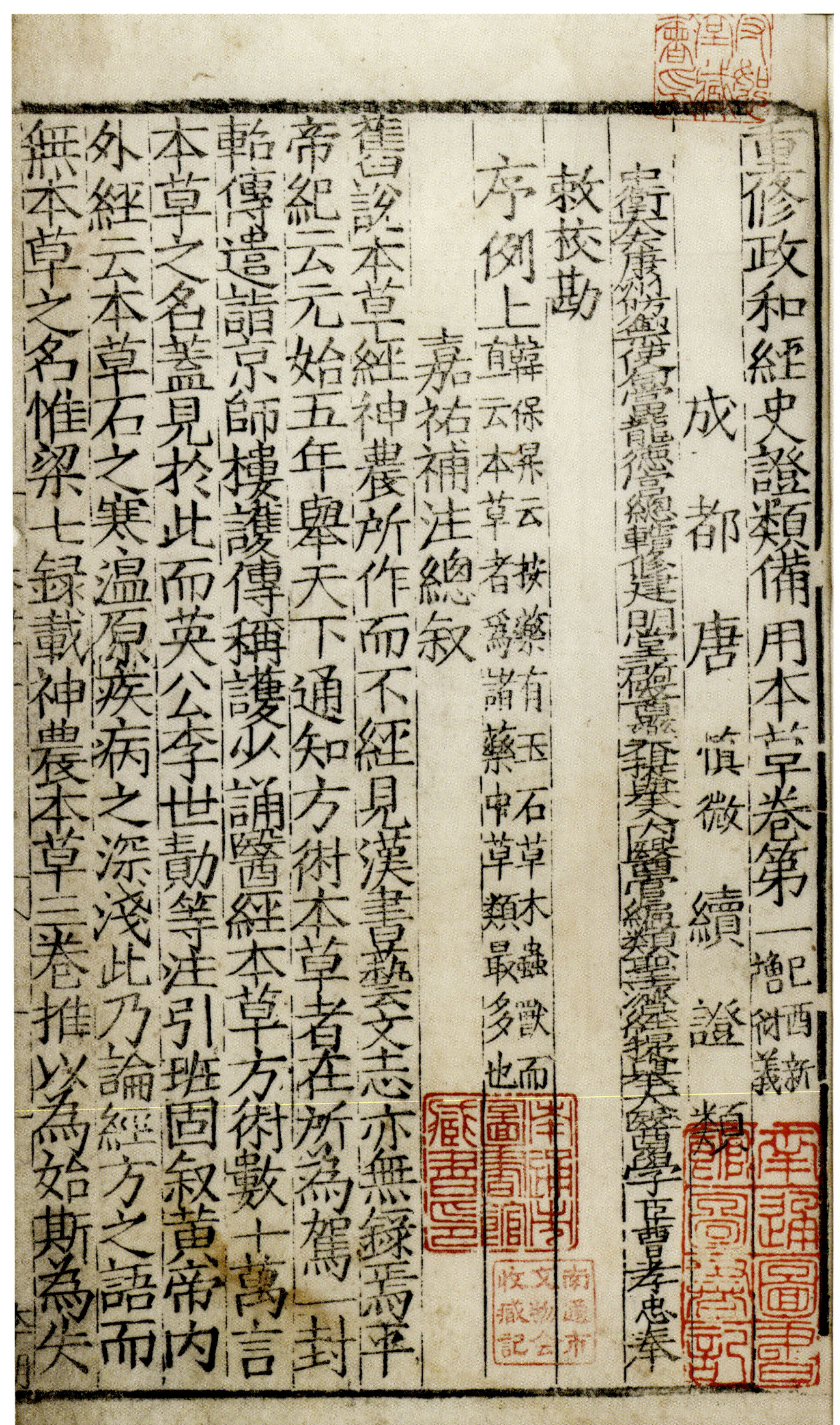
重修政和經史證類備用本草卷第一[illegible]新增衍義
成都唐　愼微　續　證　類
宋中衛大夫康州防禦使句當龍德宮總轄修建明堂所醫藥提舉入内醫官編類聖濟經提舉太醫學臣曹孝忠奉
敕校勘
序例上　韓保昇云按藥有玉石草木蟲獸而直云本草者爲諸藥中草類最多也
嘉祐補注總叙
舊說本草經神農所作而不經見漢書藝文志亦無錄焉平
帝紀云元始五年舉天下通知方術本草者在所爲駕一封
軺傳遣詣京師樓護傳稱護少誦醫經本草方術數十萬言
本草之名蓋見於此而英公李世勣等注引班固敘黃帝内
外經云本草石之寒溫原疾病之深淺此乃論經方之語而
無本草之名惟梁七錄載神農本草三卷推以爲始斯爲失

072

重修政和經史證類備用本草三十卷

（宋）唐慎微撰
（宋）寇宗奭衍義
明嘉靖三十一年（1552）周珫、李遷刻本

30册。半葉12行，行23字，白口，四周單邊，框高26釐米，寬16.5釐米。有“積學齋徐乃昌藏書”、“張季子金石圖書印”等印。列入《中國古籍善本書目》、《國家珍貴古籍名録》。

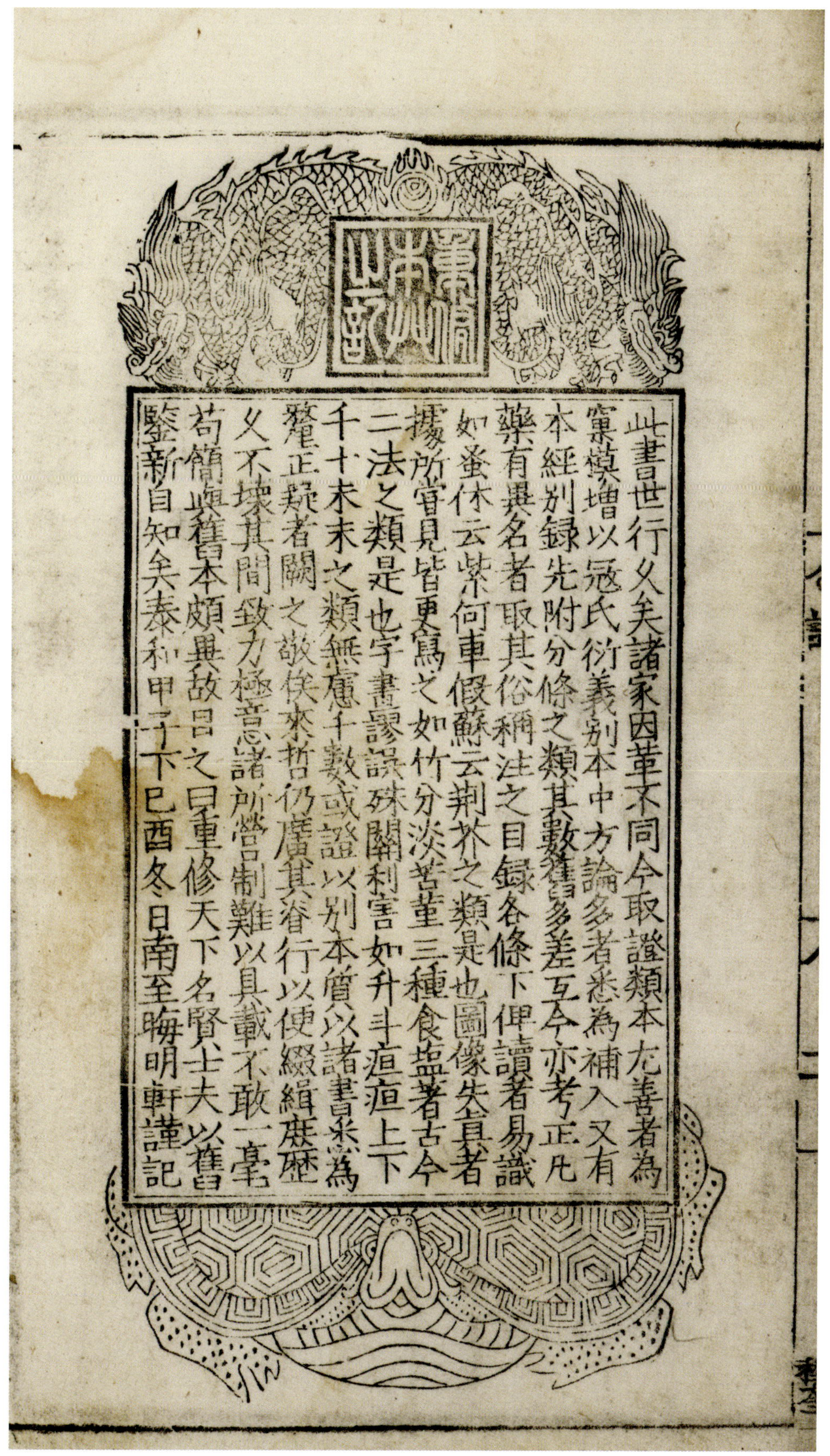
此書世行久矣諸家因革不同今取證類本尤善者為窠模增以寇氏衍義別本中方論多者悉為補入又有本經別錄先附分條之類其數舊多差互今亦考正凡藥有異名者取其俗稱注之目錄各條下俾讀者易識如蚤休云紫何車假蘇云荊芥之類是也圖像失真者據所嘗見皆更寫之如竹分淡苦堇三種食鹽著古今二法之類是也字畫謬誤殊關利害如升斗疸疽上下千十未末之類無慮千數或證以別本質以諸書悉為釐正疑者闕之敬俟來哲仍廣其脊行以便綴緝歷歷久不壞其間致力極意諸所營制難以具載不敢一毫苟簡與舊本頗異故目之曰重修天下名賢士夫以舊鑒新自知矣泰和甲子下己酉冬日南至晦明軒謹記

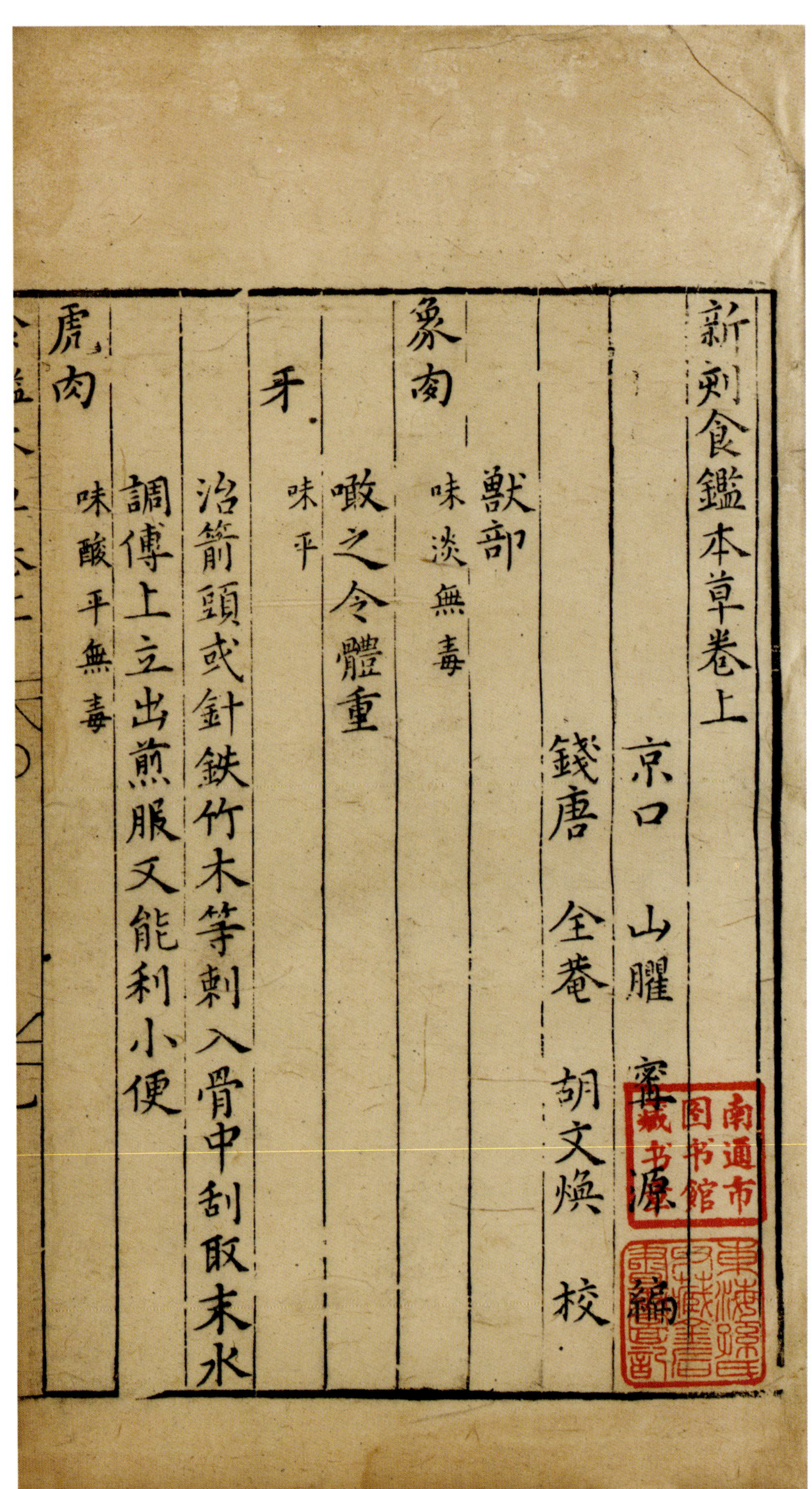

073

新刻食鑑本草二卷

（明）甯源編

明萬曆二十年（1592）胡文煥刻本

1册。半葉10行，行20字，小字雙行，字數同，白口，雙魚尾，左右雙邊，框高19.4釐米，寬13.3釐米。

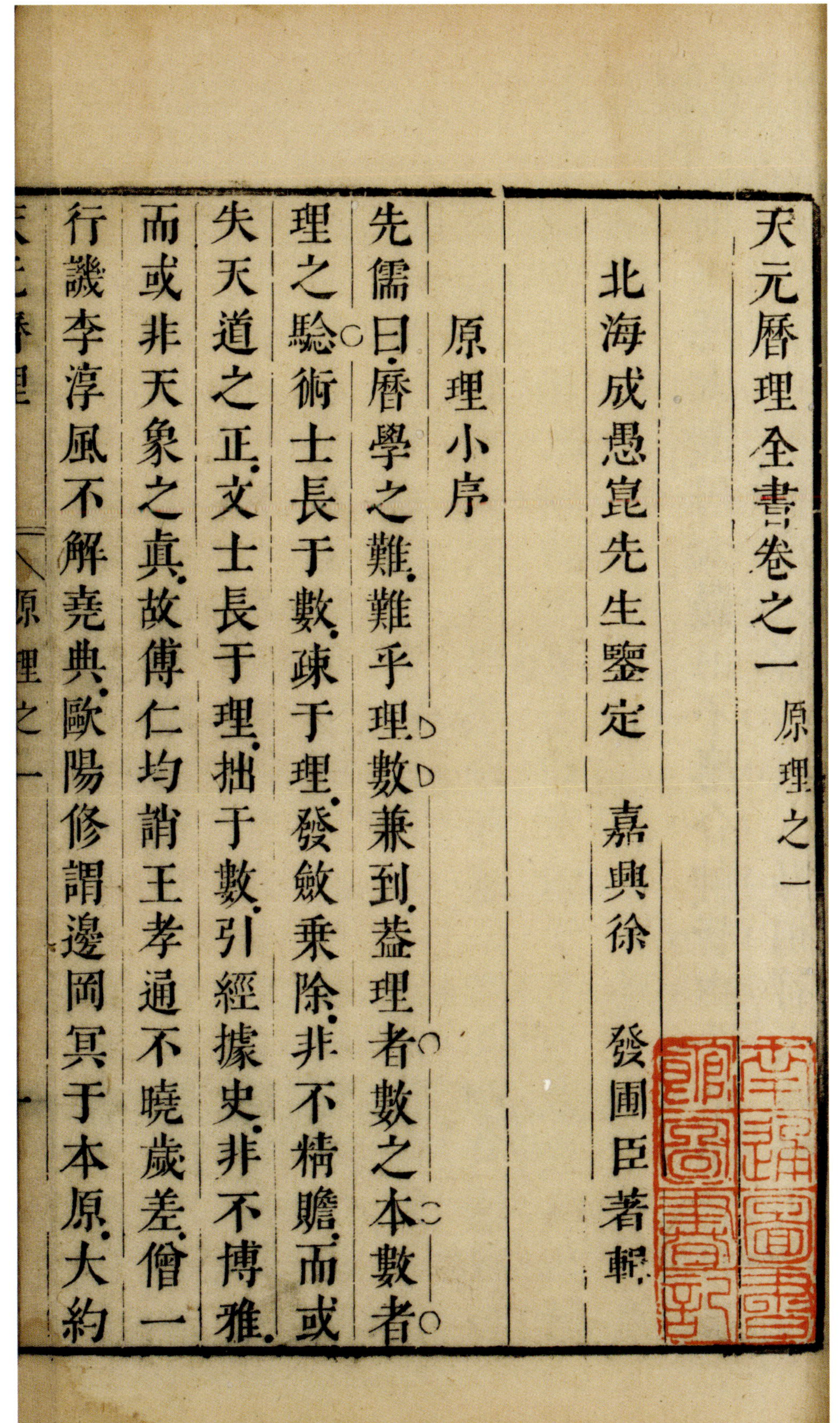
天元曆理全書卷之一　原理之一

北海成愚崑先生鑒定　嘉興徐　發圃臣著輯

原理小序

先儒曰。曆學之難。難乎理數兼到。葢理者數之本數者理之驗。術士長于數。疎于理。發斂乘除。非不精贍。而或失天道之正。文士長于理。拙于數。引經據史。非不博雅。而或非天象之真。故傅仁均謂王孝通不曉歲差。僧一行譏李淳風不解堯典。歐陽修謂邊岡冥于本原。大約

074

天元曆理全書十二卷首一卷

（清）徐發撰

清康熙刻本

10册。半葉10行，行21字，小字雙行，字數同，白口，四周單邊，框高19.9釐米，寬13.6釐米。列入《中國古籍善本書目》。

圓出于方

因方以得數則方之外即弧背弧背之中即矢謂之半徑

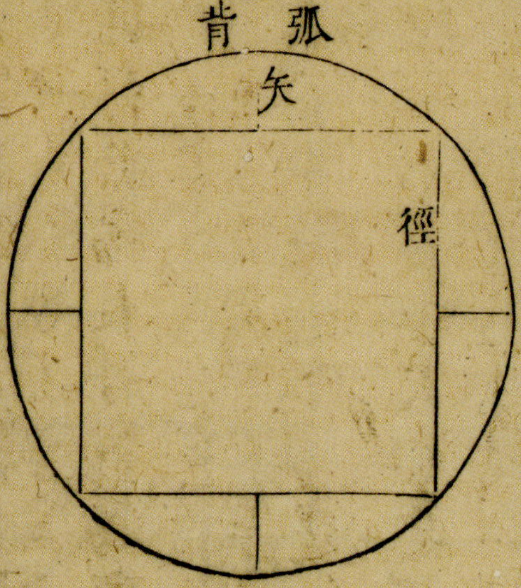

方出于矩

因圓以得實則圓之外即半矩半矩之弦又為弧矣

方圓勾股圖

弧背
矢
徑

弦
半矩

矩即勾股

徑亦謂之弦
股
勾

横者勾豎者股兩隅相對爲徑爲弦凡横三豎四其弦必五乃自然之數因以測高下遠近皆爲此例也

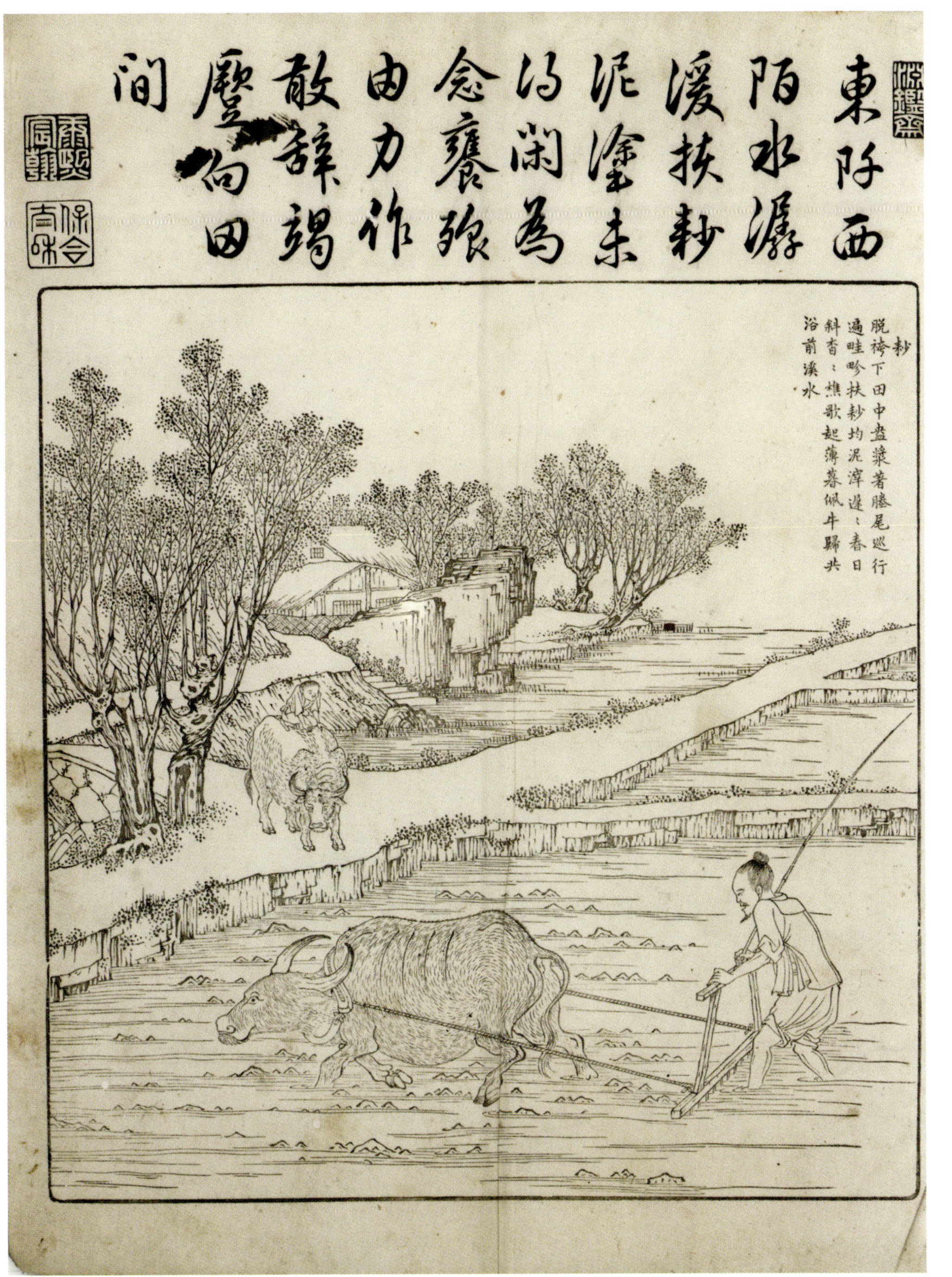

075

耕織圖一卷

（清）焦秉貞繪

清康熙三十五年（1696）内府刻本

1册。画框高24.4釐米，寬24.2釐米。列入《江蘇省珍貴古籍名録》。

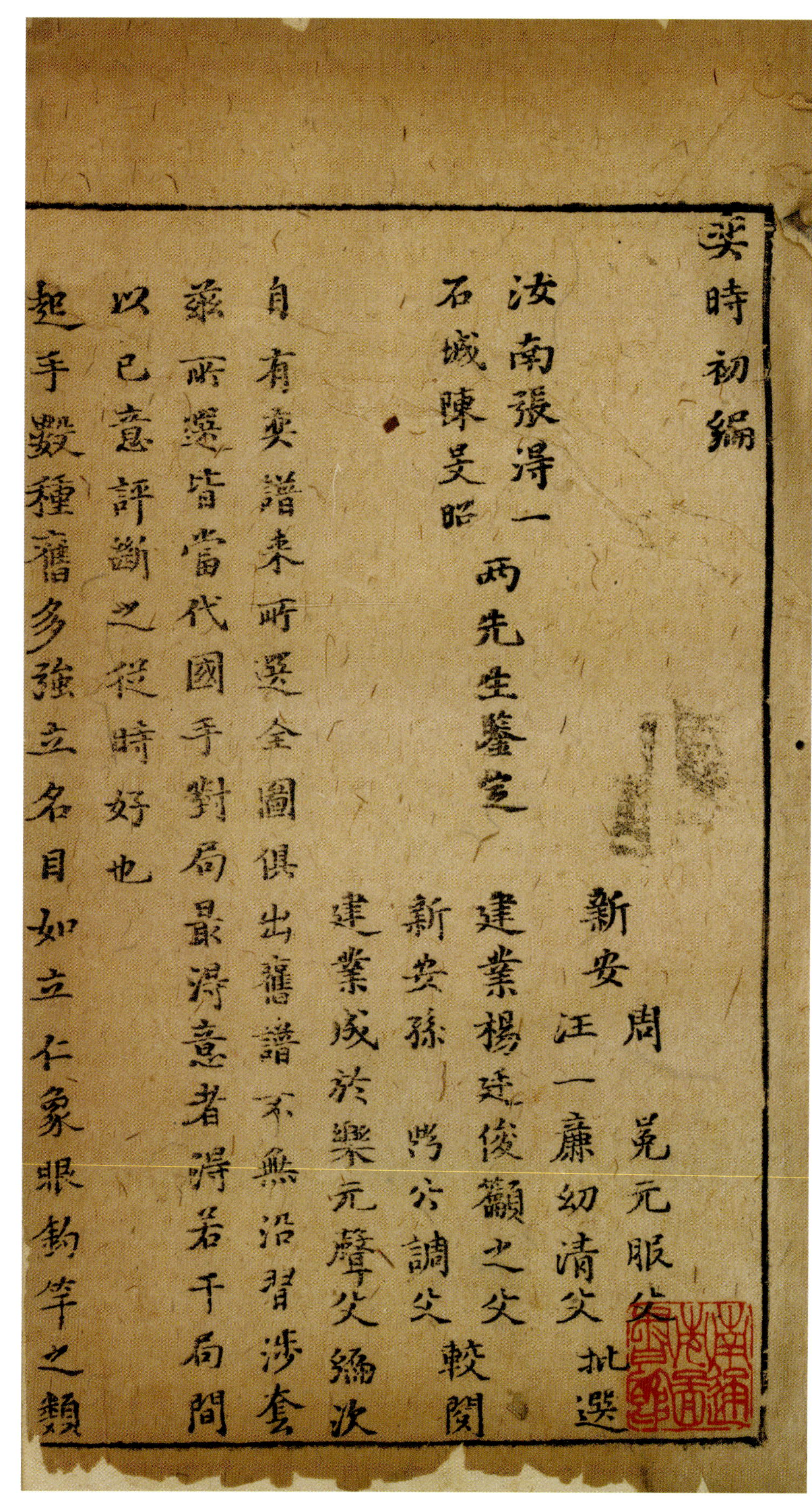
奕時初編
汝南張淂一　兩先生鑒定
石城陳昊昭
新安　周　冕元服父　批選
　　　汪一廉幼清父
建業楊廷俊顯之父
新安孫　鸑公調父　較閱
建業成於樂元聲父編次
自有奕譜來所選全圖俱出舊譜不無沿習涉套
蘇所選皆當代國手對局最淂意者淂若干局間
以己意評斷之從時好也
起手數種舊多強立名目如立仁象眼鈎竿之類

076

奕時初編四卷

（明）周冕、汪一廉輯
明末刻本

4册。半葉10行，行19字，白口，四周雙邊，框高20.8釐米，寬13.5釐米。列入《中國古籍善本書目》、《江蘇省珍貴古籍名録》。

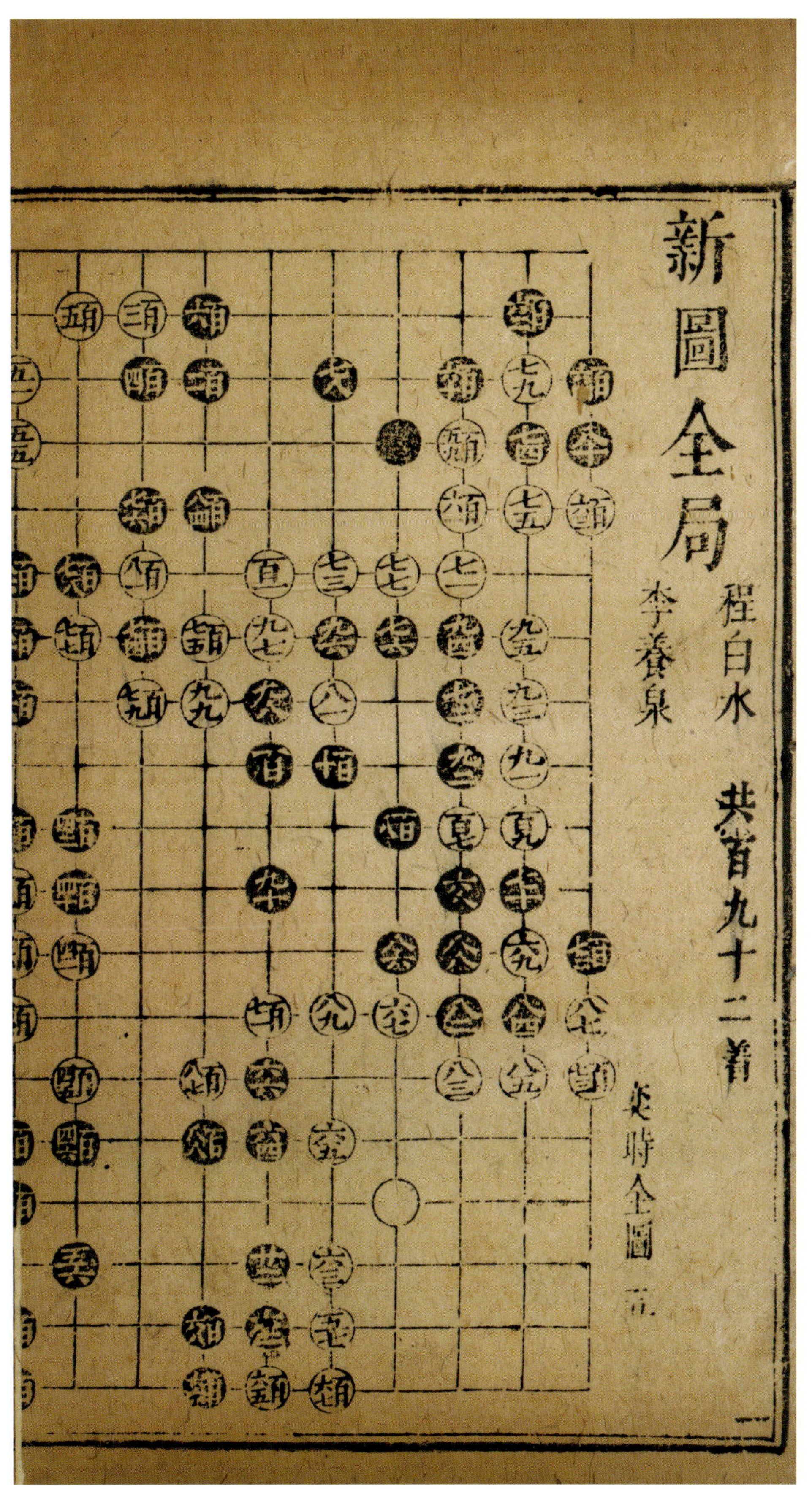

新圖全局

程白水　李養泉

共百九十二着

是時全圖　五

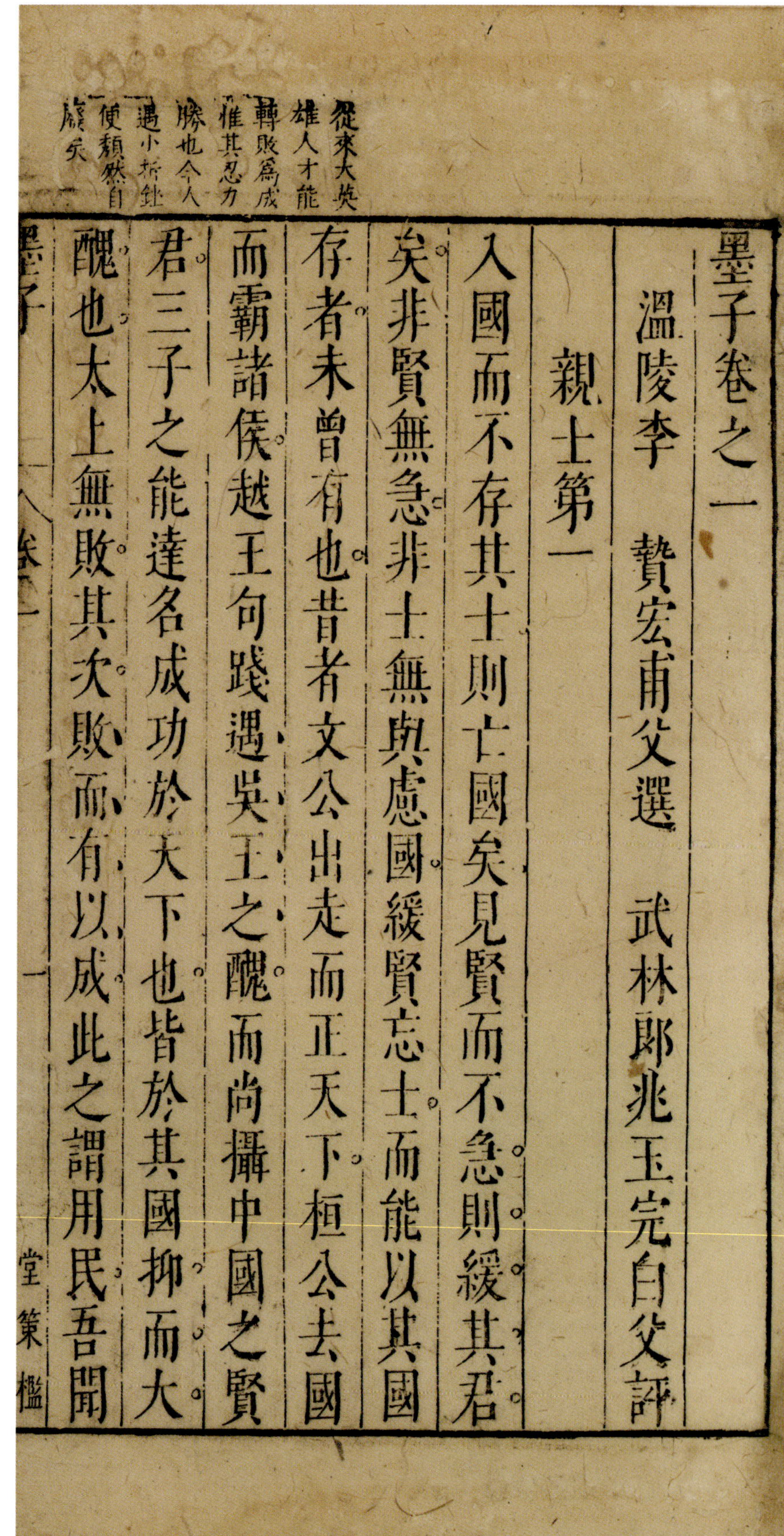

077

墨子十五卷

（明）李贄輯

（明）郎兆玉評

明天啓郎氏堂策檻刻本

4册。半葉9行，行20字，白口，四周單邊，框高21.5釐米，寬13.2釐米。列入《中國古籍善本書目》、《江蘇省珍貴古籍名録》。

韓愈評陸起[illegible]甚閎美

王宇評四稽五至之說語

鶡冠子卷上

朱陸佃解　明閩中王宇永啓評

嘉定汪明際無際

西湖朱養純元一　參評

朱養和元冲訂

博選第一

王鈇非一世之器者厚德隆俊也王鈇法制也賈子曰權執法制人主之斤斧夫專任法制不以德將之而欲以持久難哉厚道凡四稽一曰天二曰地三曰人四曰命命者所以令之權人有五至一曰伯已百於

鶡冠子　卷上　一　花齋藏版

078

鶡冠子三卷

（宋）陸佃註
（明）王宇等評
明天啓五年（1625）朱氏花齋刻本

2册。半葉9行，行20字，小字雙行，字數同，白口，單魚尾，四周單邊，框高20.8釐米，寬13.6釐米。列入《中國古籍善本書目》。

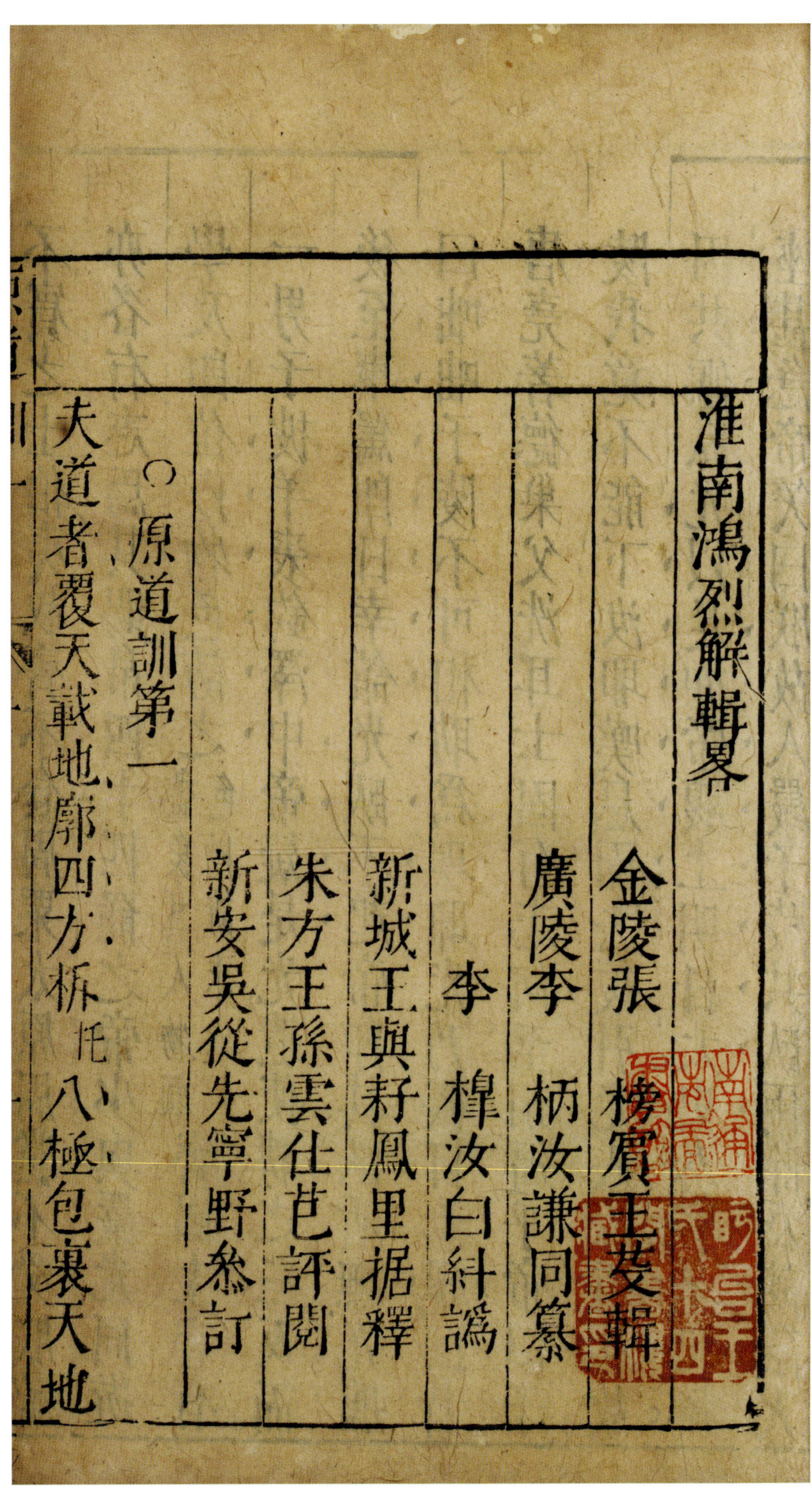

淮南鴻烈解輯畧

金陵張　榜賔王父輯

廣陵李　柄汝謙同纂

李　椲汝白糾譌

新城王與耔鳳里据釋

朱方王孫雲仕芑評閱

新安吳從先寧野叅訂

○原道訓第一

夫道者覆天載地廓四方柝托八極包裹天地

079

淮南鴻烈解輯畧二卷

（明）張榜等輯

明刻本

4册。半葉9行，行18字，小字雙行，字數同，白口，單魚尾，四周單邊，上下分欄，框高19.7釐米，寬12.8釐米。有“盱眙王氏十四間書樓藏書印”。列入《中國古籍善本書目》、《江蘇省珍貴古籍名録》。

齊丘子道化卷第一

虎林　張鴻舉子羽父點次

呂昭世躬三父參閱

紫極宮碑

道之委也。虛化神。神化氣。氣化形。形生而萬物所以塞也。道之用也。形化氣。氣化神。神化虛。虛明而萬物所以通也。是以古聖人窮通塞之端。得造化之源。忘形以養氣。忘氣以養神。忘神以養虛。虛實相通。是謂大同。故藏之為元精。用之為萬靈。含之為太一。放之

齊丘子　卷一　一

080

齊丘子六卷

（五代）譚峭撰

明天啓五年（1625）張鴻舉刻本

1冊。半葉9行，行20字，白口，四周單邊，框高20.7釐米，寬14釐米。列入《中國古籍善本書目》、《國家珍貴古籍名録》。

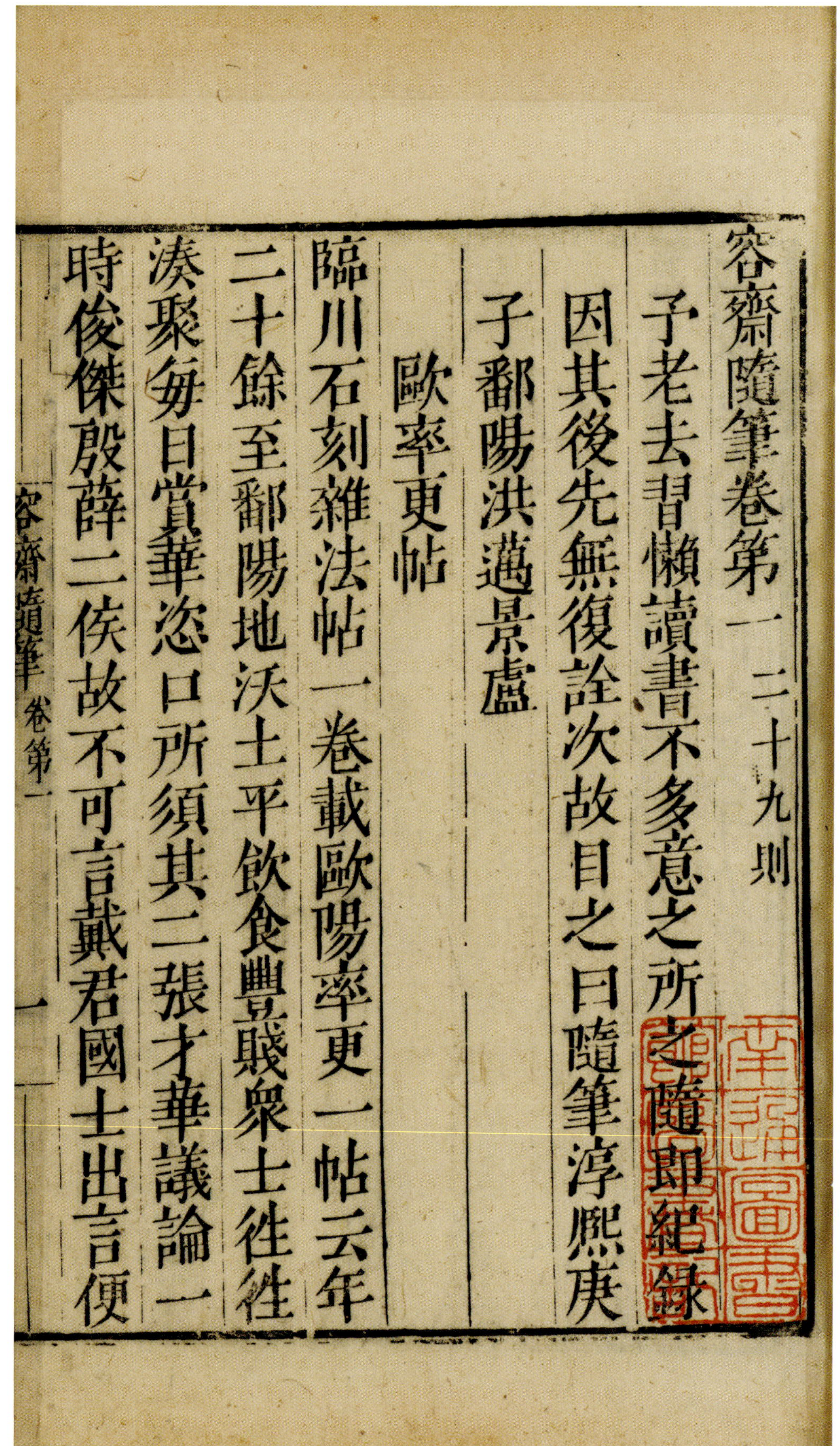
容齋隨筆卷第一　二十九則

予老去習懶讀書不多意之所之隨即紀錄因其後先無復詮次故目之曰隨筆淳熙庚子鄱陽洪邁景盧

歐率更帖

臨川石刻雜法帖一卷載歐陽率更一帖云年二十餘至鄱陽地沃土平飲食豐賤衆士往往湊聚每日賞華恣口所須其二張才華議論一時俊傑殷薛二侯故不可言戴君國士出言便

容齋隨筆　卷第一　一

081

容齋隨筆十六卷
續筆十六卷
三筆十六卷
四筆十六卷
五筆十卷

（宋）洪邁撰
明崇禎三年（1630）馬元調刻本

14册。半葉9行，行18字，黑口，左右雙邊，框高19.1釐米，寬13.4釐米。列入《中國古籍善本書目》。

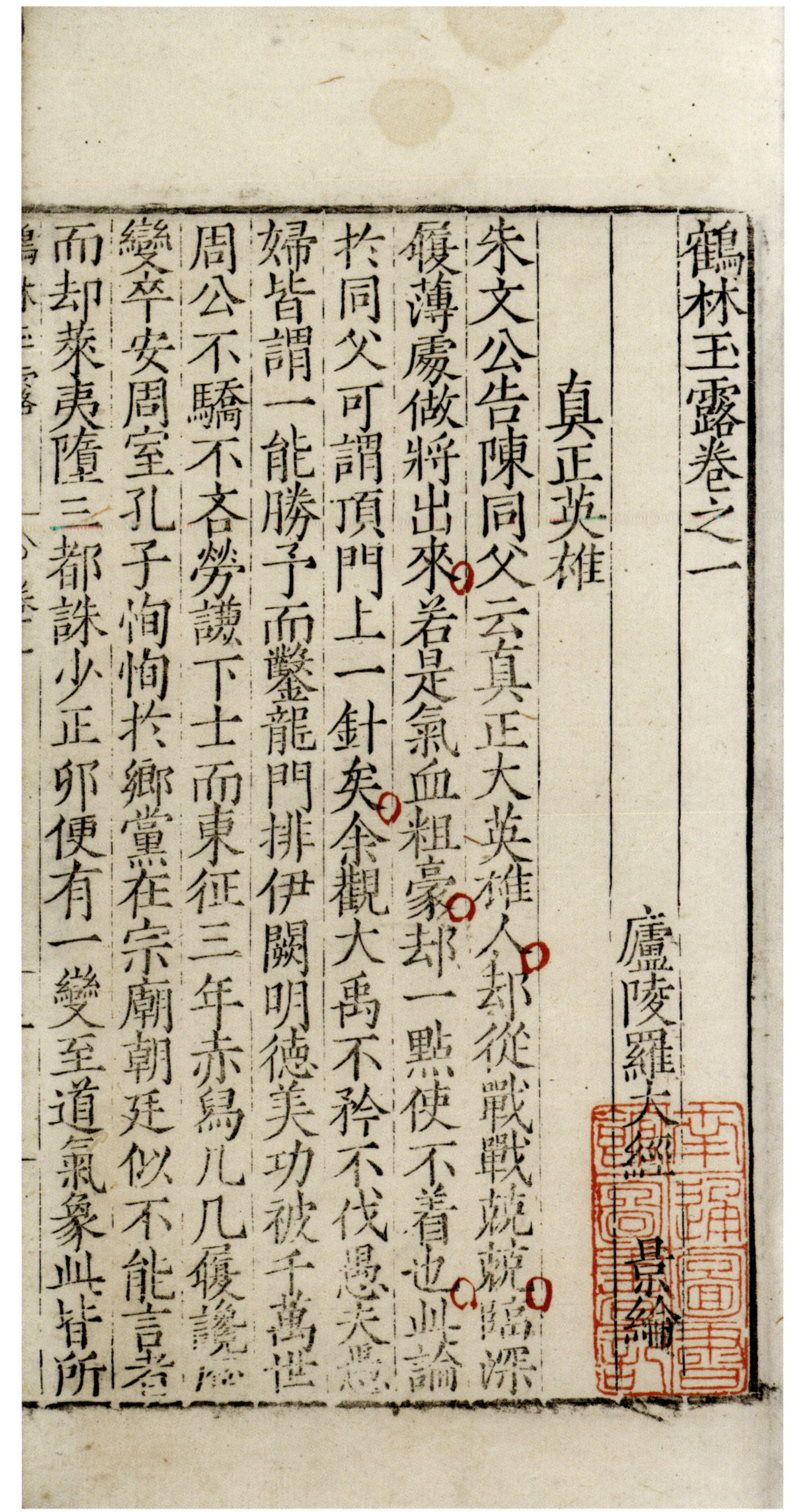
鶴林玉露卷之一

廬陵羅大經　景綸

真正英雄

朱文公告陳同父云真正大英雄人却從戰戰兢兢臨深履薄處做將出來若是氣血粗豪却一點使不着也此論於同父可謂頂門上一針矣余觀大禹不矜不伐愚夫愚婦皆謂一能勝予而鑿龍門排伊闕明德美功被千萬世周公不驕不吝勞謙下士而東征三年赤舄几几履讒險變卒安周室孔子恂恂於鄉黨在宗廟朝廷似不能言者而却萊夷墮三都誅少正卯便有一變至道氣象此皆所

082

鶴林玉露十六卷

（宋）羅大經撰

明刻萬曆七年（1579）林大黼重修本

4冊。半葉10行，行22字，白口，四周單邊，框高21.7釐米，寬13.3釐米。列入《中國古籍善本書目》。

世說新語卷上之上

宋　劉義慶　撰

梁　劉孝標　注

明　王世懋　批點

德行第一

陳仲舉言爲士則，行爲世範，登車攬轡，有澄清天下之志。汝南先賢傳曰：陳蕃字仲舉，汝南平輿人。有室荒蕪不掃除，曰：大丈夫當爲國家掃天下。值漢桓之末，閹豎用事，外戚豪橫。及拜太傅，與大將軍竇武謀誅宦官，反爲所害。爲豫章太守，海內先賢傳曰：蕃爲尚書，以忠正忤貴戚，不得在臺，遷豫章太守。至便問徐孺子所

世說新語　卷上之上　一

古吳錢世傑寫　郜天卿刊

083

世說新語三卷

（南朝宋）劉義慶撰

（南朝梁）劉孝標註

（明）王世懋批點

明萬曆九年（1581）喬懋敬刻本

6冊。半葉9行，行20字，小字雙行，字數同，白口，單魚尾，左右雙邊，框高20.8釐米，寬12.5釐米。列入《中國古籍善本書目》。

劉會孟曰世說所載多無識語然皆今人所有之則古亦不可謂無故自未可弃耳

世說新語

德行

陳仲舉言爲士則行爲世範登車攬轡有澄清天下之志汝南先賢傳曰陳蕃字仲舉汝南平輿人有室荒蕪不掃除曰大丈夫當爲國家掃天下值漢桓之末閹豎用事外戚豪横及拜太傅與大將軍竇武謀誅宦官反爲所害爲豫章太守海內先賢傳曰蕃爲尚書以忠正忤貴戚不得在臺遷豫章太守至便問徐孺子所在欲先看之謝承後漢書曰徐稺字孺子豫章南昌人清妙高跱超世絕俗前後爲諸公所辟雖不就及其死萬里赴吊常預炙雞一

世說卷一 德行 一

084

世說新語八卷

(南朝宋)劉義慶撰
(南朝梁)劉孝標註
(宋)劉辰翁、劉應登
(明)王世懋評
明凌瀛初刻四色套印本

8册。半葉8行,行18字,小字雙行,字數同,白口,四周單邊,框高20.8釐米,寬13.8釐米。列入《中國古籍善本書目》、《國家珍貴古籍名録》。

非小兒語

不辨優劣令入自見註引經論又恰破的

被親不被親作被親彼不親

稽內史謝玄同時之郡論者以爲南北之望玄之名亞謝玄時亦稱南北二玄卒於郡于時張年九歲顧年七歲和與俱至寺中見佛般泥洹像弟子有泣者有不泣者和以問二孫玄謂被親故泣不被親故不泣敷曰不然當由忘情故不泣不能忘情故泣大智度論曰佛在陰菴羅雙樹間入般涅槃臥北首大地震動諸三學人僉然不樂郁伊交涕諸無學人但念諸法一切無常

庾法暢造庾太尉握麈尾至佳公曰此至佳那得在法暢曰廉者不求貪者不與故得在耳法暢

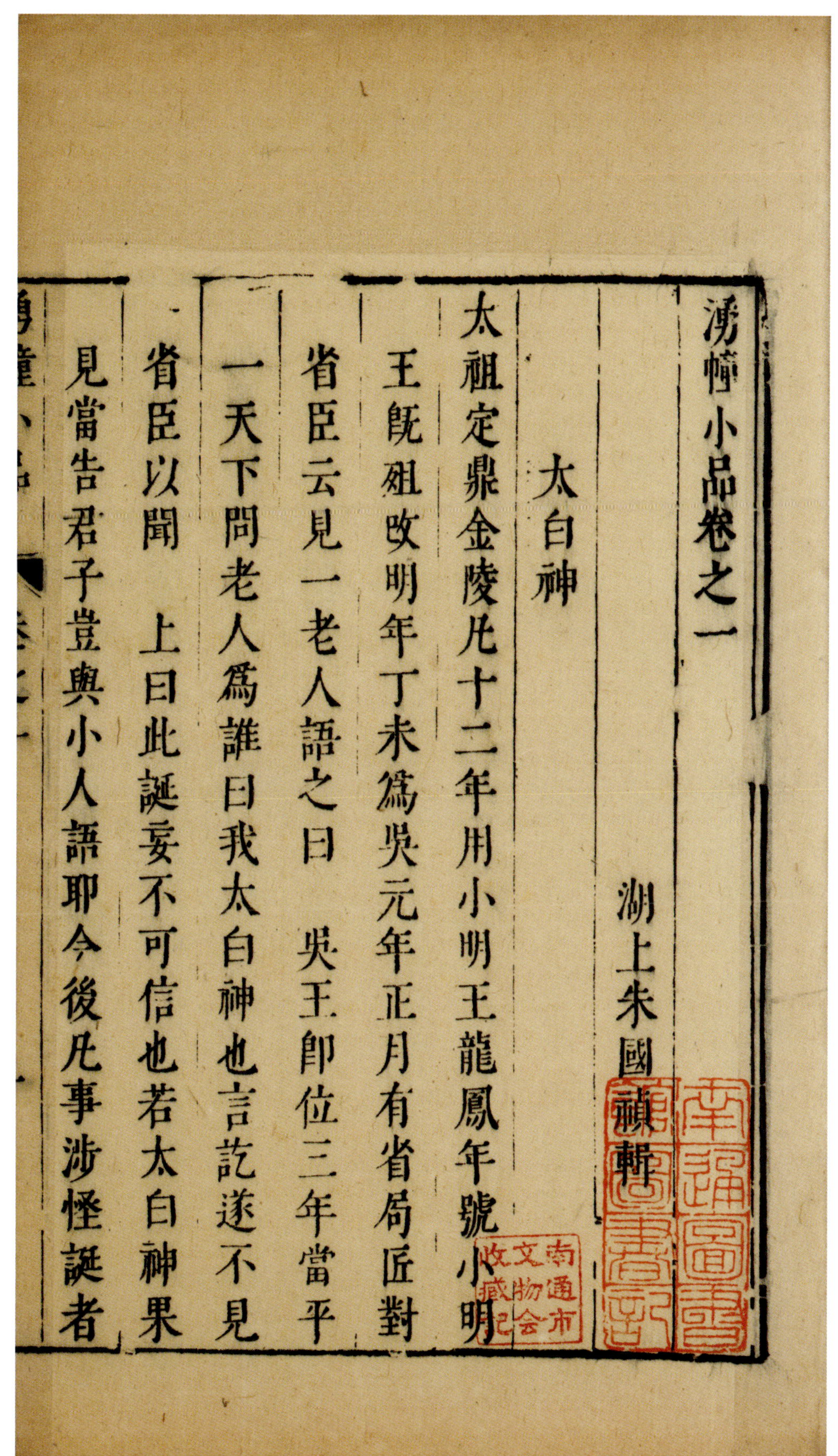

085

湧幢小品三十二卷

（明）朱國禎輯
明天啓二年（1622）清美堂刻本

16册。半葉9行，行20字，白口，單魚尾，左右雙邊，框高20.8釐米，寬14.4釐米。列入《中國古籍善本書目》。

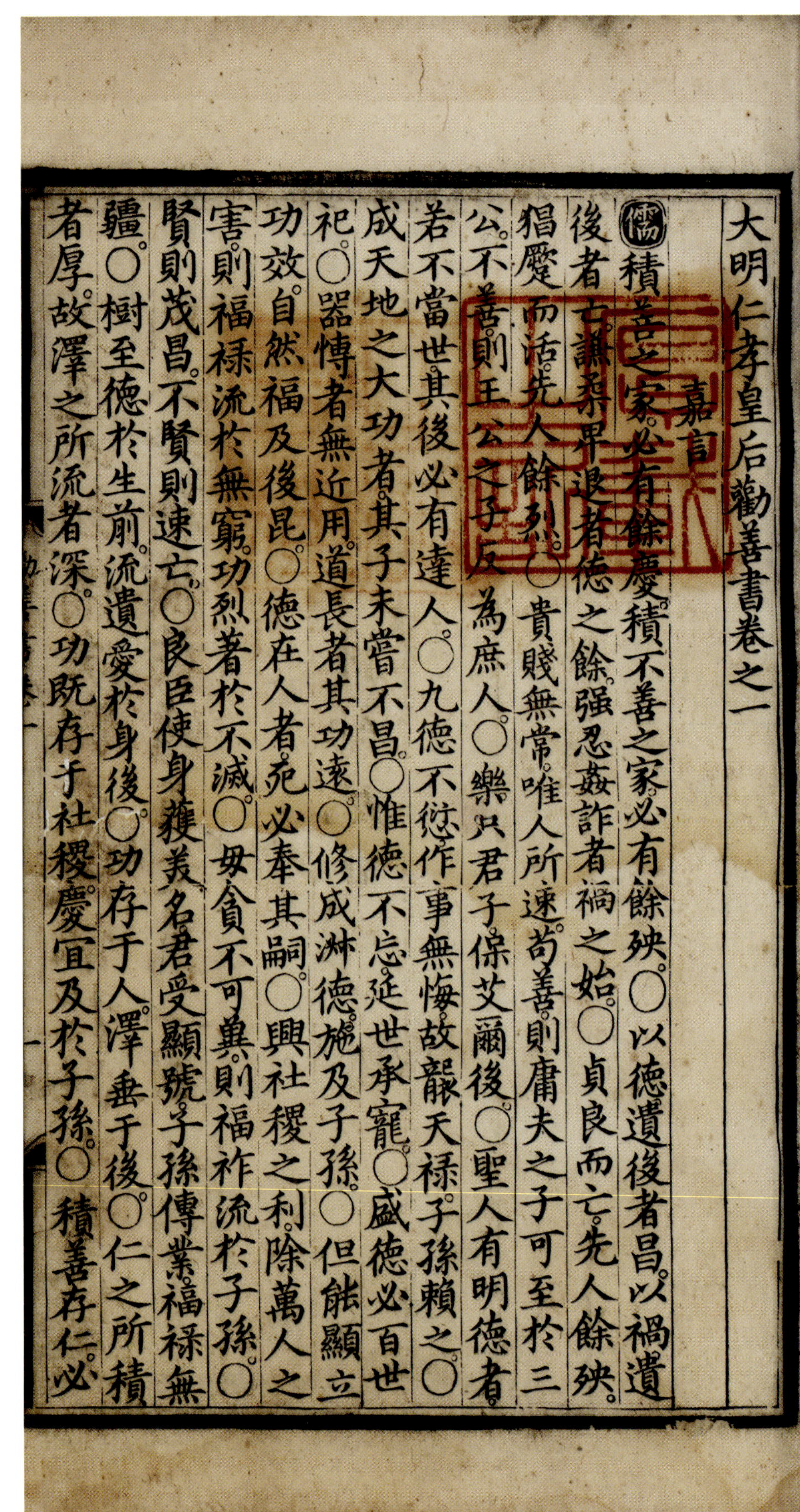

大明仁孝皇后勸善書卷之一

儒 嘉言

積善之家必有餘慶積不善之家必有餘殃○以德遺後者昌以禍遺
後者亡謙柔卑退者德之餘強忍姦詐者禍之始○貞良而亡先人餘殃
猖蹷而活先人餘烈○貴賤無常唯人所速苟善則庸夫之子可至於三
公不善則王公之子反為庶人○樂只君子保艾爾後○聖人有明德者
若不當世其後必有達人○九德不愆作事無悔故饗天祿子孫賴之○
成天地之大功者其子未嘗不昌○惟德不忘延世承寵○盛德必百世
祀○器愽者無近用道長者其功遠○修成淑德施及子孫○但能顯立
功效自然福及後昆○德在人者死必奉其嗣○興社稷之利除萬人之
害則福祿流於無窮功烈著於不滅○毋貪不可冀則福祚流於子孫○
賢則茂昌不賢則速亡○良臣使身獲美名君受顯號子孫傳業福祿無
疆○樹至德於生前流遺愛於身後○功存于人澤垂于後○仁之所積
者厚故澤之所流者深○功既存于社稷慶宜及於子孫○積善存仁必

086

大明仁孝皇后勸善書二十卷

（明）仁孝皇后徐氏撰
明永樂五年（1407）内府刻本

10册。半葉14行，行28字，黑口，雙魚尾，四周雙邊，框高30.5釐米，寬18.8釐米。有“厚載之記”印。列入《中國古籍善本書目》、《國家珍貴古籍名録》。

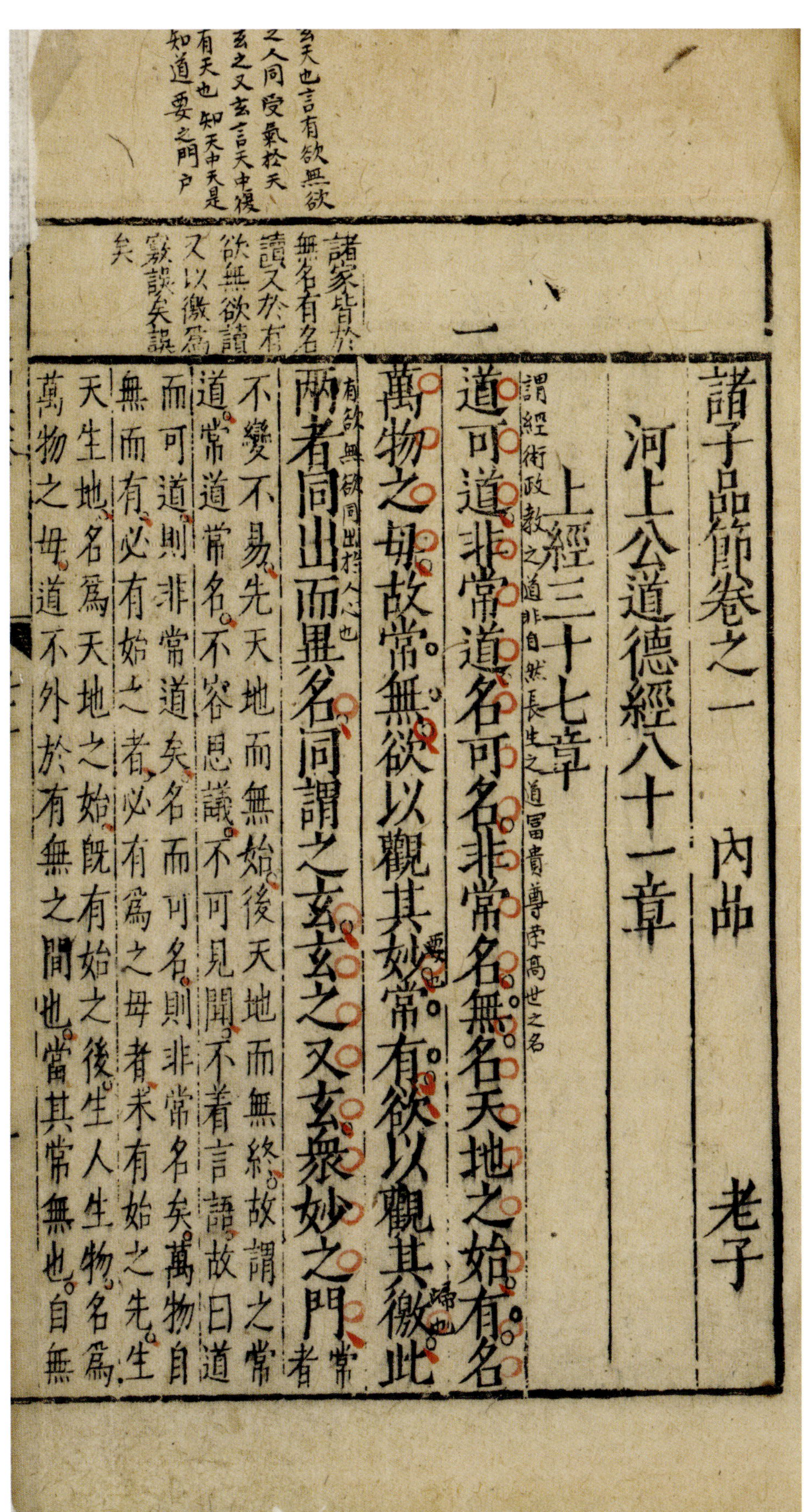

087

諸子品節五十卷

（明）陳深輯

明萬曆刻本

10冊。存四十八卷（一至九、十二至五十）。半葉9行，行20字，小字雙行，字數同，白口，四周單邊，上下分欄，框高22釐米，寬14.3釐米。

新鐫玉茗堂批選王弇州先生豔異編卷一

星部

○郭翰

太原郭翰少簡貴有清標姿度美秀善談論工艸隸早孤獨處當盛暑乘月臥庭中時時有微風稍聞香氣漸濃翰甚怪之仰視空中見有人冉冉而下直至翰前乃一少女也明艷絕代光彩溢目衣玄綃之衣曳霜羅之帔戴翠翹鳳皇之冠躡瓊文九章之履侍女二人皆有殊色感蕩心神翰整衣巾下牀拜謁曰不意尊靈迥降願垂德音女微哂曰吾天上織女也久無主對而嘉期阻曠幽態盈懷上

088

新鐫玉茗堂批選王弇州先生豔異編四十卷

題（明）王世貞撰

（明）湯顯祖評

續編十九卷

題（明）湯顯祖撰

明末刻本

16册。半葉10行，行22字，白口，四周單邊，框高21.3釐米，寬13.8釐米。列入《中國古籍善本書目》。

初學記卷第一

唐光祿大夫行右散騎常侍集賢院學士副知院事東海郡開國公徐堅等撰

明資善大夫都察院右都御史兼兵部右侍郎前太常寺卿吏科給事中陳大科校

天部

天第一　日第二　月第三

星第四　雲第五　風第六

雷第七

天第一　敘事　河圖括地象云易有太極是生兩儀兩儀未分其氣混沌清濁既分伏者爲天偃者爲地釋名

089

初學記三十卷

（唐）徐堅等輯

明萬曆二十五年至二十六年（1597—1598）陳大科刻本

10册。半葉9行，行20字，小字雙行，字數同，白口，單魚尾，左右雙邊，框高21釐米，寬14.8釐米。列入《中國古籍善本書目》。

新編古今事文類聚新集卷之一

南　江　富大用　時可　編集

知建陽縣事南海　鄒可張　訂刻

三師部

○三公

歷代沿革 太師太傅太保古官唐虞有百揆之職即三公殷太甲以伊尹為太保紂以箕子為太師周成王立太師太傅太保為三公少師少傅少保曰三孤以貳之至是始有定制三公之職論道經邦燮理陰陽然未嘗備官周禮有六卿無三公周公以冢宰兼太師則三公止為兼官而未嘗有專職可見矣秦不師古以丞相御史大夫太尉為三公漢襲秦舊哀平間以大司馬大司徒大司空為三公復置太師太傅太保始尊師傅位在三公上謂之上公後漢魏晉江左因之後魏特尊太師太傅太保為三師非勳德崇重者不居而三公則魏晉之舊也北齊因之後周遠擬周制置三公三孤以為論道之官隋唐復依魏晉之法置三

090

新編古今事文類聚
前集六十卷
後集五十卷
續集二十八卷
別集三十二卷
（宋）祝穆輯
新集三十六卷
外集十五卷
（元）富大用輯
明嘉靖四十年（1561）書林楊歸仁刻本

100冊。半葉14行，行28字，黑口，雙魚尾，四周單邊，框高19.9釐米，寬12.6釐米。列入《中國古籍善本書目》、《國家珍貴古籍名録》。

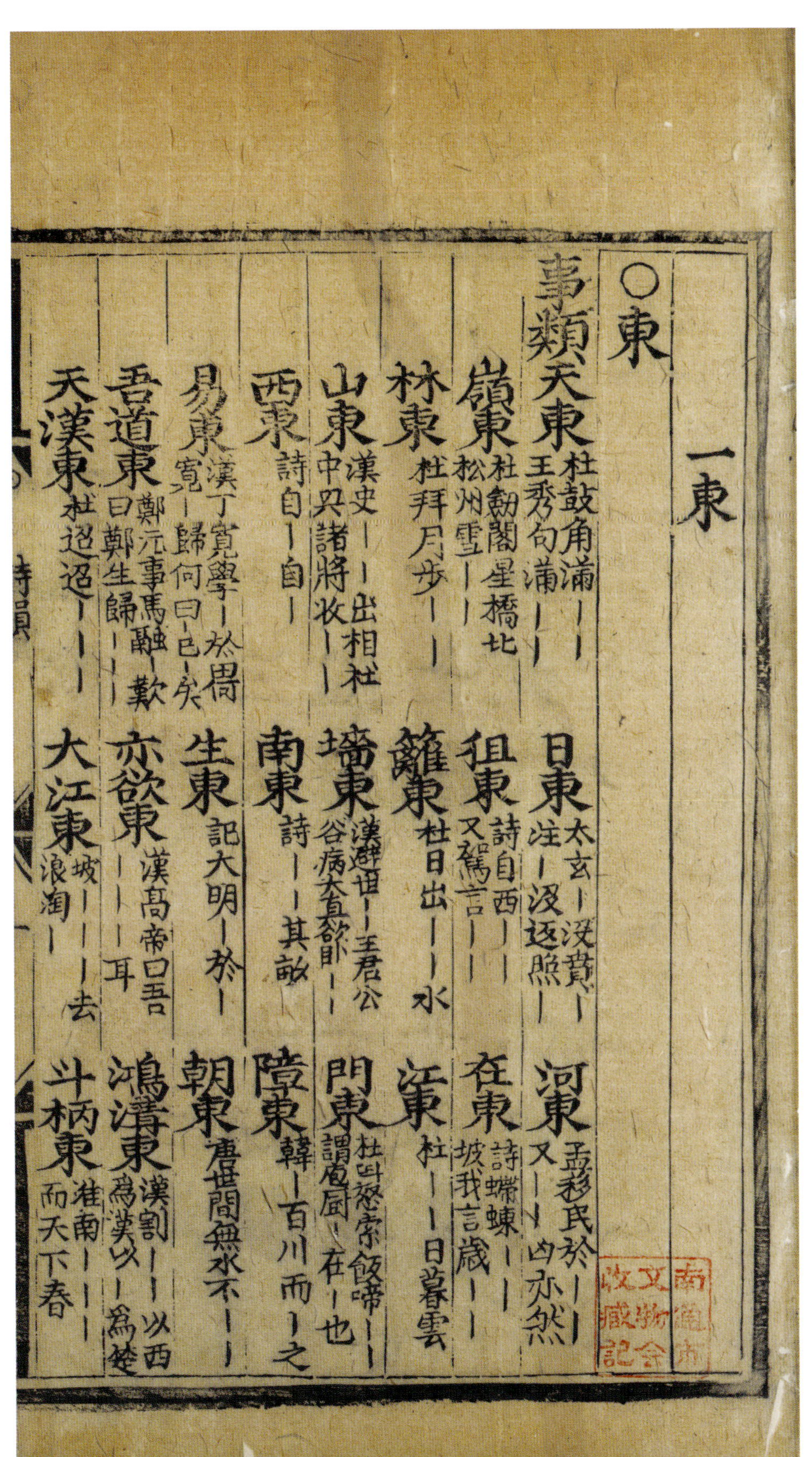

091

正韻詩押二十二卷

（明）趙繼宗輯

明刻本

12册。半葉10行，行字不等，小字雙行，行29字，黑口，四周雙邊，框高20.4釐米，寬13.1釐米。列入《中國古籍善本書目》、《國家珍貴古籍名録》。

092

古今萬姓統譜一百四十卷 歷代帝王姓系統譜六卷 氏族博考十四卷

（明）凌迪知輯

明萬曆刻本

40冊。半葉9行，行字不等，小字雙行，白口，單魚尾，四周單邊，框高20.6釐米，寬13.5釐米。列入《中國古籍善本書目》。

古今萬姓統譜卷之一

吴興 凌迪知稚哲 編

弟 凌述知稚明 校

上平聲

一東

東 平原徵音舜七友東不訾之後

漢 東富 中郎涇州人

唐 東明 開元中爲涿鹿太守

宋 東周 眉州人慶曆進士

東震 眉州人元豐進士

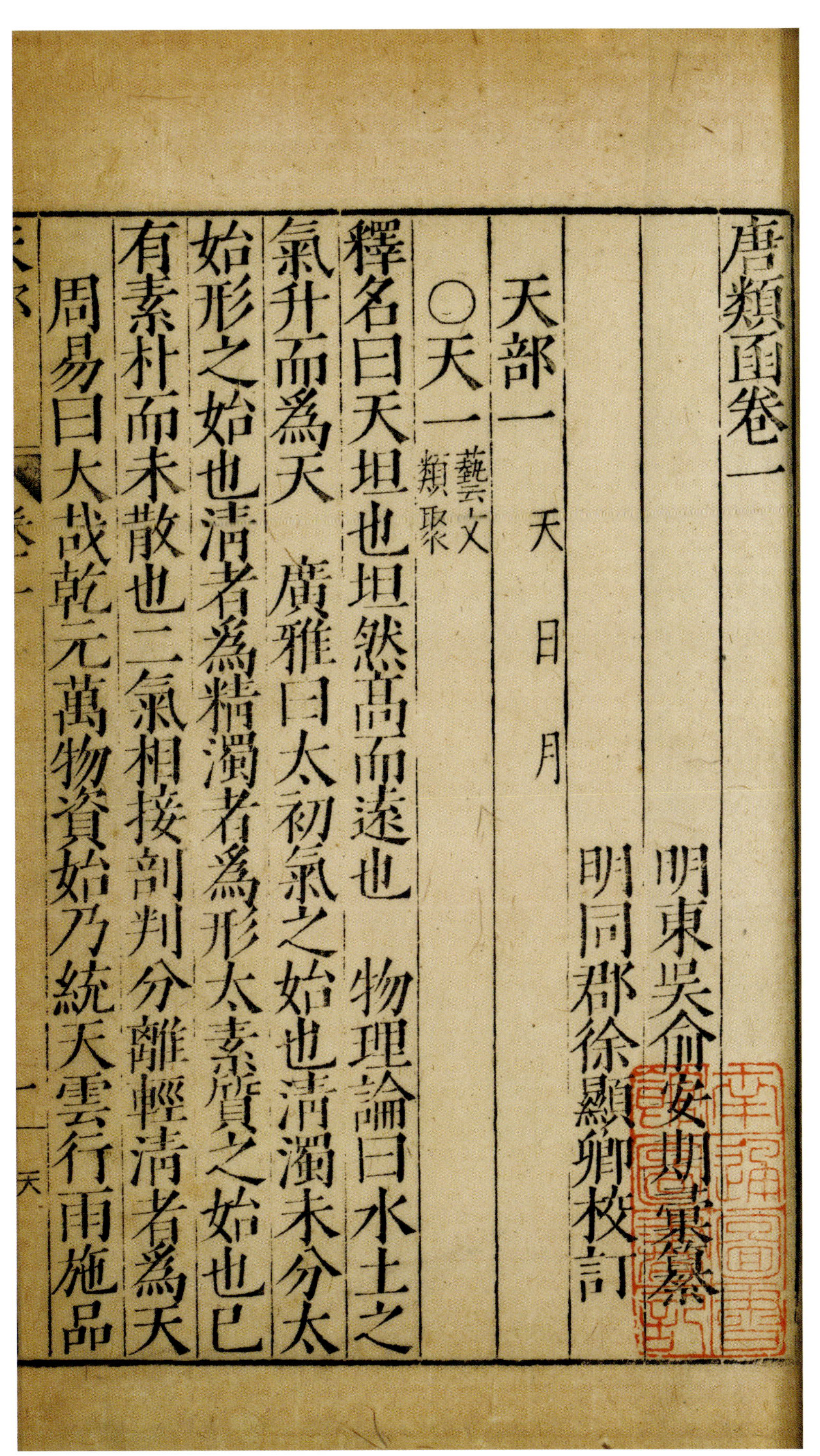

唐類函卷一

明東吳俞安期纂

明同郡徐顯卿校訂

天部一　天　日　月

○天一 藝文類聚

釋名曰天坦也坦然高而遠也　物理論曰水土之氣升而為天　廣雅曰太初氣之始也清濁未分太始形之始也清者為精濁者為形太素質之始也已有素朴而未散也二氣相接剖判分離輕清者為天

周易曰大哉乾元萬物資始乃統天雲行雨施品

093

唐類函二百卷

目録二卷

（明）俞安期輯

（明）徐顯卿校

明萬曆三十一年（1603）自刻本

40冊。半葉10行，行20字，小字雙行，字數同，白口，四周單邊，框高20.8釐米，寬14釐米。列入《中國古籍善本書目》。

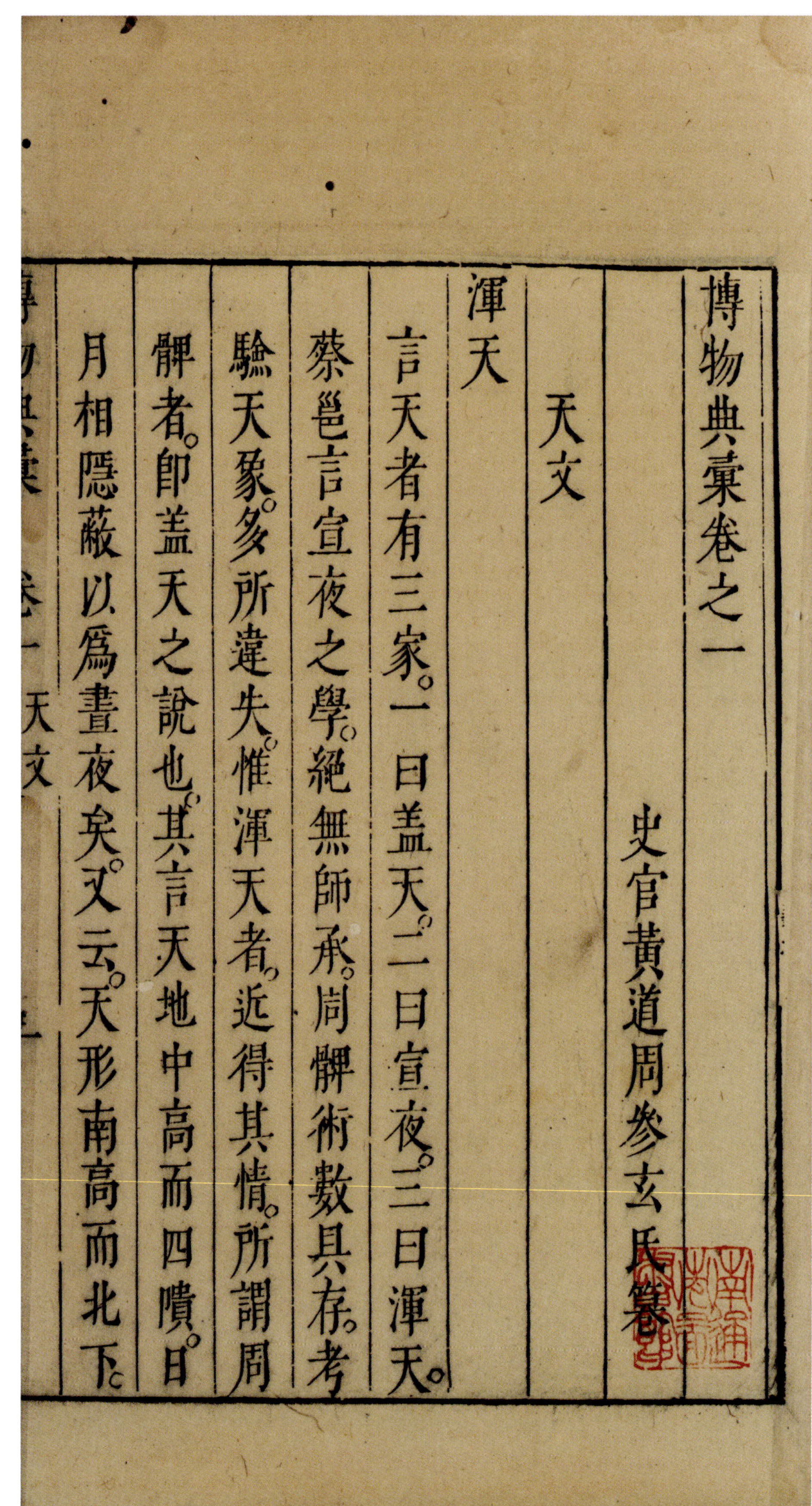

博物典彙卷之一

史官黃道周參玄氏纂

天文

渾天

言天者有三家。一曰盖天。二曰宣夜。三曰渾天。蔡邕言宣夜之學。絶無師承。周髀術數具存。考驗天象。多所違失。惟渾天者。近得其情。所謂周髀者。即盖天之說也。其言天地中高而四隤。日月相隱蔽以爲晝夜矣。又云。天形南高而北下。

博物典彙　卷一　天文

094

博物典彙二十卷

（明）黄道周撰

明崇禎刻本

6册。半葉9行，行18字，小字雙行，白口，左右雙邊，框高20.2釐米，寬13.2釐米。列入《中國古籍善本書目》。

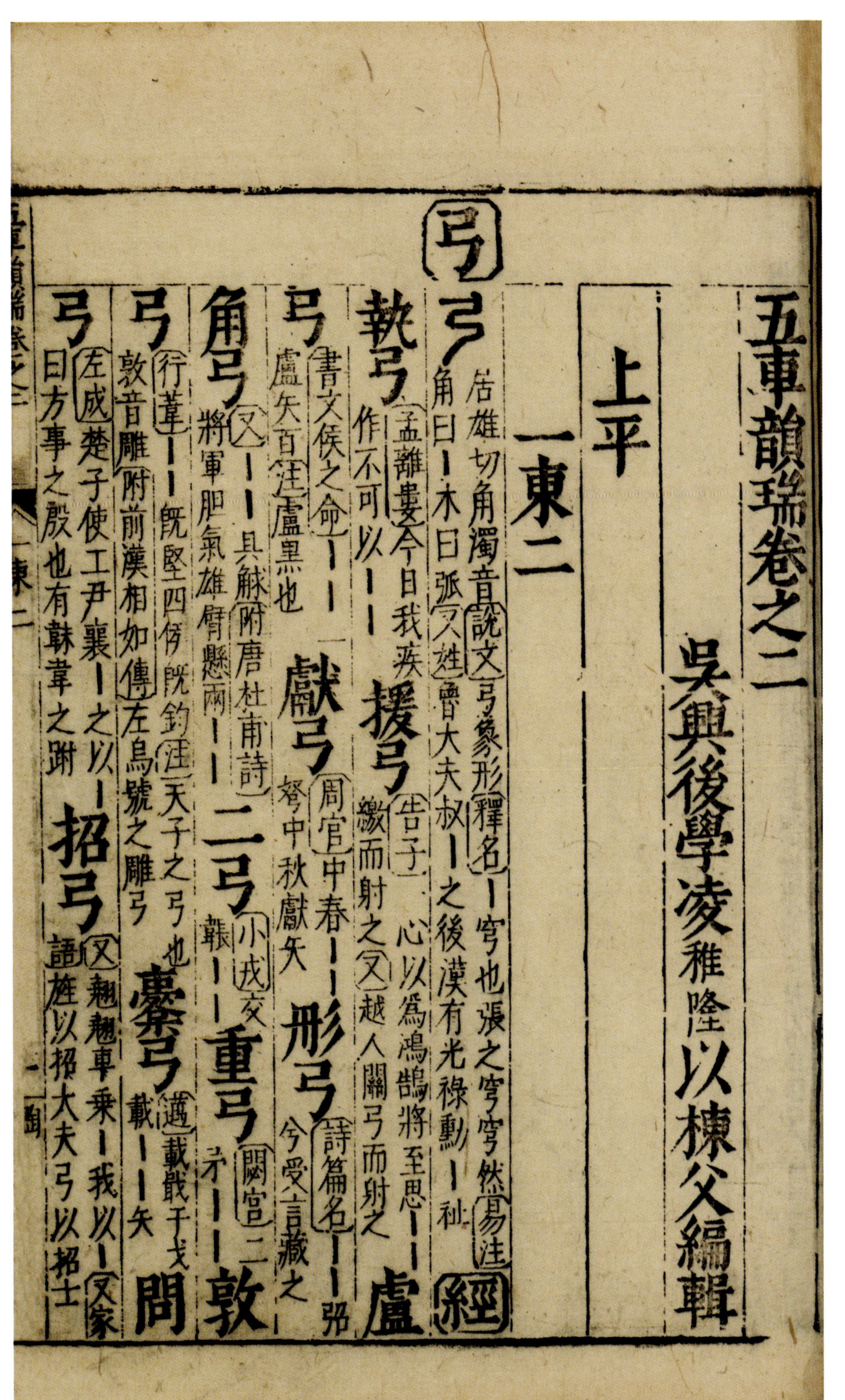

095

五車韻瑞一百六十卷

（明）凌稚隆輯
明葉瑤池刻本

20册。半葉10行，行字不等，小字雙行，白口，單魚尾，左右雙邊，上下分欄，框高21.7釐米，寬15.3釐米。列入《中國古籍善本書目》。

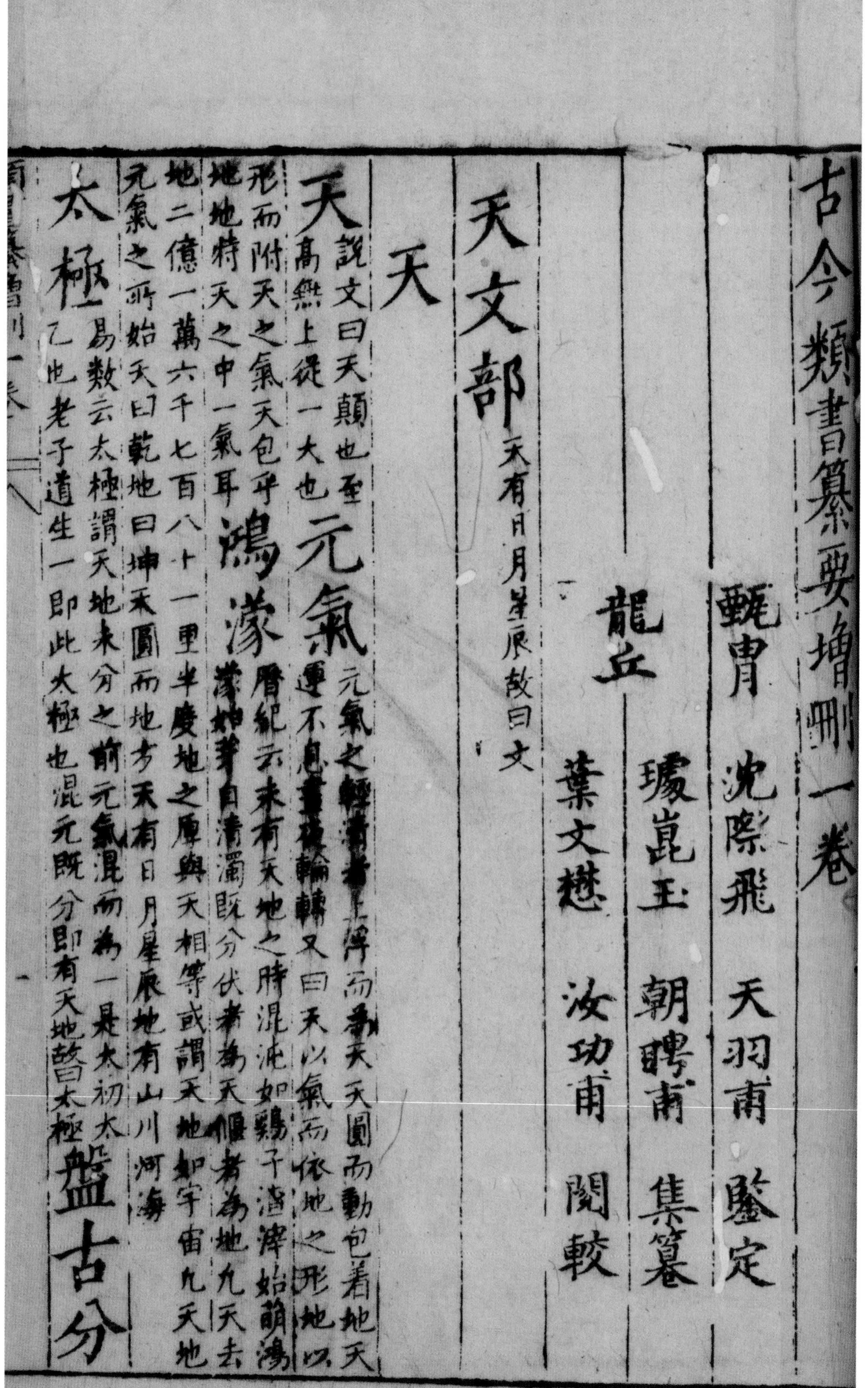

096

古今類書纂要增删十二卷

（明）璩崑玉輯

（明）沈際飛鑒定

（明）葉文懋校

明崇禎七年（1634）刻本

10册。半葉10行，行字不等，小字雙行，行32字，白口，四周單邊，框高21.4釐米，寬15.2釐米。列入《中國古籍善本書目》。

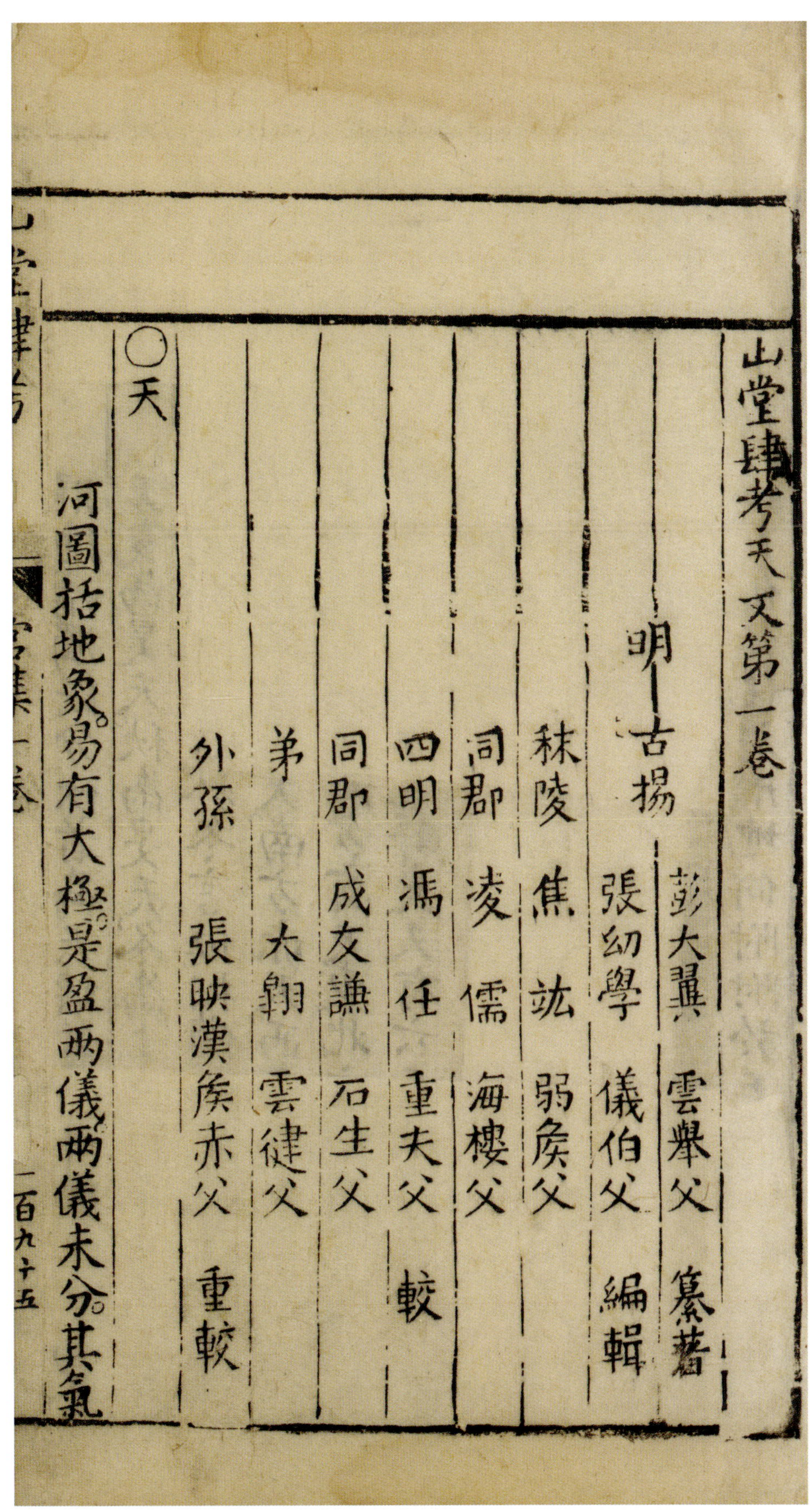

097

山堂肆考二百四十卷

（明）彭大翼纂著
（明）張幼學編輯
明萬曆二十三年（1595）刻本

60册。半葉11行，行22字，白口，四周單邊，上下分欄，框高19.8釐米，寬12.6釐米。

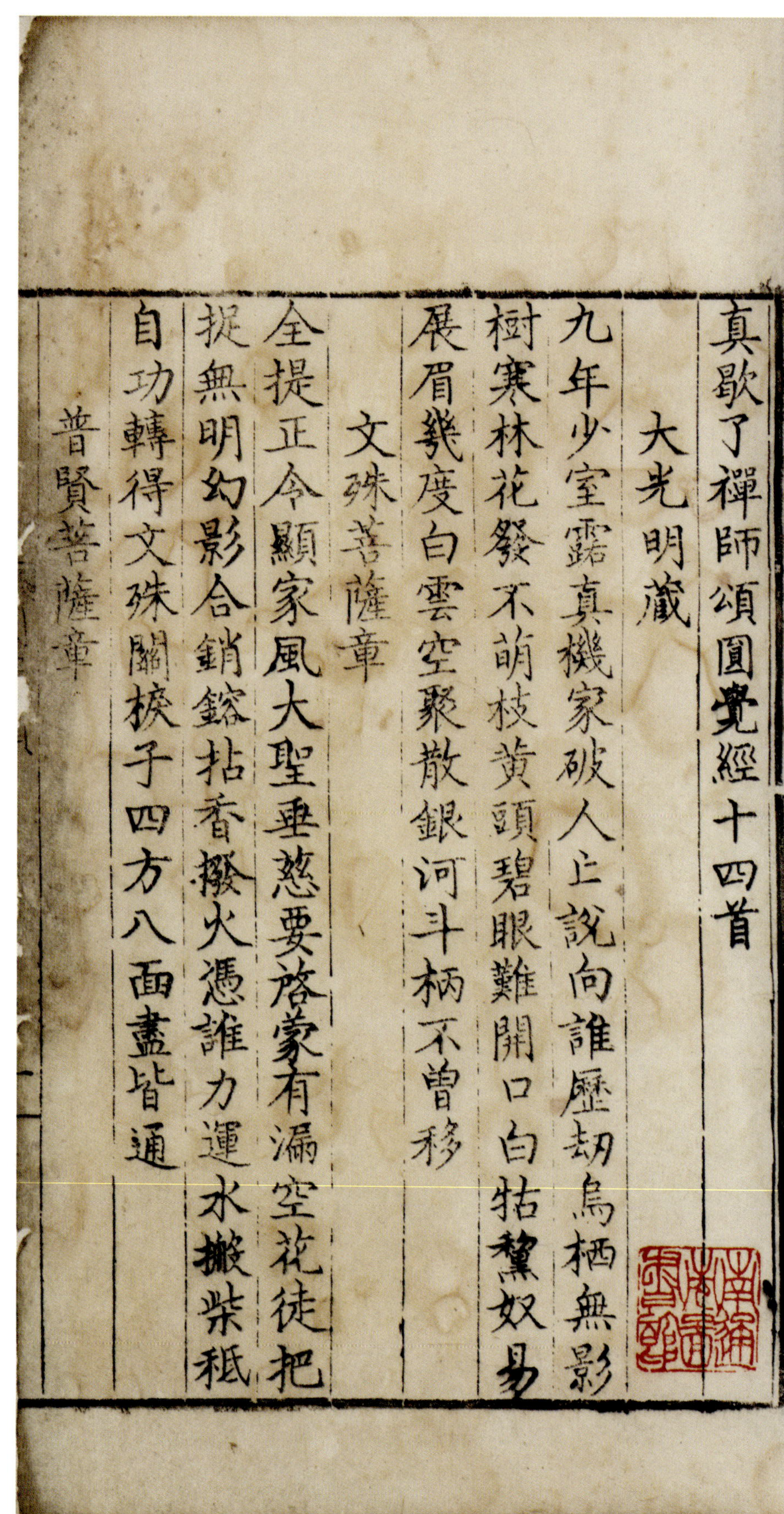

098

真歇了禪師頌圓覺經一卷

（宋）釋清了撰

明萬曆二年（1574）林鍾月刻本

1册。半葉10行，行20字，黑口，左右雙邊，框高19.3釐米，寬13.3釐米。列入《中國古籍善本書目》、《江蘇省珍貴古籍名録》。

每一章用襌四六提其綱要復申以偈固不敢効真歇和尚之作與宗門共之聊復自警耳乃標其名曰別傳覺心且即文字離文字置之勿論如太圓覺心果有別傳之旨乎長鯨一吸海水盡森森露出珊瑚枝

大明萬曆二年甲戌林鍾月吉日校梓

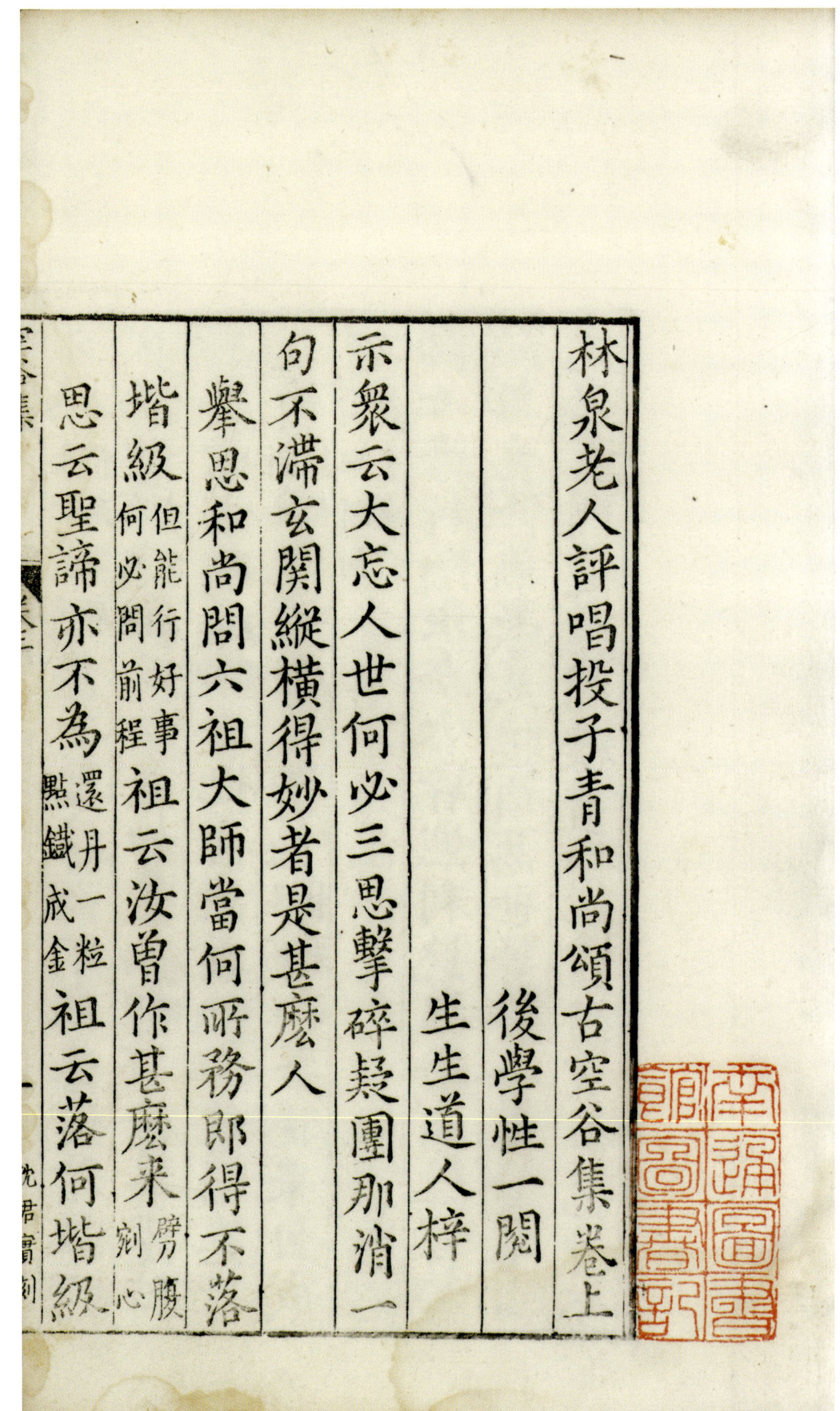
林泉老人評唱投子青和尚頌古空谷集卷上
後學性一閱
生生道人梓
示衆云大忘人世何必三思擊碎疑團那消一句不滯玄關縱横得妙者是甚麽人
舉思和尚問六祖大師當何所務即得不落堦級（但能行好事 何必問前程）祖云汝曾作甚麽来（劈腹 剜心）思云聖諦亦不為（還丹一粒 點鐵成金）祖云落何堦級

099

林泉老人評唱投子青和尚頌古空谷集三卷

（元）釋義聰輯
明生生道人刻本

3册。半葉8行，行18字，小字雙行，字數同，白口，左右雙邊，框高18.9釐米，寬11.6釐米。列入《中國古籍善本書目》、《江蘇省珍貴古籍名録》。

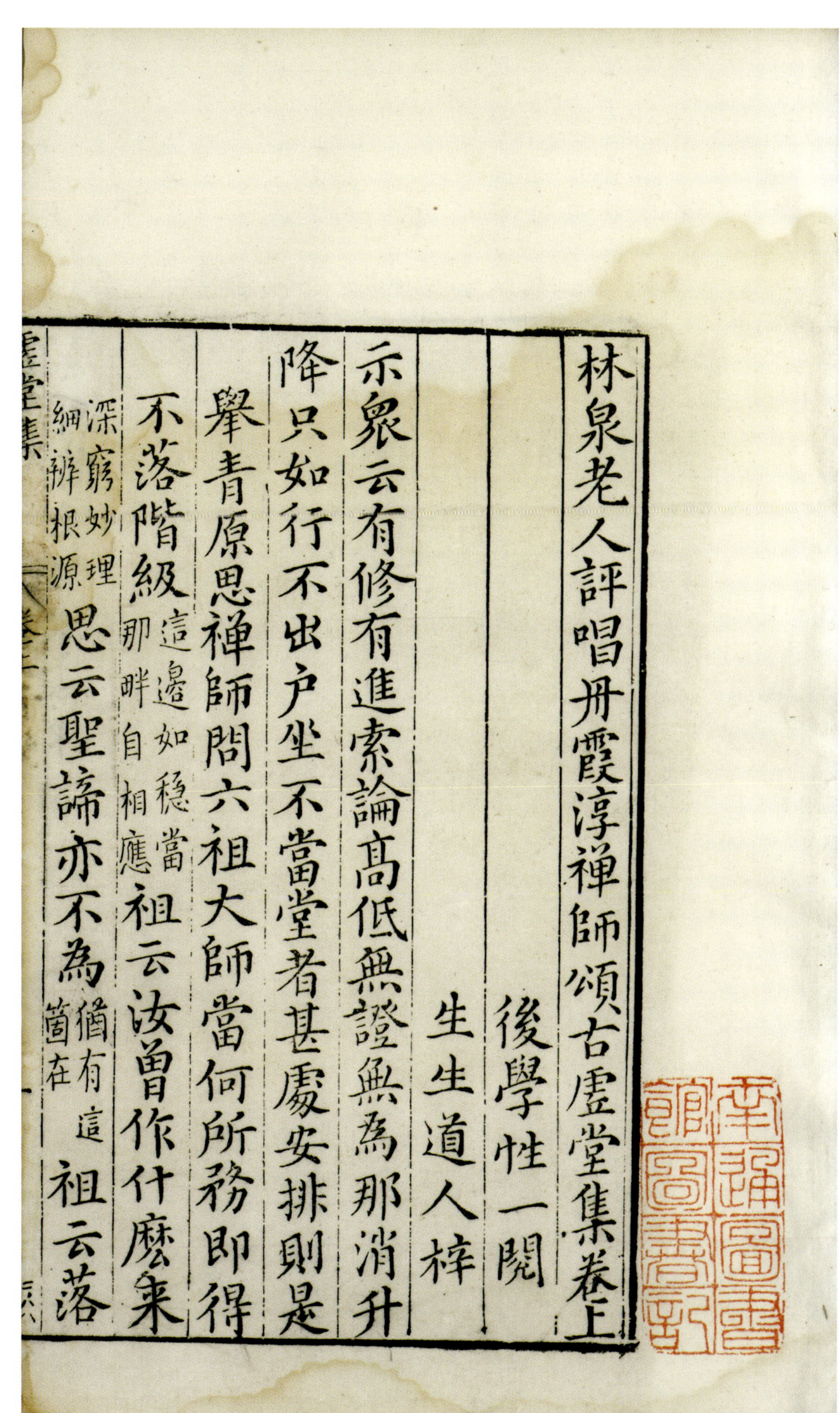

林泉老人評唱丹霞淳禪師頌古虛堂集卷上
後學性一閱
生生道人梓
示衆云有修有進索論高低無證無為那消升降只如行不出户坐不當堂者甚處安排則是
舉青原思禪師問六祖大師當何所務即得不落階級（這邊如穩當那畔自相應）祖云汝曾作什麽来（深窮妙理細辨根源）思云聖諦亦不為（猶有這箇在）祖云落

100

林泉老人評唱丹霞淳禪師頌古虛堂集三卷

（元）釋慧泉輯
明生生道人刻本

3册。半葉8行，行18字，小字雙行，字數同，白口，左右雙邊，框高19.1釐米，寬11.7釐米。列入《中國古籍善本書目》、《江蘇省珍貴古籍名録》。

老子道德眞經

上篇

道可道非常道名可名非常名無名天地之始有名萬物之母故常無欲以觀其妙常有欲以觀其徼此兩者同出而異名同謂之玄玄之又玄衆妙之門

天下皆知美之爲美斯惡已皆知善之爲善斯不善已故有無相生難易相成長短相形高下相傾音聲相和前後相隨是以聖人處無爲之事行不

老子　上篇

101

三子合刊十三卷

明閔齊伋刻套印本

8册。半葉9行，行19字，白口，四周單邊，框高21.4釐米，寬14.3釐米。列入《國家珍貴古籍名録》。

善人

小國寡民使有什伯人之器而不用使民重死而不遠徙雖有舟轝無所乘之雖有甲兵無所陳之使民復結繩而用之甘其食美其服安其居樂其俗鄰國相望雞狗之聲相聞民至老死不相往來

信言不美美言不信善者不辯辯者不善知者不博博者不知聖人不積既以爲人已愈有既以與人已愈多天之道利而不害聖人之道爲而不爭

西吳閔齊伋遇五父校

楊用脩曰逍遙遊盡性也

篇法

南華經卷一

宋林鬳齋口義

內篇 劉須溪點校

逍遙遊第一

晉子玄郭象註

輯諸名家評釋

明王鳳洲評點

附陳明卿批注

夫小大雖殊，而放於自得之場，則物任其性，事稱其能，各當其分，逍遙一也，豈容勝負於其間哉。

北冥有魚，其名爲鯤。鯤之大，不知其幾千里也。化而爲鳥，其名爲鵬。鵬鯤之實，吾所未詳也。夫莊子之大意，在乎逍遙遊放，無爲而自得，故極小大之致，以明性分之適。達觀之士，宜要其會歸而遺其所寄，不足事事曲與生說。自不害其弘旨，皆可畧之。鵬之背，不知其幾千里也。怒

南華經卷一　一

102

南華經十六卷

（晉）郭象註
（宋）林希逸口義
（宋）劉辰翁點校
（明）王世貞評點
（明）陳仁錫批註
明刻四色套印本

8冊。半葉8行，行18字，小字雙行，字數同，白口，四周單邊，框高20.4釐米，寬14釐米。列入《中國古籍善本書目》、《國家珍貴古籍名録》。

毁

分成、毁何可勝舉此是末也

舜多寡善論雀事

此一段固是自天地之初說來然會此理者眼前便是且如一念未起是未始有物此念隨起

之朝三何謂朝三曰狙公賦芧曰朝三而莫四衆狙皆怒曰然則朝四而莫三衆狙皆悅名實未虧而喜怒爲用亦因是也夫達者之於一豈勞神哉若勞神明於爲一不足賴也與彼不一者無以異矣亦同衆狙之或因所好而自是也是以聖人和之以是非而休乎天鈞莫之偏任故付之自均而止也是之謂兩行任天下之是非古之人其知有所至矣惡乎至有以爲未始有物者至矣盡矣不可以加矣此忘天地遺萬物外不察乎宇宙內不覺其一身故能曠然無累與物俱往而無所不應也

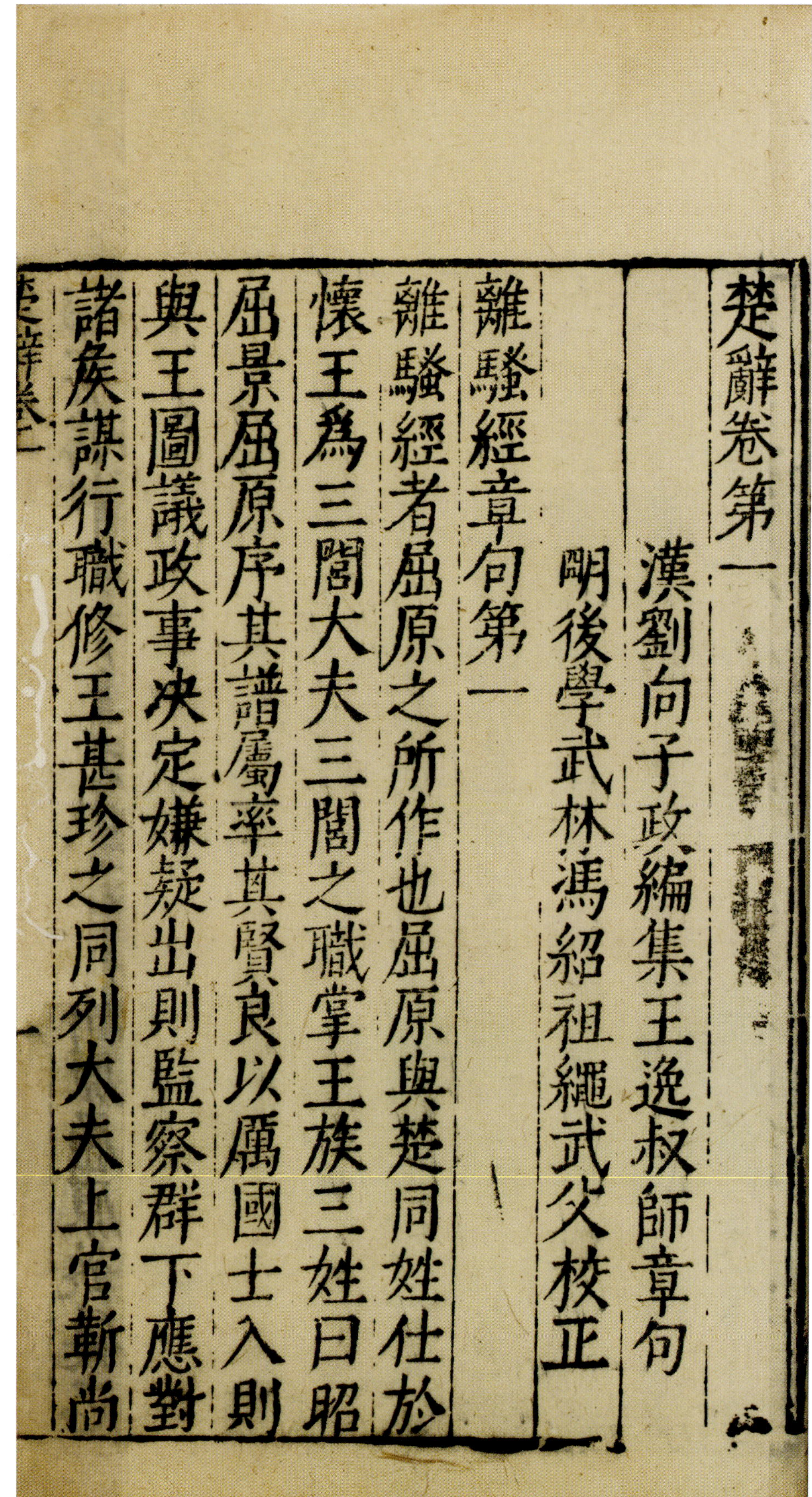
楚辭卷第一

漢劉向子政編集王逸叔師章句

明後學武林馮紹祖繩武父校正

離騷經章句第一

離騷經者屈原之所作也屈原與楚同姓仕於

懷王爲三閭大夫三閭之職掌王族三姓曰昭

屈景屈原序其譜屬率其賢良以厲國士入則

與王圖議政事决定嫌疑出則監察群下應對

諸侯謀行職修王甚珍之同列大夫上官靳尚

楚辭卷一　一

103

楚辭章句十七卷

（漢）王逸撰

（明）馮紹祖校正

明刻本

4册。半葉9行，行18字，小字雙行，字數同，白口，左右雙邊，框高21.2釐米，寬13.9釐米。列入《中國古籍善本書目》、《江蘇省珍貴古籍名録》。

孔少府集卷之一

漢魯國孔融文舉著

明閩漳張爕紹和纂

詩

離合作郡姓名字詩

漁父屈節水潛匿方與旹進止出行施張（離魚字）

呂公磯釣闔口渭傍（離口字）九域有聖（離日字魚日合成魯）

無土不王（離或字口或合成國）好是正直女囘于匡（離子字）

海外有截隼逝鷹揚六翮（當離乙字恐古文與今文不同合成孔也）

孔少府集　卷一　一　選

104

孔少府集二卷

（漢）孔融撰

（明）張爕爕編

明天啓崇禎間刻本

2册。半葉9行，行18字，白口，單魚尾，左右雙邊，框高20.9釐米，寬14釐米。

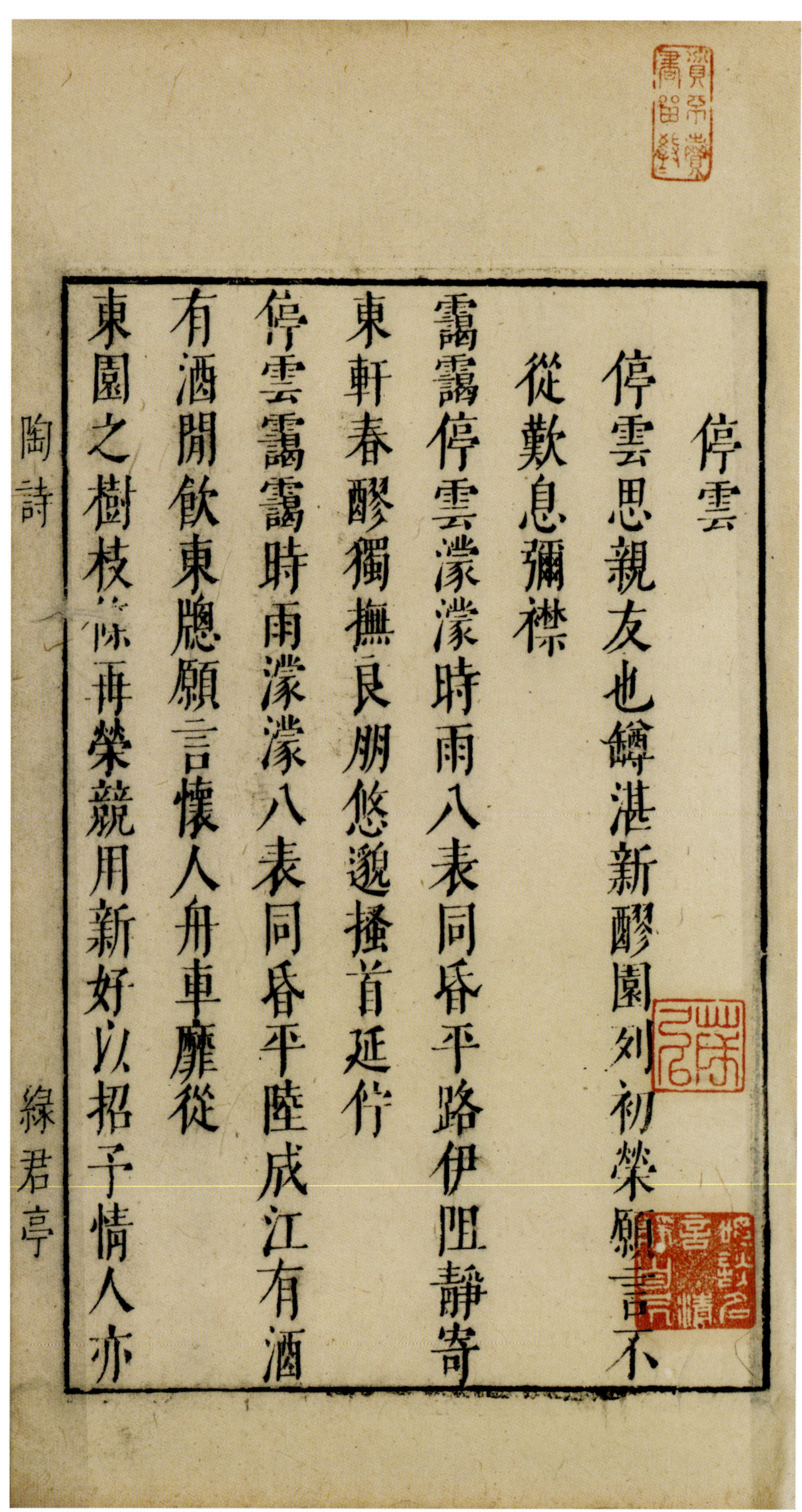

105

陶靖節集詩一卷
文一卷

（晉）陶潛撰
明末毛氏緑君亭刻屈陶合刻本

1册。半葉8行，行18字，小字雙行，字數同，白口，四周單邊，框高20.3釐米，寬13.3釐米。列入《江蘇省珍貴古籍名録》。

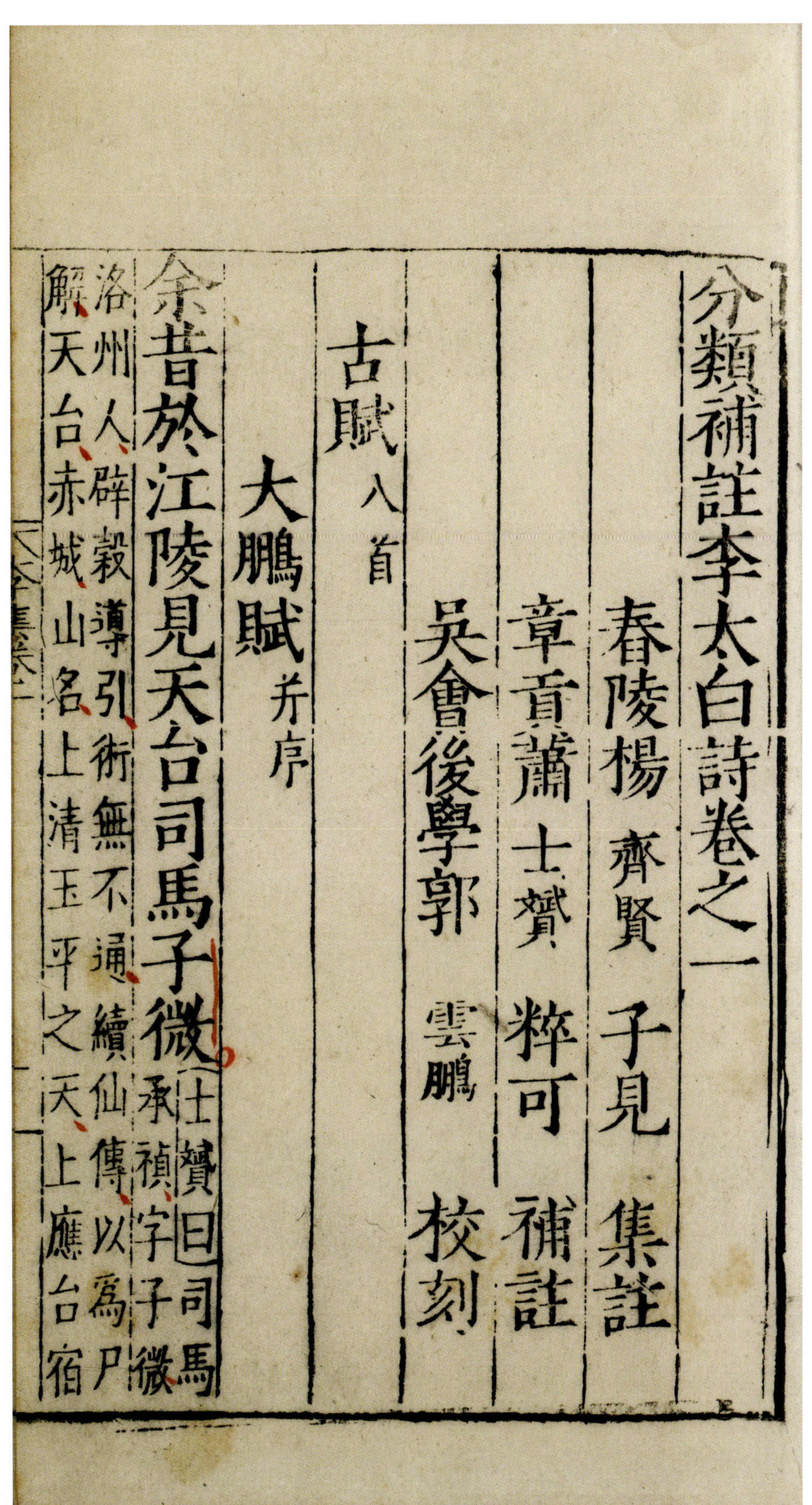

106

分類補註李太白詩二十五卷

（唐）李白撰

（宋）楊齊賢集註

（元）蕭士贇補註

分類編次李太白文五卷

（唐）李白撰

明嘉靖二十二年（1543）郭雲鵬寶善堂刻本

8册。半葉8行，行17字，小字雙行，字數同，白口，單魚尾，左右雙邊，框高20.3釐米，寬13.4釐米。有"嘉靖癸卯春元日寶善堂梓行"牌記。列入《中國古籍善本書目》、《國家珍貴古籍名録》。

武昌宰韓君去思碑 并序
虞城縣令李公去思頌碑 并序
爲竇氏小師祭璿和尚文
爲宋中丞祭九江文

嘉靖癸卯[illegible]元[illegible][illegible][illegible][illegible][illegible]梓行

目録終

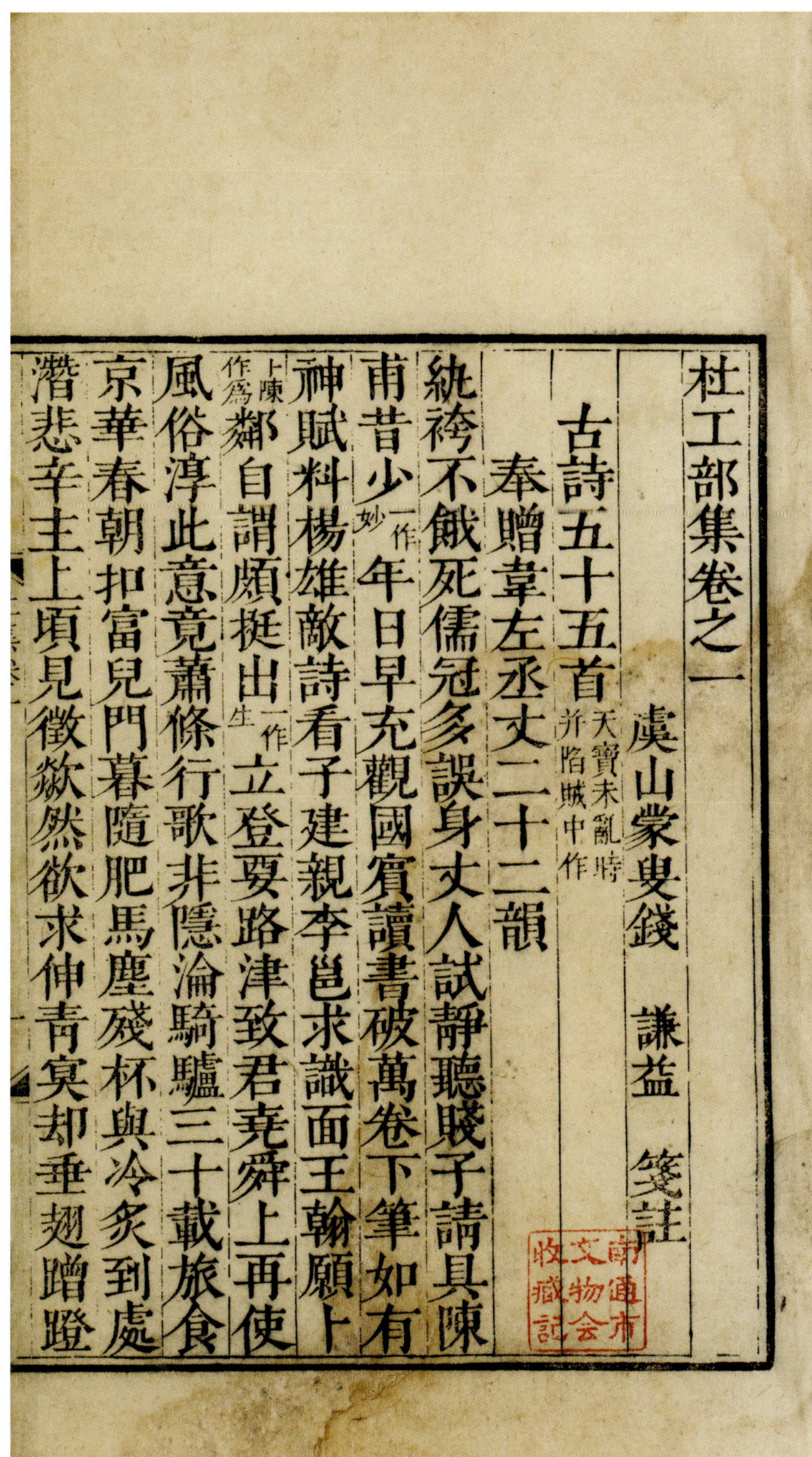

杜工部集卷之一

虞山蒙叟錢　謙益　箋註

古詩五十五首（天寶未亂時幷陷賊中作）

奉贈韋左丞丈二十二韻

紈袴不餓死儒冠多誤身丈人試靜聽賤子請具陳

甫昔少（一作妙）年日早充觀國賓讀書破萬卷下筆如有

神賦料楊雄敵詩看子建親李邕求識面王翰願卜

（上陳作爲）鄰自謂頗挺出（一作生）立登要路津致君堯舜上再使

風俗淳此意竟蕭條行歌非隱淪騎驢三十載旅食

京華春朝扣富兒門暮隨肥馬塵殘杯與冷炙到處

潛悲辛主上頃見徵欻然欲求伸青冥却垂翅蹭蹬

107

杜工部集二十卷
唱酬題詠附録一卷
諸家詩話一卷
附録一卷
年譜一卷

（唐）杜甫撰
（清）錢謙益箋註
（清）季滄葦校閲
清康熙六年（1667）季氏靜思堂刻本

8册。半葉11行，行20字，小字雙行，行28字，黑口，雙魚尾，四周雙邊，框高17.9釐米，寬13.3釐米。列入《江蘇省珍貴古籍名録》。

季滄葦先生校閲

錢牧齋先生箋註杜工部集

靜思堂藏板

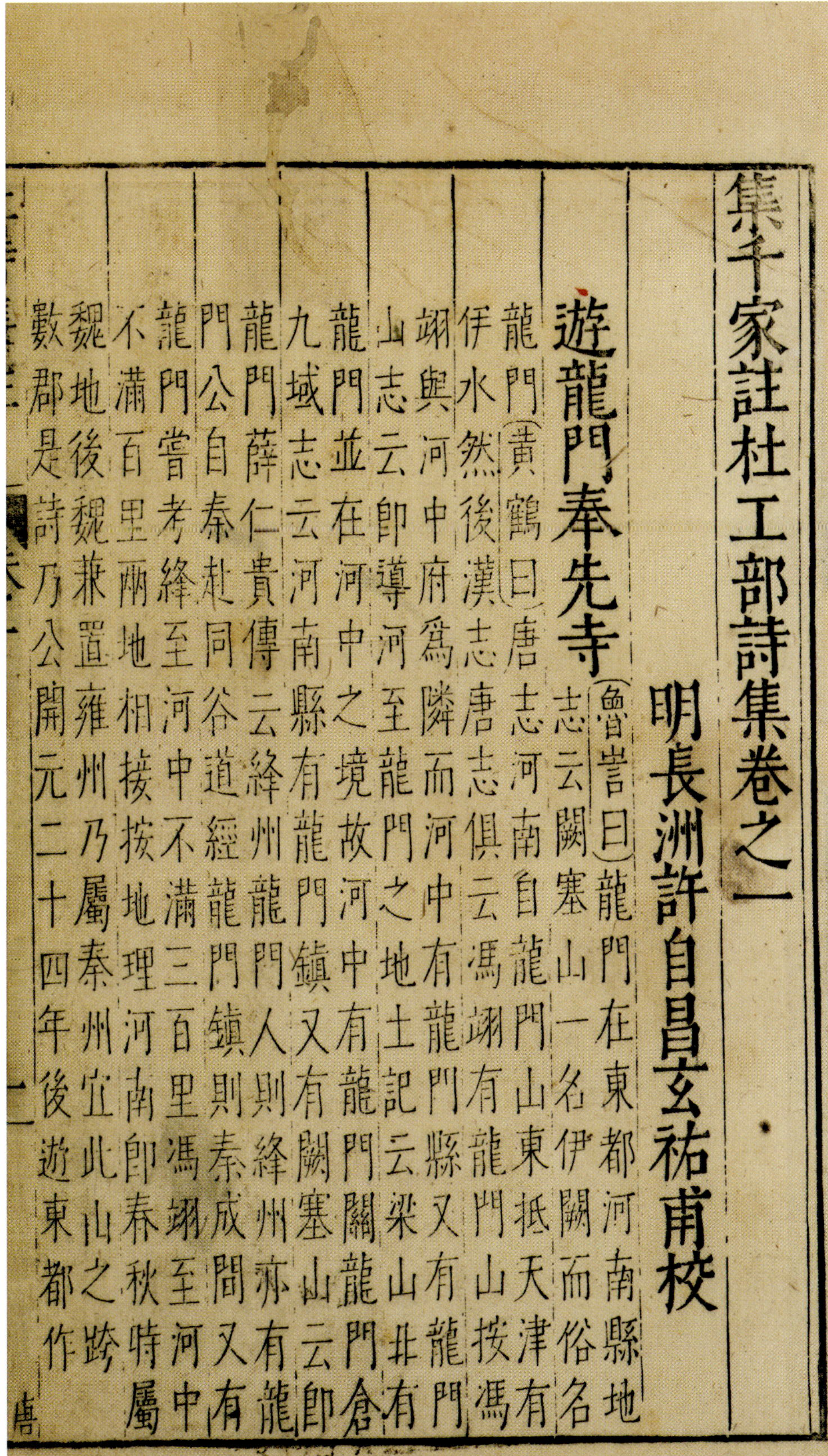

108

集千家註杜工部詩集二十卷文集二卷

（唐）杜甫撰

明萬曆三十年（1602）許自昌刻李杜全集本

12册。半葉9行，行20字，小字雙行，字數同，白口，單魚尾，左右雙邊，框高21.1釐米，寬14.2釐米。列入《江蘇省珍貴古籍名録》。

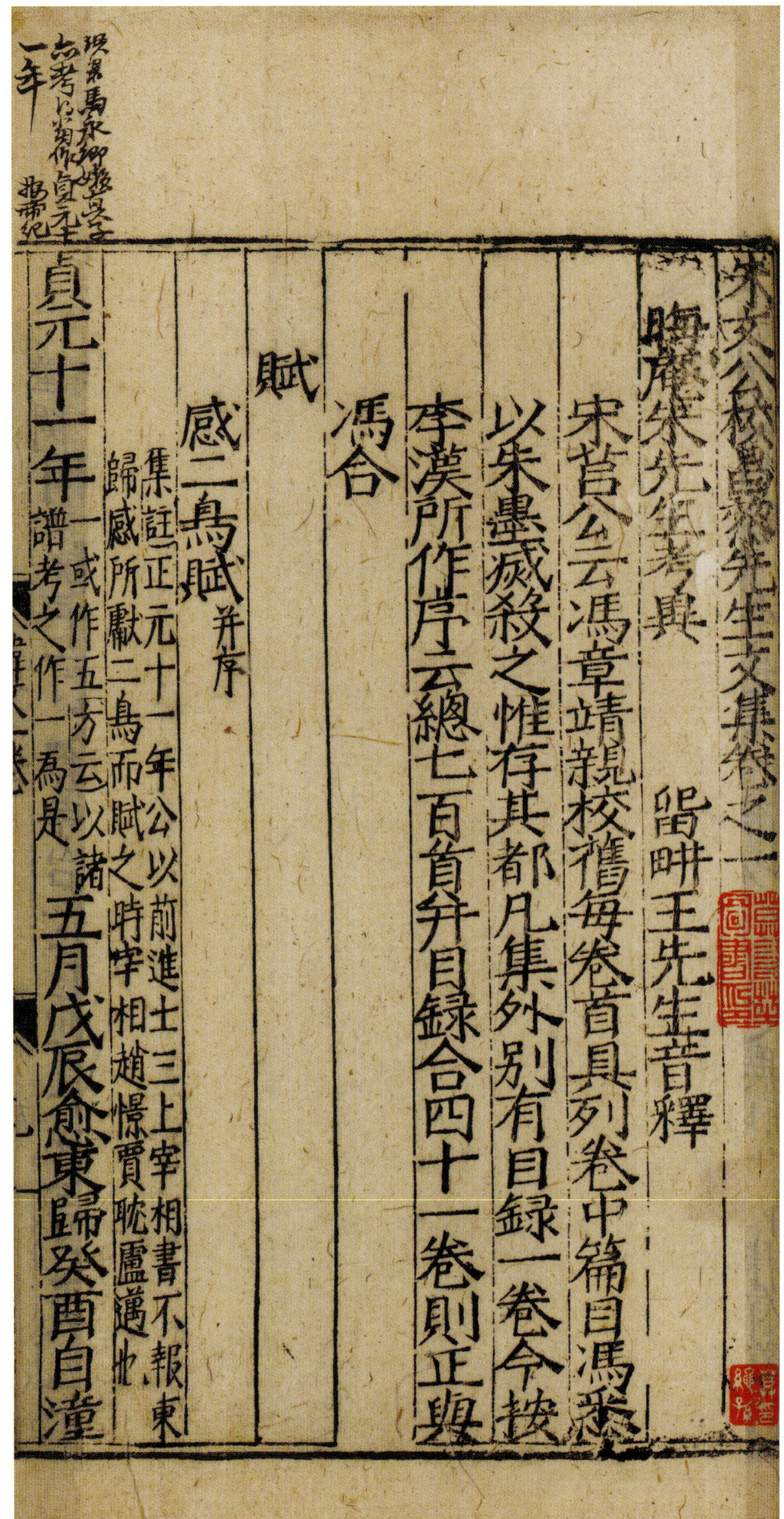

朱文公校昌黎先生文集卷之一

晦菴朱先生考異　留畊王先生音釋

宋莒公云馮章靖親校舊每卷首具列卷中篇目馮悉以朱墨灑殺之惟存其都凡集外别有目録一卷今按李漢所作序云總七百首并目録合四十一卷則正與馮合

賦

感二鳥賦并序

集註正元十一年公以前進士三上宰相書不報東歸感所獻二鳥而賦之時宰相趙憬賈耽盧邁也

貞元十一年一或作五方云以諸譜考之作一為是五月戊辰愈東歸癸酉自潼

109

朱文公校昌黎先生文集四十卷外集十卷遺文一卷

（唐）韓愈撰

（宋）朱熹考異

（宋）王伯大音釋

傳一卷

明嘉靖十三年（1534）安正書堂刻本　莫友芝批校

6冊。半葉10行，行24字，小字雙行，字數同，白口，雙魚尾，四周雙邊，框高19釐米，寬12.3釐米。有“嘉靖甲午孟秋安正書堂重刊”牌記；有“莫友芝圖書印”、“莫繩孫印”、“莫氏子偲”等印。列入《國家珍貴古籍名録》。

五月丁卯朔癸酉月之七日也獻白烏且至潼關不應六月始語朝疑有紀誤

音同潼関在華陰關出息于河之陰時始去京師有不遇時之歎見行
有籠白烏白鸜鵒而西者號於道曰某土之守音衎某官使使疏吏
切者進於天子東西行者皆避路莫敢正目焉西下閣杭本無行字方云考之
禮記及公送溫造序當有因竊自悲幸生天下無事時承先人之遺業不識
干戈耒耜攻守耕穫之勤讀書著文自七歲至今凡二十二年
其行己不敢有愧於道於杭作之非是其閑音居思念前古當今之故
亦僅志其一二大者焉選舉於有司與百十人偕進退十或作千方云
此專為選舉而言也貞元九年應宏詞者僅三十二人作十為是退上或再有偕字曾不得名薦書齒下
士于朝以仰望天子之光明明字方以閣本名上有刻字名下有於字○今按嘉祐杭本與謝本並無
此二字語簡而意足閣本非是今是鳥也惟以羽毛之異有其字以下或非有道德

朱文公校昌黎先生文集卷之二　考異 釋附

古詩

北極一首贈李觀

北極有羈羽南濵有沈鱗川源浩浩隔影響兩無因風雲一朝會變化成一身誰言道里遠（方）里作理非是陶詩云不怨道里長正作里感激疾如神我年二十五求友昧其人哀歌西京市乃與夫子親所尚苟同趨尚或作向趨（方云）孟子云三子者不同道其趨一也（注）趨讀如趣賢愚豈異倫方爲金石姿萬世無緇磷音鄰無爲兒女態

110

朱文公校昌黎先生文集四十卷外集十卷遺文一卷

（唐）韓愈著
（唐）李漢編輯
（宋）朱熹考異
（宋）王伯大音釋

傳一卷

明天德堂刻本

16册。半葉9行，行18字，小字雙行，字數同，白口，四周雙邊，框高22釐米，寬14.3釐米。有佚名題识。列入《江蘇省珍貴古籍名録》。

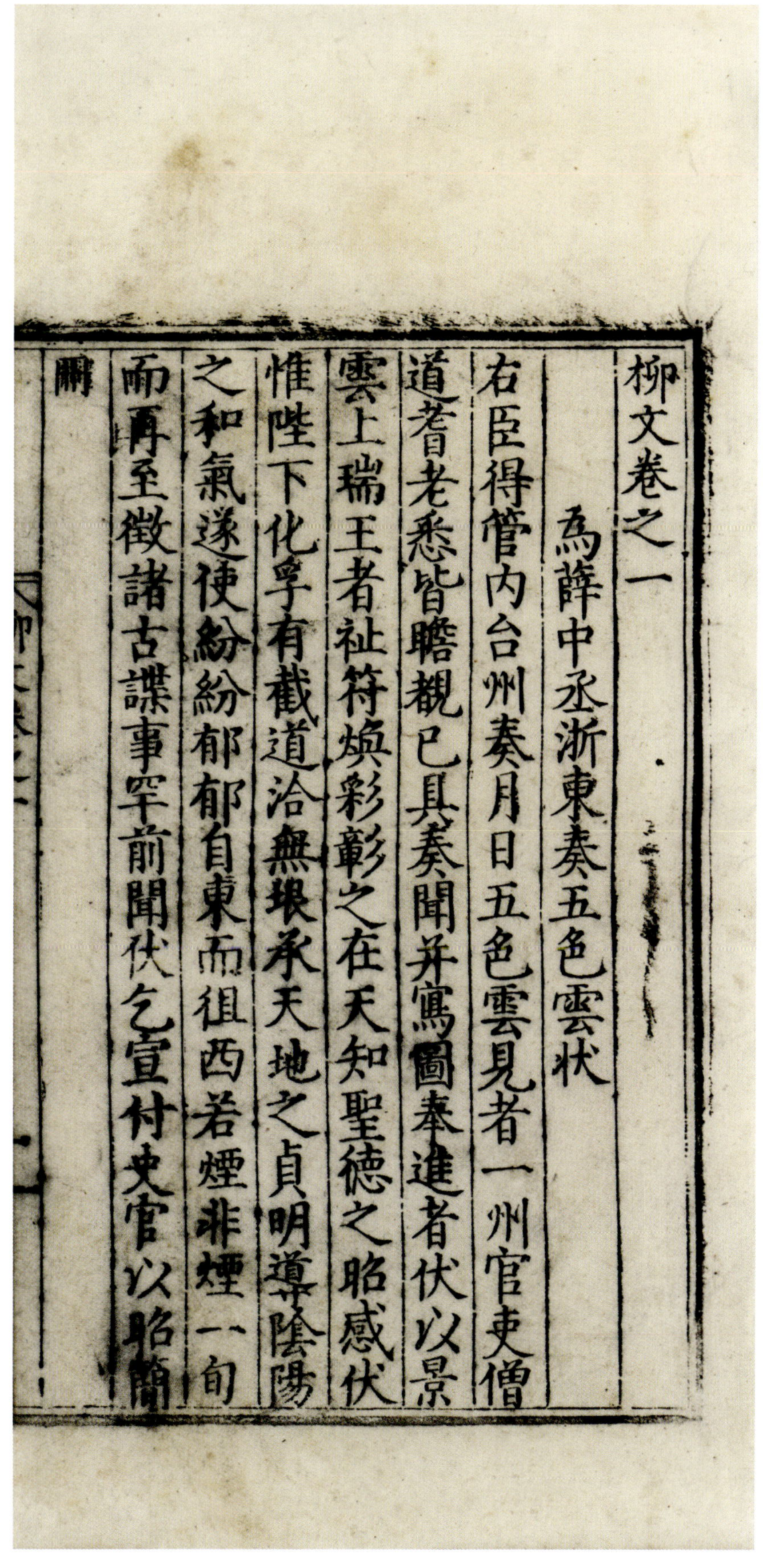
柳文卷之一

為薛中丞浙東奏五色雲狀

右臣得管内台州奏月日五色雲見者一州官吏僧道耆老悉皆瞻覩已具奏聞并寫圖奉進者伏以景雲上瑞王者祉符煥彩彰之在天知聖德之昭感伏惟陛下化孚有截道洽無垠承天地之貞明導陰陽之和氣遂使紛紛郁郁自東而徂西若煙非煙一旬而再至徵諸古諜事罕前聞伏乞宣付史官以昭簡冊

111

柳文二十二卷

（唐）柳宗元撰

明萬曆二十年（1592）葉萬景刻本

30冊。半葉9行，行20字，白口，單魚尾，四周雙邊，框高20.4釐米，寬12.8釐米。列入《中國古籍善本書目》。

河東先生集卷第一

雅詩歌曲

獻平淮夷雅表一首按詩宣王能興衰撥亂命召公平淮夷注云淮夷東國在淮浦而夷行也元和十二年十月癸酉平吳元濟在淮蔡故曰淮夷蓋公擬江漢之詩而作也與韓文公平淮西碑同時作先儒穆伯長云韓元和聖德平淮西柳雅章之類皆辭嚴義偉制述如經能崒然聳唐德於盛漢之表談藪云論柳文者皆以謂封建論退之所無淮西雅韓文不逮

臣宗元言臣負罪竄伏違尚書戊奏十有四

112

河東先生集四十五卷外集二卷龍城録二卷

（唐）柳宗元撰

（宋）廖瑩中校正

附録二卷傳一卷

明郭雲鵬濟美堂刻本

36册。存四十七卷（一至四十三、外集二卷、龍城録二卷）。半葉9行，行17字，小字雙行，字數同，白口，雙魚尾，四周雙邊，框高20.1釐米，寬13釐米。列入《國家珍貴古籍名録》。

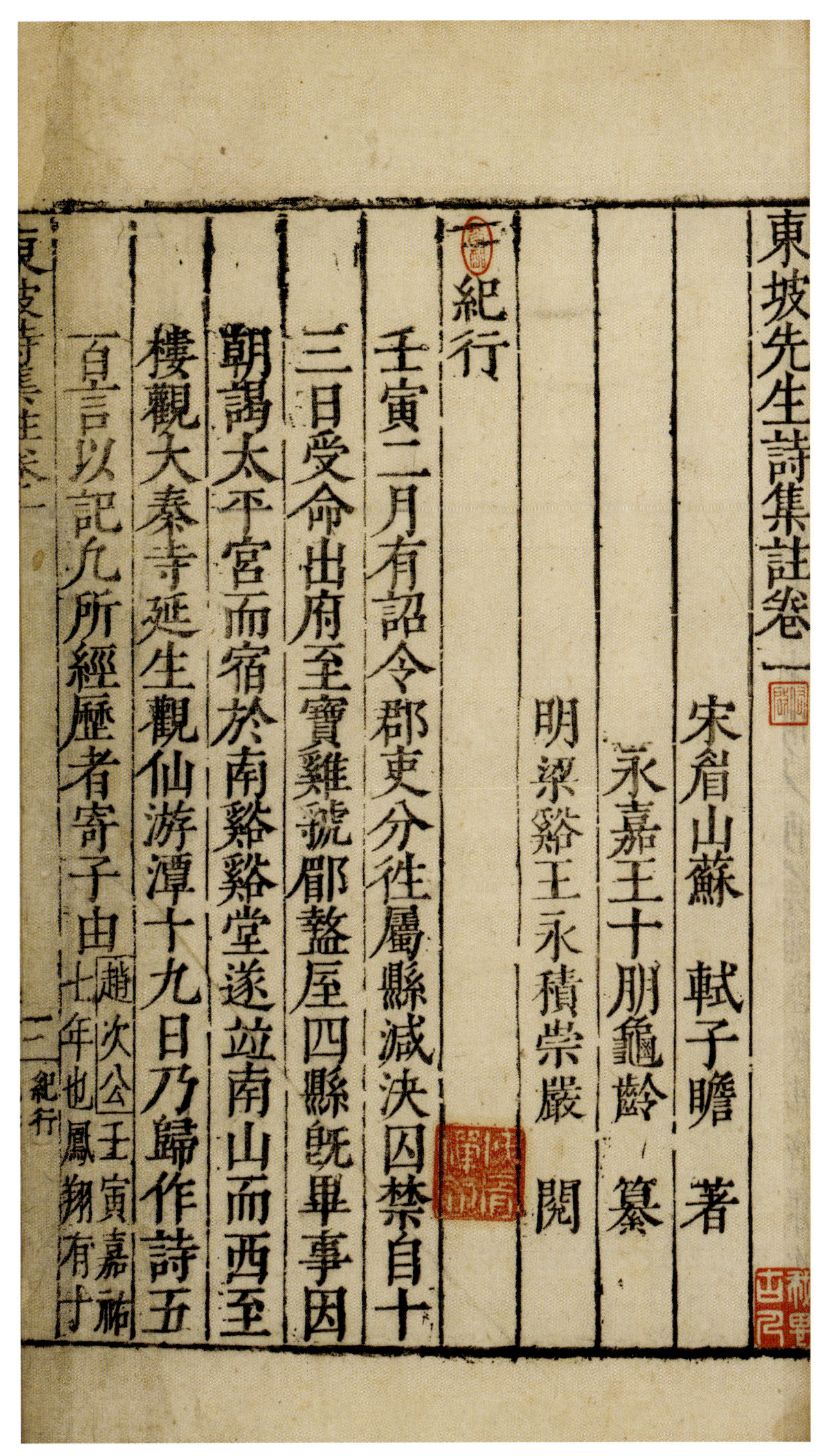

113

東坡先生詩集註三十二卷

（宋）蘇軾撰
題（宋）王十朋纂集
明末王永積刻本

10册。半葉10行，行21字，小字雙行，字數同，白口，左右雙邊，框高20.2釐米，寬14.2釐米。列入《中國古籍善本書目》。

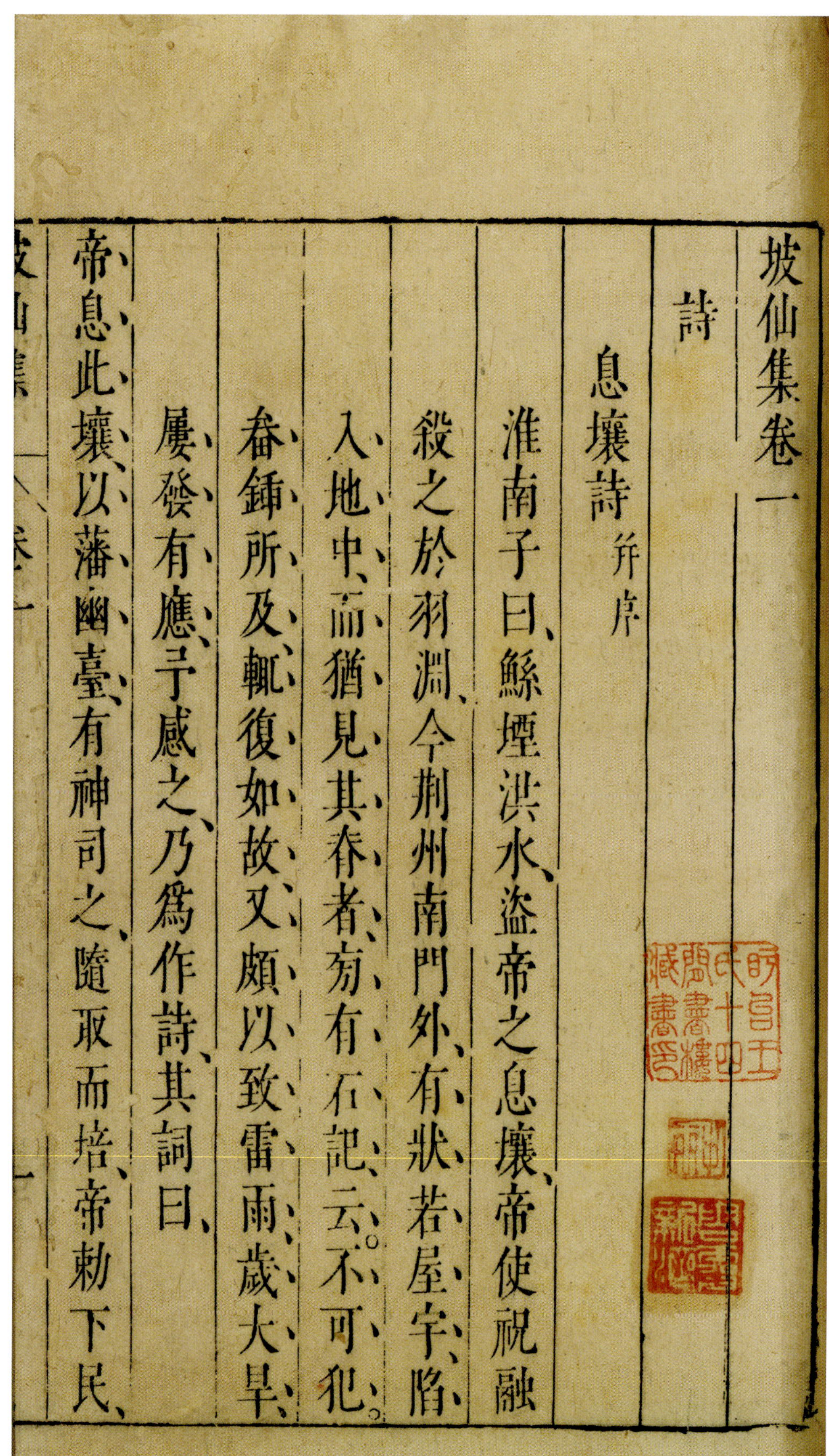
坡仙集卷一

詩

息壤詩 并序

淮南子曰、鯀堙洪水、盜帝之息壤、帝使祝融殺之於羽淵、今荊州南門外、有狀若屋宇、陷入地中、而猶見其脊者、有石記云、不可犯。畚鍤所及、輒復如故、又頗以致雷雨、歲大旱、屢發有應、予感之、乃爲作詩、其詞曰、

帝息此壤、以藩幽臺、有神司之、隨取而培、帝勑下民、

114

坡仙集十六卷

（宋）蘇軾撰
（明）李贄評輯
明萬曆二十八年（1600）焦竑刻本

16册。半葉9行，行20字，白口，四周單邊，框高21.5釐米，寬14.3釐米。有“盱眙王氏十四間書樓藏書印”等印。列入《中國古籍善本書目》。

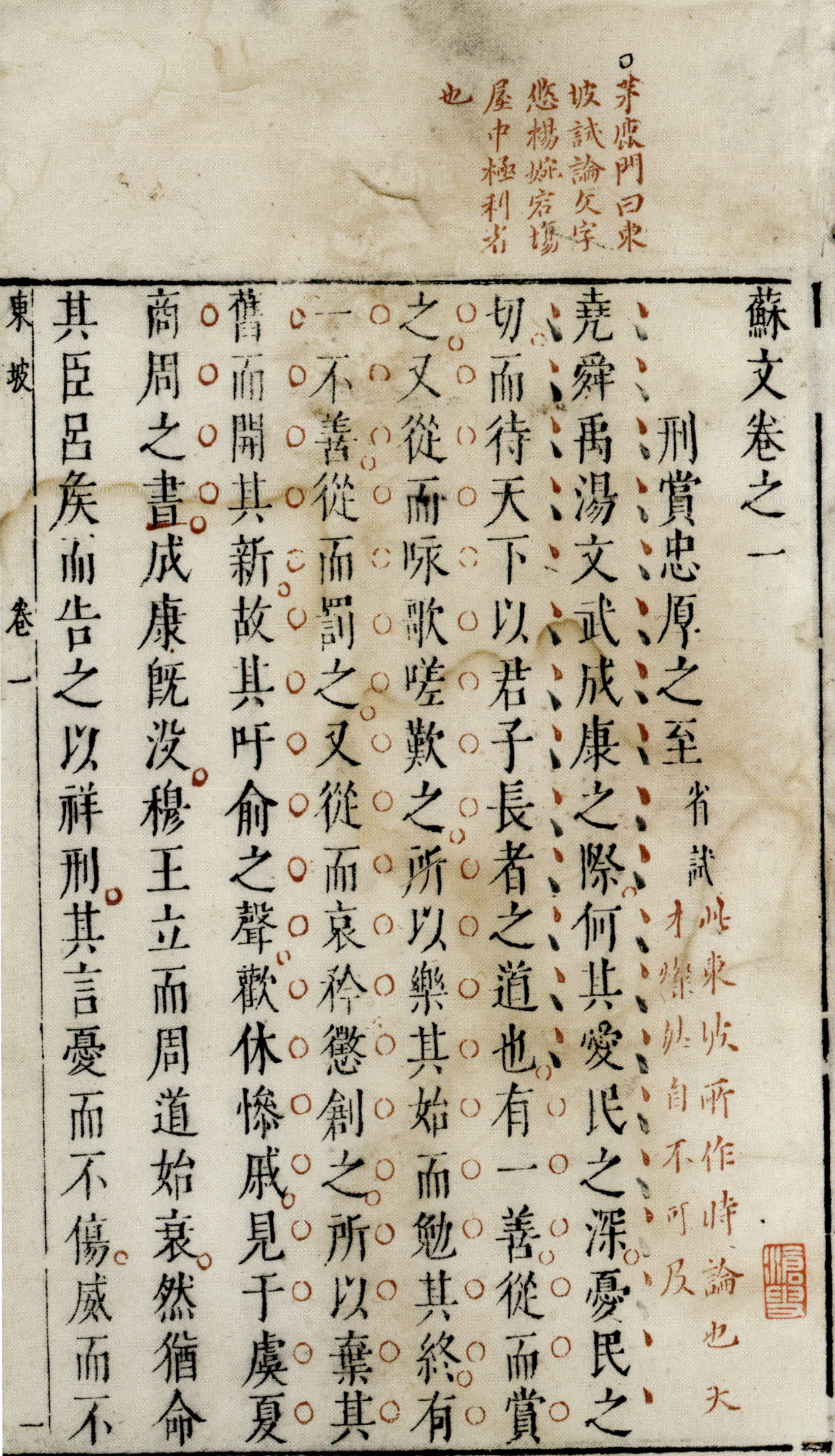
茅鹿門曰東坡試論文字悠揚婉宕塲屋中極利者也

蘇文卷之一

刑賞忠厚之至　省試

此東坡所作時論也大才燦然自不可及

堯舜禹湯文武成康之際何其愛民之深憂民之切而待天下以君子長者之道也有一善從而賞之又從而咏歌嗟歎之所以樂其始而勉其終有一不善從而罰之又從而哀矜懲創之所以棄其舊而開其新故其吁俞之聲歡休慘戚見于虞夏商周之書成康既沒穆王立而周道始衰然猶命其臣呂侯而告之以祥刑其言憂而不傷威而不

東坡　卷一　一

115

蘇文六卷

（宋）蘇軾撰

（明）茅坤等評

明閔爾容刻三色套印本

4册。存四卷（一、四至六）。半葉9行，行19字，白口，四周單邊，框高20釐米，寬13.9釐米。列入《江蘇省珍貴古籍名録》。

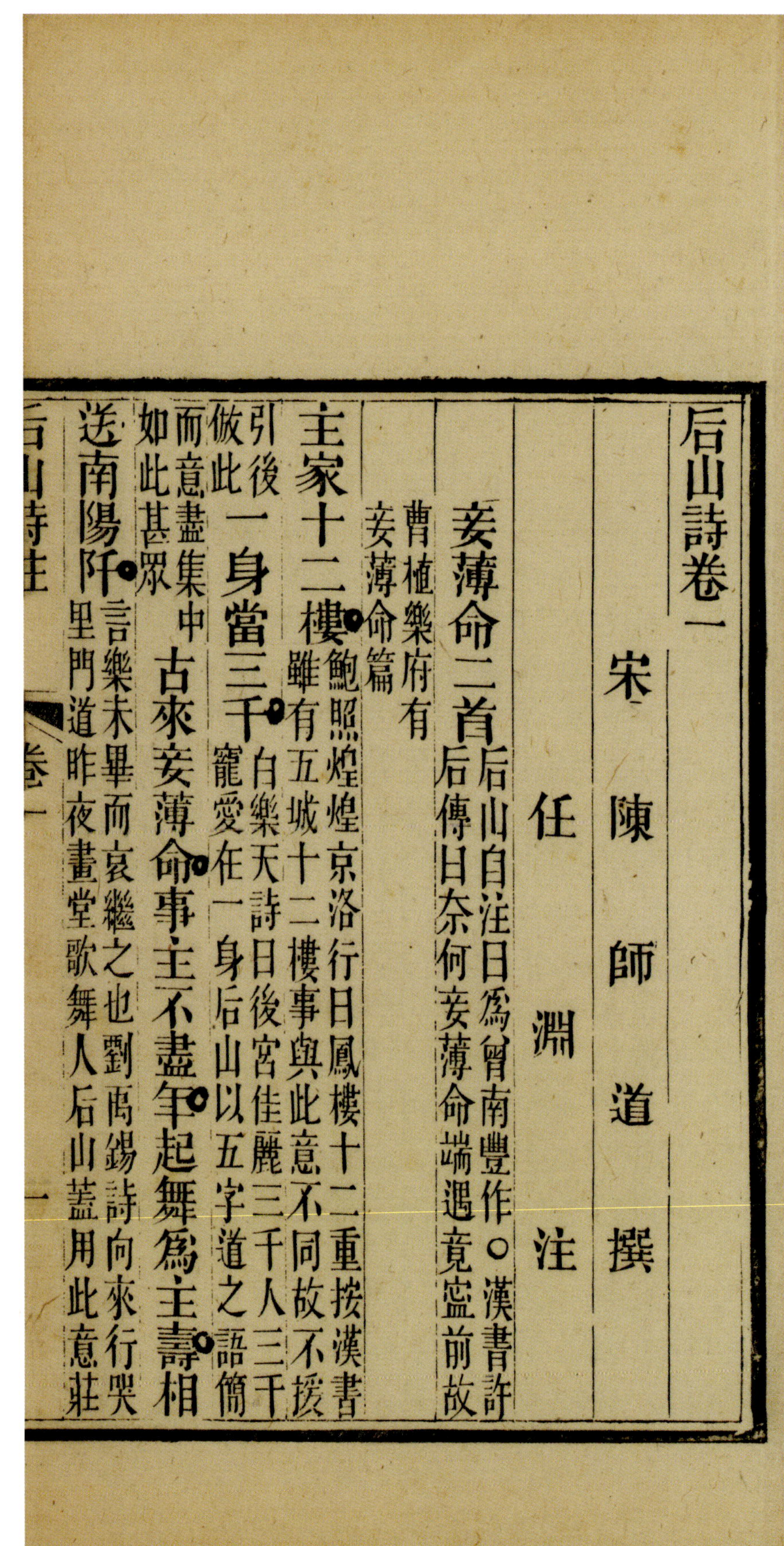

116

后山詩註十二卷

（宋）陳師道撰
（宋）任淵註
清乾隆刻本 張謇批校

4册。半葉9行，行21字，小字雙行，字數同，白口，單魚尾，四周雙邊，框高17.6釐米，寬12.1釐米。

淮海少年天下士。史記魯仲連傳吾乃今日知爲天下之士也秦觀漣水軍人在揚州之境故云淮海少年可能無地落烏紗。用晉孟嘉落帽事唐令狐楚重陽日登落帽臺詩云貴重近臣光綺席笑談從事落烏紗

巨野

餘力唐虞後。沈人海岱西。不應容桀黠。盜復有青齊。山東盜賊以巨野爲淵藪平人多被沈溺詩意謂非神禹留此餘力遺患後人也向使無此澤以受衆流青齊其爲魚矣此與東坡灩澦堆賦同意禹貢曰海岱及淮惟徐州大野既豬東原底平大野一名鉅野史記貨殖傳曰桀黠奴人之所患也又漢書馮奉世傳曰羌虜桀黠賊害吏民燈火魚成市。帆檣藕帶泥。劉夢得詩漁家燈火明老杜詩藥物楚老漁商市十樂府黃淡思曰象牙作帆檣老杜詩採藕不洗泥

江湖長翁文集卷之一

宋高郵陳　造唐卿撰

明仁和李之藻振之校

楚辭古賦

送龍辭三章

沆燎兮桂醑笳簫嗚嗚兮逢逢其鼓緩吳歈兮蹌越舞

送龍兮歸處龍之歸兮悅娭翻倒霄霏兮膠轕霧雨歷

館娃兮不留過胥口兮小顧水天模糊兮迷仰俯儇眞

迎兮排空蛟鼉駢羅兮而在下祥飈肅兮綠輿非煙冪

江湖長翁文集　卷之一　梅廷玉刊

117

江湖長翁文集四十卷

（宋）陳造撰

明萬曆四十六年（1618）李之藻刻本

8册。卷二十八、三十一有抄配。半葉9行，行21字，小字雙行，字數同，白口，單魚尾，左右雙邊，框高21.6釐米，寬13.5釐米。

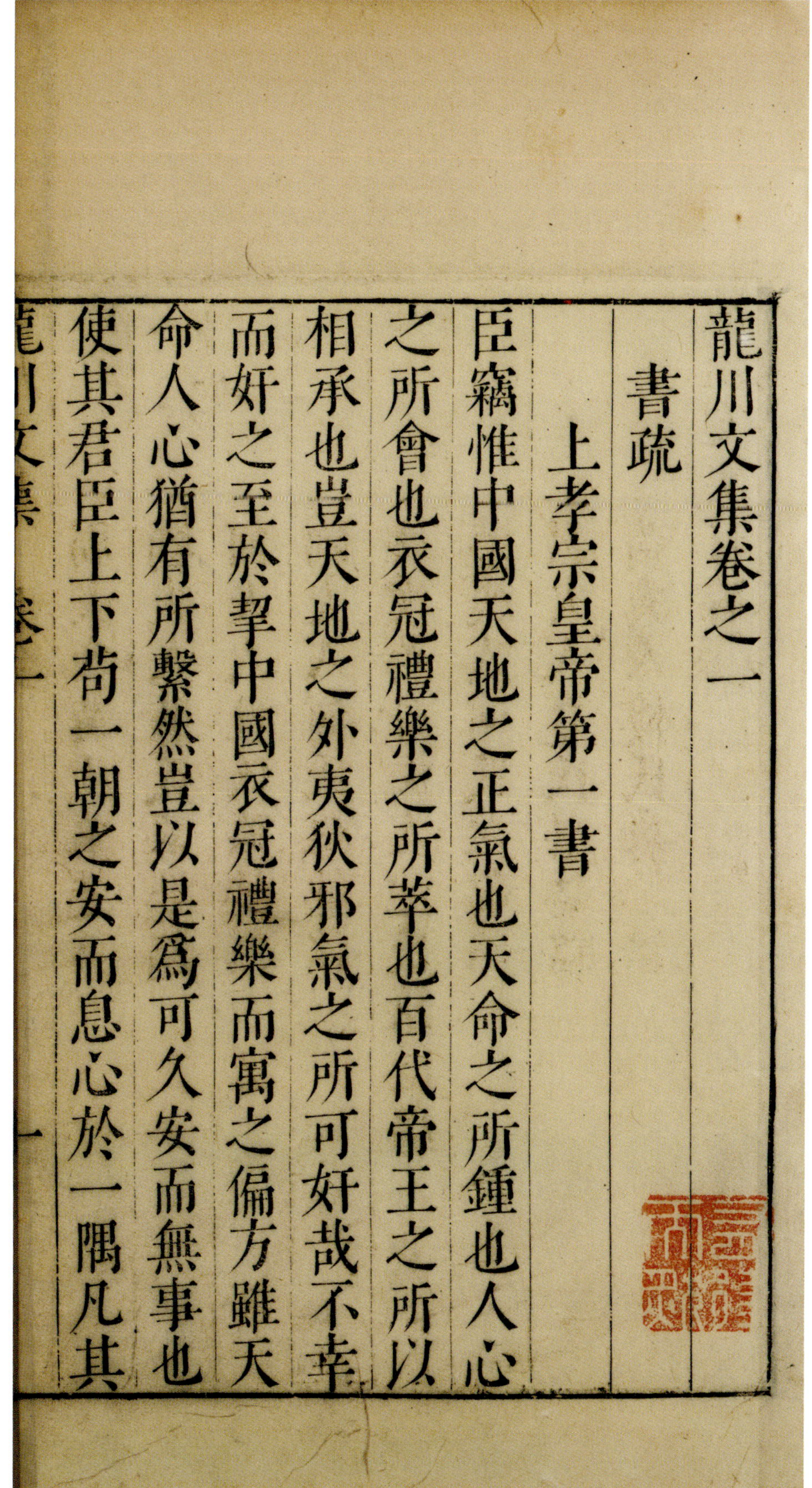

龍川文集卷之一

書疏

上孝宗皇帝第一書

臣竊惟中國天地之正氣也天命之所鍾也人心之所會也衣冠禮樂之所萃也百代帝王之所以相承也豈天地之外夷狄邪氣之所可奸哉不幸而奸之至於挈中國衣冠禮樂而寓之偏方雖天命人心猶有所繫然豈以是爲可久安而無事也使其君臣上下苟一朝之安而息心於一隅凡其

龍川文集　卷一　一

118

龍川文集三十卷

（宋）陳亮撰

明崇禎六年（1633）鄒質士刻本

8冊。半葉9行，行19字，白口，四周單邊，框高19.9釐米，寬13.5釐米。列入《中國古籍善本書目》。

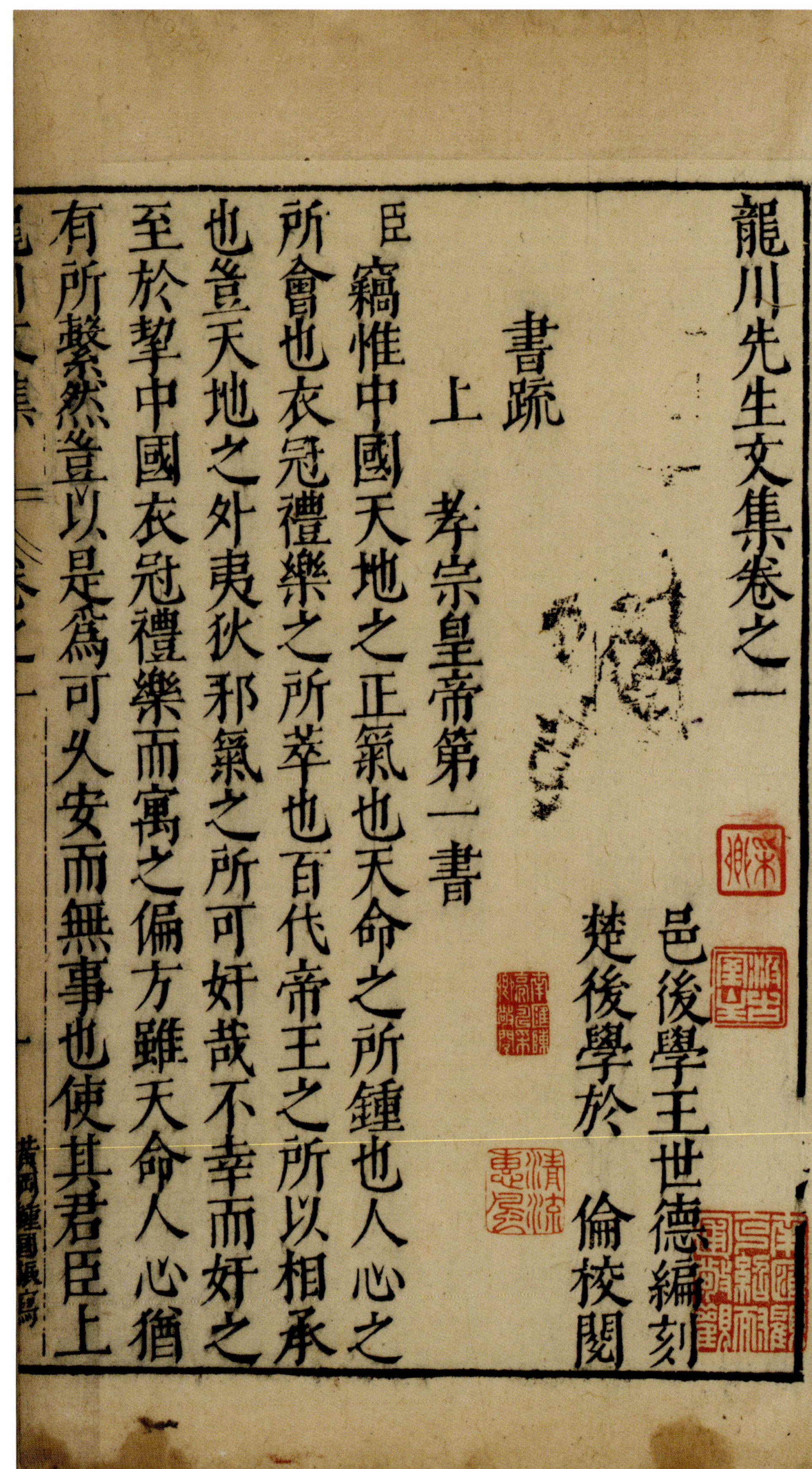

119

龍川先生文集二十六卷

（宋）陳亮撰

附録一卷

明萬曆四十四年（1616）王世德刻本

6册。存二十六卷（文集一至二十六）。半葉10行，行20字，白口，單魚尾，四周單邊，框高20.8釐米，寬13.8釐米。列入《中國古籍善本書目》。

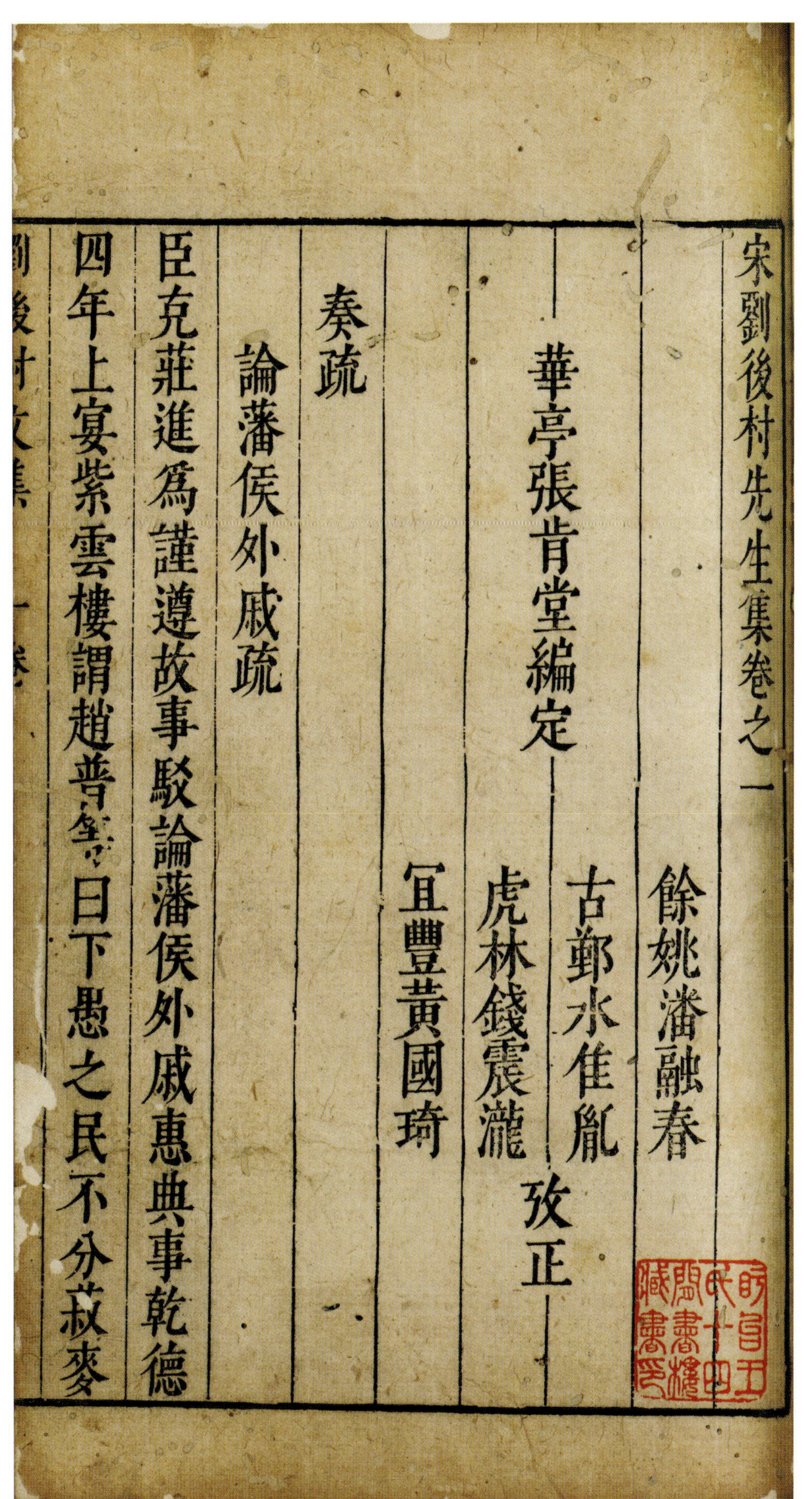

120

宋劉後村先生集十二卷

（宋）劉克莊撰

（明）張肯堂輯

明崇禎十一年（1638）錢震瀧刻本

4册。存六卷（一至六）。半葉9行，行20字，白口，四周單邊，框高20.8釐米，寬13.9釐米。有“盱眙王氏十四間書樓藏書印”。列入《中國古籍善本書目》。

宋文文山先生全集

宋廬陵　文天祥文山父　著

明武林後學鍾　越異度父評閱

兄　鍾天均小天父

鍾天墀雲桓父　參閱

弟鍾　超上士父　較

詩

次鹿鳴宴詩　時提舉知郡李愛梅廸舉送弟璧同薦

禮樂皇皇使者行光華分似及鄉英貞元虎榜雖聯捷（對偶精用事化）

司隸龍門幸綴名二宋高科猶易事兩蘇清節乃眞榮

高科易清節難公一生節氣具是

文山全集　卷一　詩　一

121

宋文文山先生全集二十一卷

（宋）文天祥撰

（明）鍾越輯並評

明崇禎二年（1629）鍾越刻本

8册。半葉10行，行21字，小字雙行，字數同，白口，單魚尾，四周單邊，框高20.4釐米，寬14.5釐米。列入《中國古籍善本書目》。

來鶴亭詩集卷第一

遊石湖次五峯李著作韻

三月石湖〻水涯繞城山色過僗伽隊〻

行春柘枝鼓陰〻新雨石楠花

和張伯雨鶴亭夜坐韻

草閣清宵中淰〻蒼筤四壁影疎〻天頭

雲過多於鴈池裏星移或似魚

懷遷善齋寄希先生

絶愛徵君齋閣好哦詩竟日未能來橋頭

122

來鶴亭詩集九卷

（元）吕誠撰

清鈔本

2册。半葉9行，行16字。列入《中國古籍善本書目》、《江蘇省珍貴古籍名録》。

新刊宋學士全集卷之四
賜進士第文林郎浦江縣知縣高淳韓叔陽彙集
後學浦江張元中編次
庠生董彰明校正
記 凡二十三章
代祀高麗國山川記
皇帝受天明命丕承正統薄海内外罔不臣妾德流惠敷浹于
神人粤洪武三年春正月二日癸巳 上御奉天殿受群臣朝
乃言曰朕以菲德惟天惟祖宗是頼位于諸侯王兆民之上郊
廟祠享之禮朕不敢不恭然而名山大川能出雨雲以澤被生
民者朕於報祈亦罔或弗欽邇者高麗國奉表稱臣已封其君

123

新刊宋學士全集
三十三卷

（明）宋濂撰
（明）張元中編
明嘉靖三十年（1551）韓叔陽刻本

19册。存二十二卷（四、六至十八、二十三、二十四、二十七、二十九至三十三）。半葉11行，行24字，白口，左右雙邊，框高20釐米，寬13.8釐米。列入《江蘇省珍貴古籍名録》。

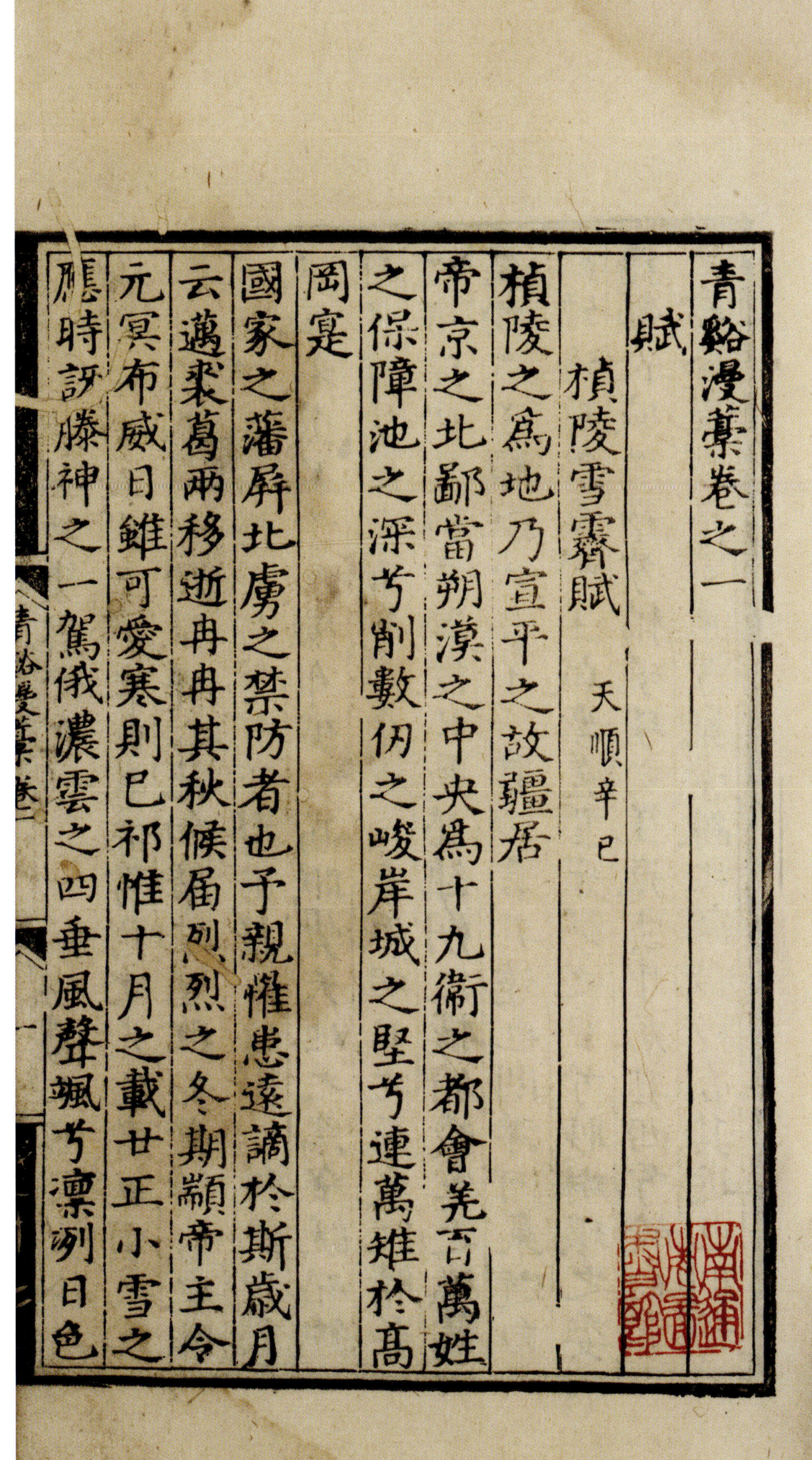

青谿漫藁卷之一

賦

楨陵雪霽賦　天順辛巳

楨陵之爲地乃宣平之故疆居

帝京之北鄙當朔漠之中央爲十九衛之都會羌百萬姓之保障池之深兮削數仞之峻岸城之堅兮連萬雉於高

罔寔

國家之藩屏北虜之禁防者也予親惟忠遠謫於斯歲月云邁裘葛兩移逝冉冉其秋候屆烈烈之冬期顓帝主令元冥布威日雖可愛寒則已祁惟十月之載廿正小雪之應時訝滕神之一駕俄濃雲之四垂風聲颯兮凛冽日色

124

青谿漫藁二十四卷

（明）倪岳撰

明正德刻本

2册。存九卷（一至九）。半葉11行，行22字，黑口，雙魚尾，四周雙邊，框高19.2釐米，寬12.4釐米。

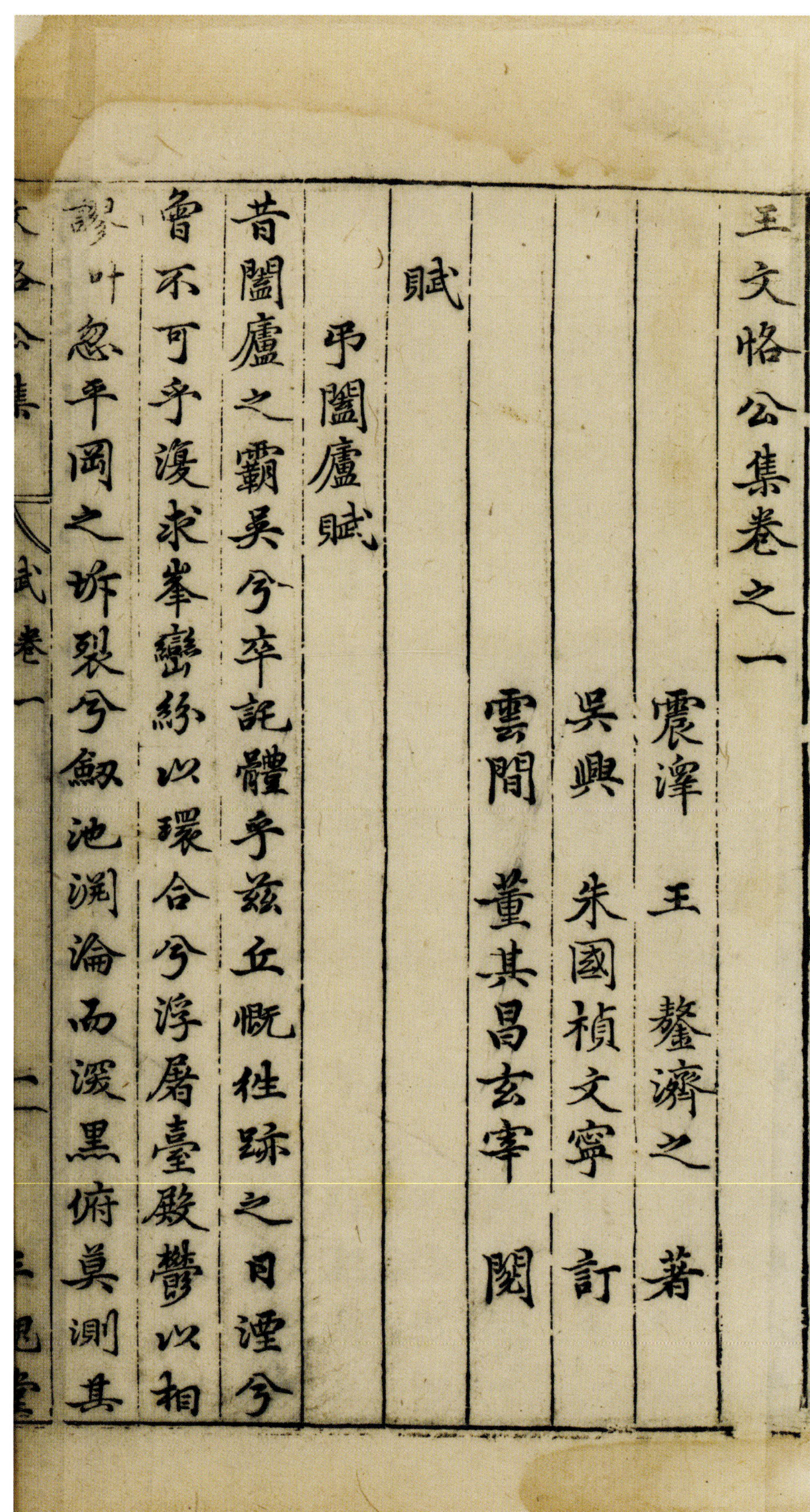
王文恪公集卷之一
震澤　王　鏊濟之　著
吳興　朱國禎文寧　訂
雲間　董其昌玄宰　閲
賦
弔闔廬賦
昔闔廬之霸吳兮卒託體乎兹丘慨往跡之目湮兮會不可乎複求峯巒紛以環合兮浮屠臺殿鬱以相謬叶忽平岡之坼裂兮斂池淵淪而深黑俯莫測其

125

王文恪公集三十六卷

（明）王鏊著

鵑音一卷

白社詩草一卷

（明）王禹聲撰

名公筆記一卷

明萬曆王氏三槐堂刻本

6册。半葉9行，行20字，白口，單魚尾，四周單邊，框高21.6釐米，寬13.6釐米。列入《中國古籍善本書目》。

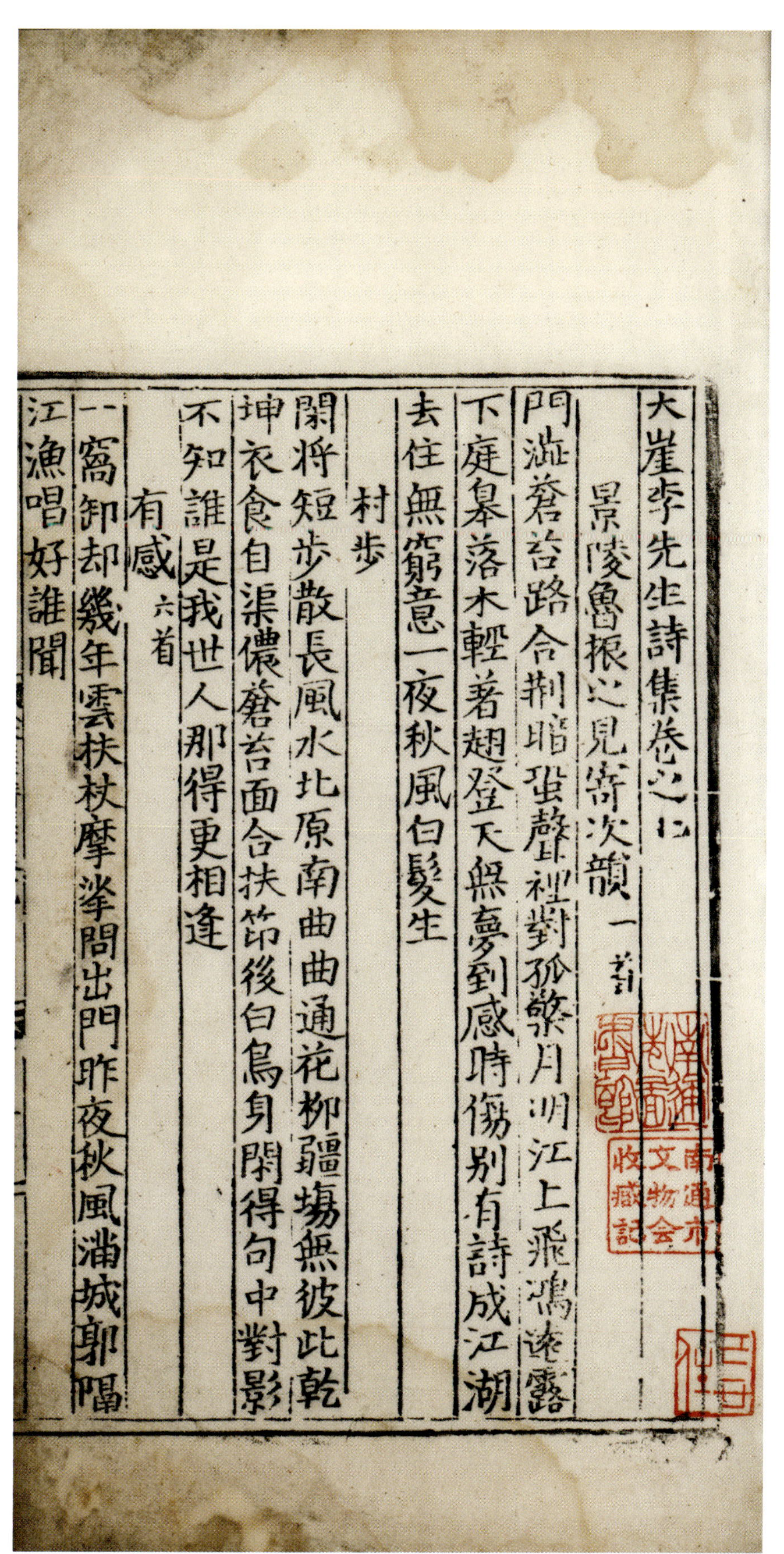

126

大崖李先生詩集十二卷文集八卷

（明）李承箕撰

附録一卷

明正德五年（1510）吴廷舉刻本

4册。存十五卷（詩集七至十二、文集十三至二十、附録）。半葉12行，行22字，白口，雙魚尾，四周雙邊，框高19.2釐米，寬13釐米。列入《國家珍貴古籍名録》。

127

鳥鼠山人小集十六卷後集二卷近取編二卷願學編二卷擬漢樂府八卷可泉擬涯翁擬古樂府二卷附録二卷補遺一卷雍音一卷唐雅八卷

（明）胡纘宗撰

榮哀録二卷

明嘉靖刻清順治十三年（1656）周盛時補修本

12册。存二十八卷（小集、後集、擬漢樂府、可泉擬涯翁擬古樂府全）。半葉10行，行19字，小字雙行，行18字，白口，四周單邊，框高17.2釐米，寬13.2釐米。列入《中國古籍善本書目》、《江蘇省珍貴古籍名録》。

鄒文莊公全集卷一
豫章鄒守益 著
男義 美 善 養 盖編
孫德涵 德溥 德泳 德濩 德渟
德溶 德淇 德鴻 德潞 侄孫德湶
曾孫立 戴明 憲明 啓明 玄孫 袞祚 蓮芳 全輯

制策

皇帝制曰創業以武守成以文昔人有是説也然兵

鄒文莊公全集 卷一 一 吉水羅士邦寫刊

128

鄒文莊公全集十二卷

（明）鄒守益撰

明刻本

12册。半葉8行，行20字，白口，單魚尾，四周單邊，框高21.8釐米，寬13.5釐米。列入《中國古籍善本書目》、《江蘇省珍貴古籍名録》。

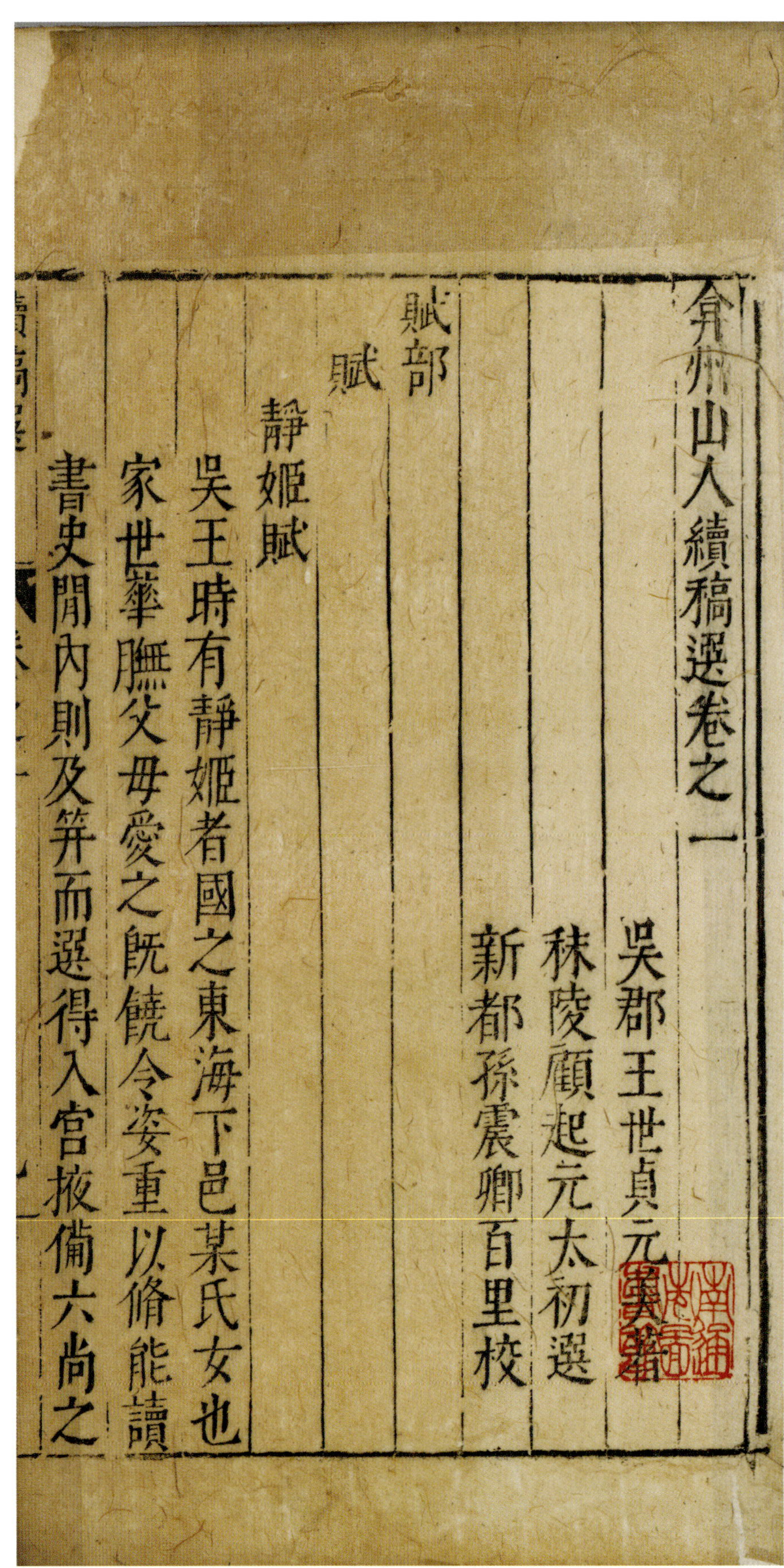

弇州山人續稿選卷之一

吳郡王世貞元美著

秣陵顧起元太初選

新都孫震卿百里校

賦部

賦

靜姬賦

吳王時有靜姬者國之東海下邑某氏女也家世華膴父母愛之旣饒令姿重以脩能讀書史閒內則及笄而選得入宮掖備六尚之

129

弇州山人續稿選

三十八卷

（明）王世貞撰

（明）顧起元輯

明刻本

10册。半葉10行，行20字，白口，單魚尾，左右雙邊，框高21.7釐米，寬13.7釐米。列入《中國古籍善本書目》。

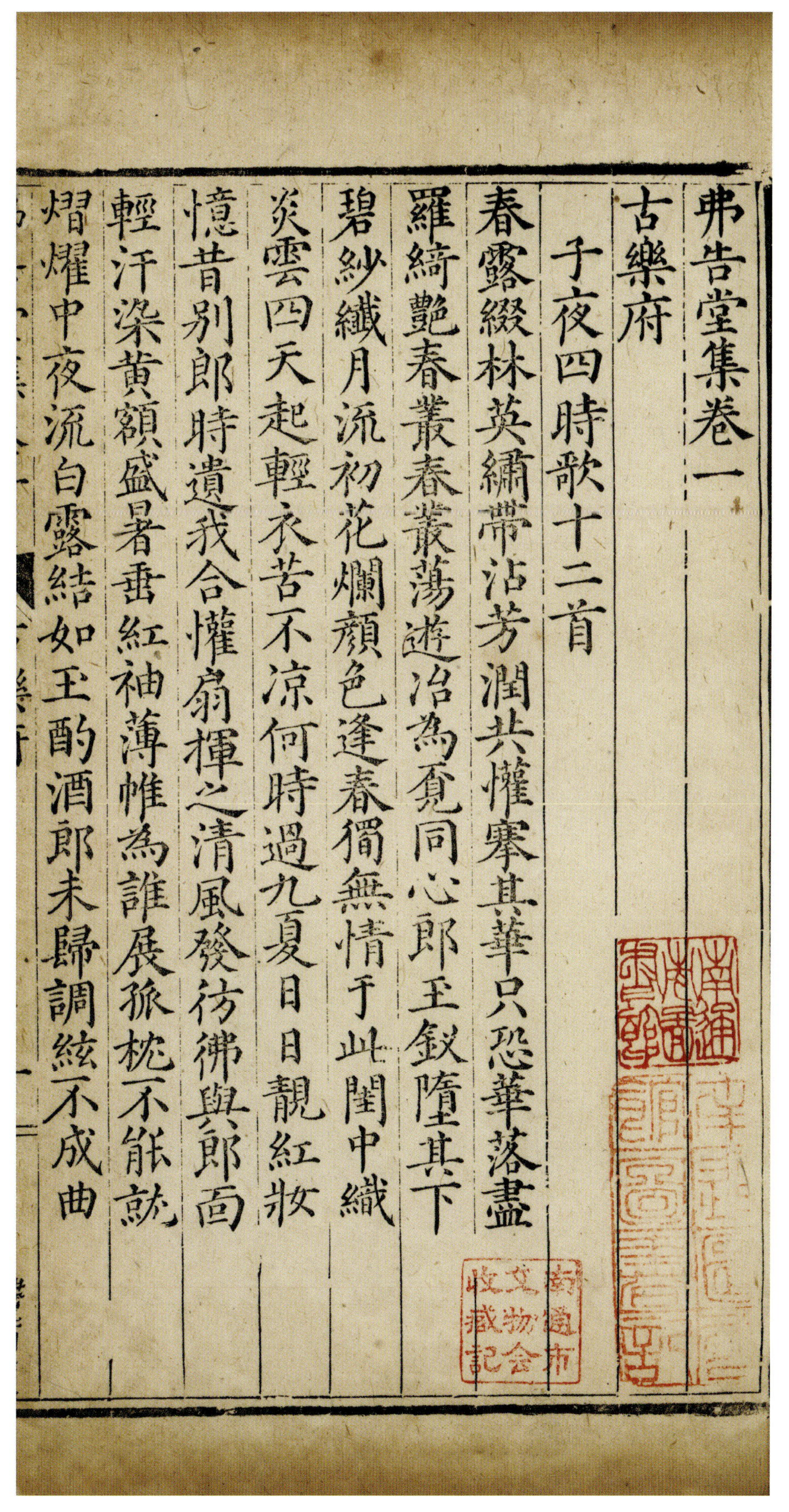

弗告堂集卷一

古樂府

子夜四時歌十二首

春露綴林英繡帶沾芳潤共懽搴其華只恐華落盡

羅綺艶春叢春叢蕩遊冶為覔同心郎玉釵墮其下

碧紗纖月流初花爛顏色逢春獨無情于此閨中織

炎雲四天起輕衣苦不涼何時過九夏日日靚紅妝

憶昔別郎時遺我合懽扇揮之清風發彷彿與郎面

輕汗染黃額盛暑垂紅袖薄帷為誰展孤枕不能就

熠燿中夜流白露結如玉酌酒郎未歸調絃不成曲

130

弗告堂集二十六卷

（明）于若瀛撰

明萬曆刻本

8册。半葉10行，行23字，白口，單魚尾，四周雙邊，框高21釐米，寬13釐米。列入《中國古籍善本書目》、《江蘇省珍貴古籍名録》。

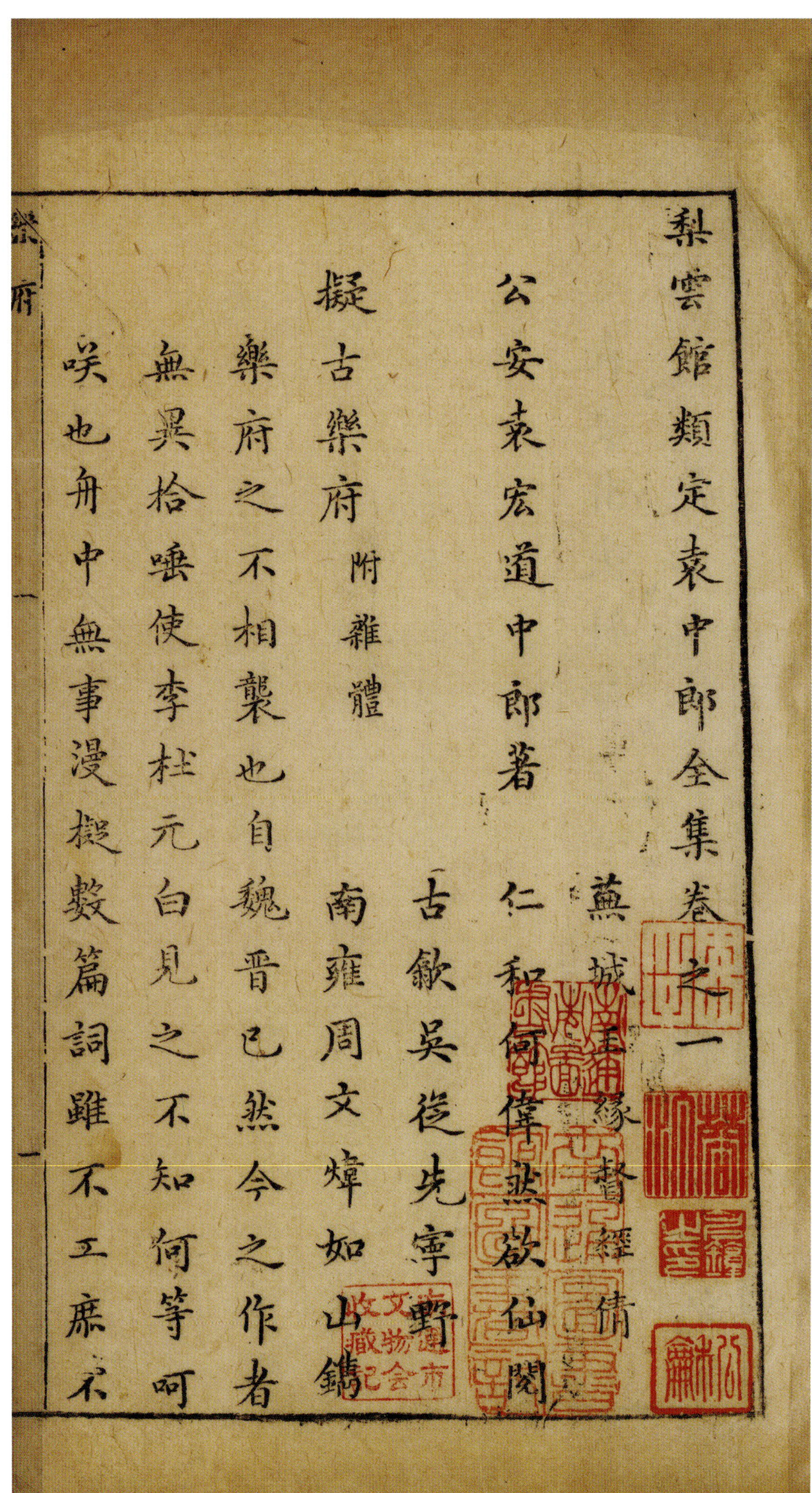
梨雲館類定袁中郎全集卷之一
公安袁宏道中郎著
燕城王緣督經倩
仁和何偉然欲仙閱
古歙吴從先寧野
南雍周文煒如山鐫
擬古樂府　附雜體
樂府之不相襲也自魏晉已然今之作者
無異拾唾使李杜元白見之不知何等呵
咲也舟中無事漫擬數篇詞雖不工庶不

131

梨雲館類定袁中郎全集二十四卷

（明）袁宏道撰
明刻本

12册。半葉8行，行18字，白口，四周單邊，框高22.2釐米，寬13.2釐米。列入《中國古籍善本書目》、《江蘇省珍貴古籍名録》。

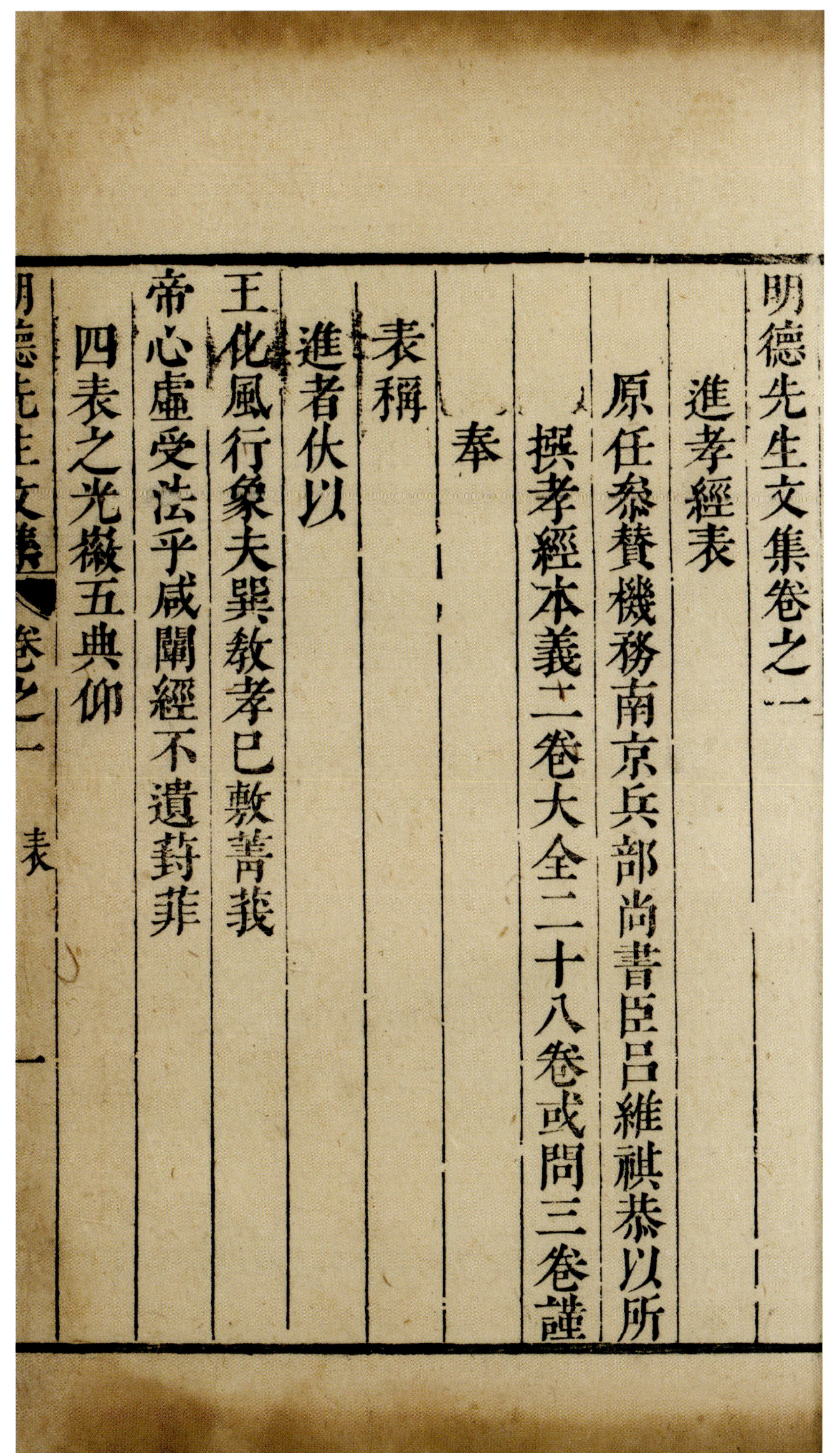

明德先生文集卷之一

進孝經表

原任叅贊機務南京兵部尚書臣呂維祺恭以所撰孝經本義二卷大全二十八卷或問三卷謹

奉

表稱

進者伏以

王化風行象夫巽教孝已敷菁莪

帝心虛受法乎咸闡經不遺葑菲

四表之光徽五典仰

明德先生文集　卷之一　表　一

132

明德先生文集二十六卷制藝一卷

(明)吕維祺撰

附新安定變全城記一卷

(清)張鼎延撰

明德先生年譜四卷

(清)施化遠等撰

清康熙二年(1663)吕兆璜、吕兆琳等刻本

12册。存二十八卷(文集二十六卷、制藝一卷、新安定變全城記一卷)。半葉10行,行21字,白口,單魚尾,左右雙邊,框高18.4釐米,寬13.5釐米。列入《中國古籍善本書目》。

羅紋山先生全集卷之一

閩貢川羅明祖著　男　劼克毖甫　艱克臣甫較閱　恤克秉甫

奏疏

七章疏

謹爲太平肇基有道無不與之言事臣聞至治之世不常有願治之主不世出　皇上啚治之心式昭遠邇素孚臣民而太平卒未奏者毋亦治有體要綱領知之既未至而行之復不力

133

羅紋山先生全集十六卷

（明）羅明祖撰

首一卷

清初古處齋刻昭兹堂印本

8册。半葉8行，行18字，白口，四周雙邊，框高20.9釐米，寬13.3釐米。列入《中國古籍善本書目》、《江蘇省珍貴古籍名録》。

錢牧齋先生尺牘卷第一

賀黃陶菴

泥金報至爲之酌酒相慶喜制科之有人國家可收聖賢豪傑之用也此番英俊鋒出然必欲如先生與子壹者方可謂之眞舉子方可謂之眞得士此益之所以喜而不寐也伯申傳告卷至眞正經術大儒之文所謂永嘉之後復聞正始之音如此猶以常格見收南宮更不作第二人矣預賀預賀犬子童稚不能登堂叩首罪也何如皐比之席難乎其難尚賴先生指示耳一芹奉申燕賀幸哂存之

134

錢牧齋先生尺牘三卷

（清）錢謙益撰

清康熙三十八年（1699）顧氏如月樓刻归錢尺牘本

6冊。半葉10行，行20字，黑口，單魚尾，左右雙邊，框高18.6釐米，寬13.2釐米。列入《江蘇省珍貴古籍名録》。

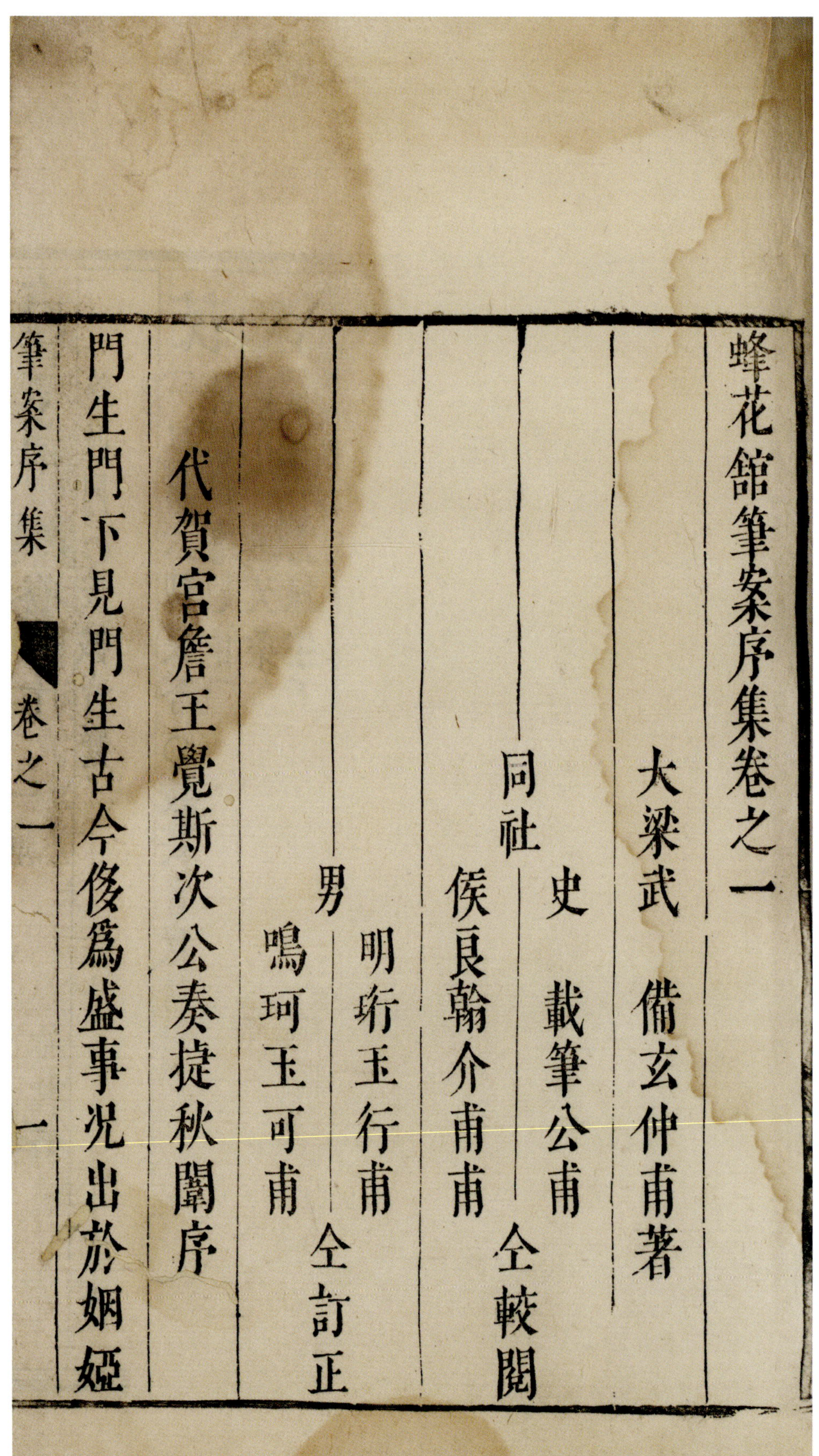

蜂花館筆案序集卷之一

大梁武　備玄仲甫著

史　載筆公甫

同社

侯良翰介甫　仝較閲

明珩玉行甫

男

鳴珂玉可甫　仝訂正

代賀宮詹王覺斯次公奏捷秋闈序

門生門下見門生古今侈爲盛事況出於姻婭

筆案序集　卷之一　一

135

蜂花館筆案序集五卷 啓集四卷詠集二卷

（清）武備撰

明崇禎刻本

續序集三卷

（清）武備撰

清初刻本

24册。半葉8行，行18字，白口，單魚尾，四周單邊，框高18.8釐米，寬13.2釐米。列入《中國古籍善本書目》、《國家珍貴古籍名録》。

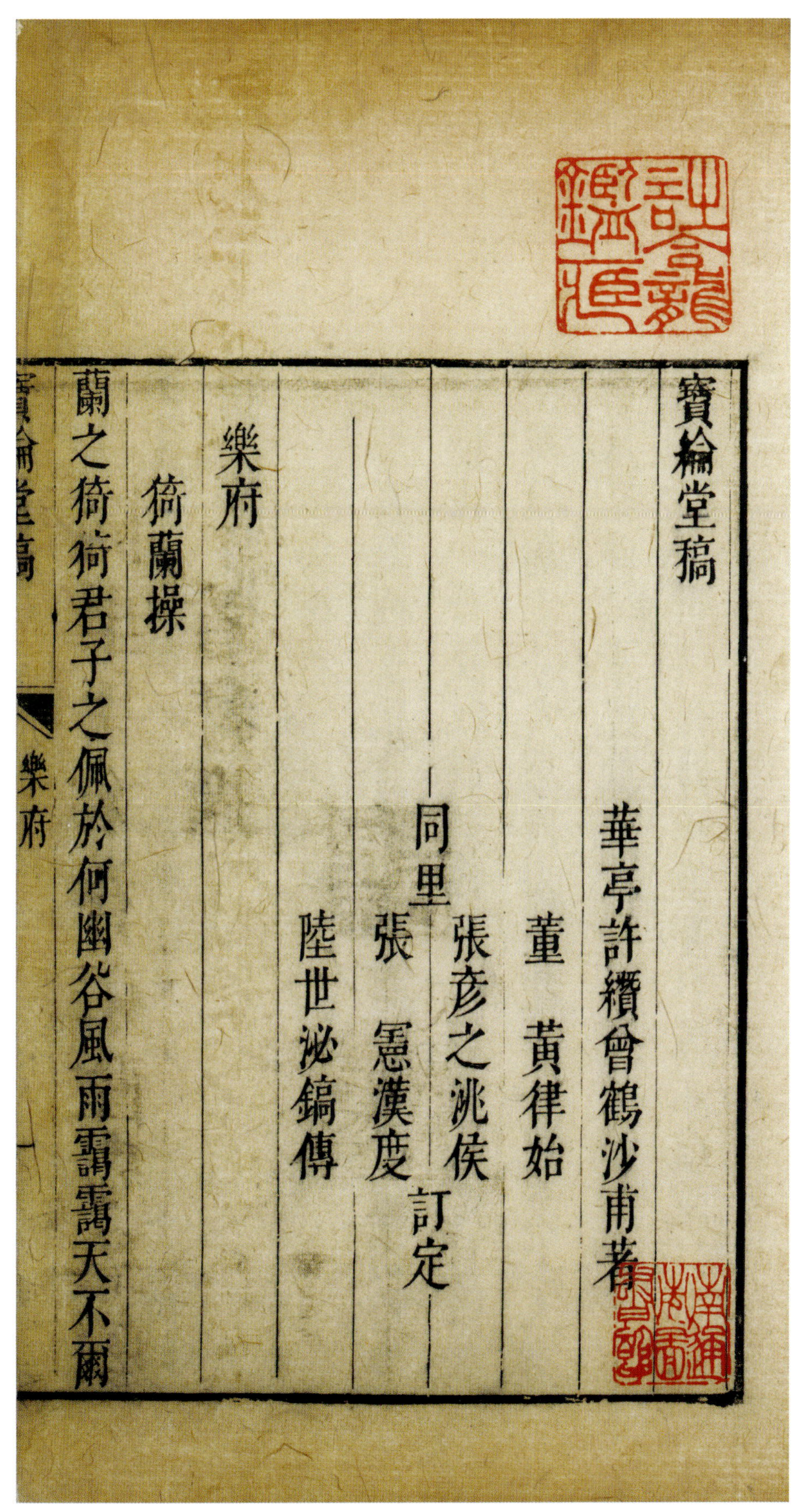

寶綸堂稿

華亭許纘曾鶴沙甫著

董 黃律始

張彥之洮侯

同里 張 憲漢度 訂定

陸世泌鎬傳

樂府

猗蘭操

蘭之猗猗君子之佩於何幽谷風雨靄靄天不爾

寶綸堂稿 樂府

136

寶綸堂稿七卷

（清）許纘曾撰

清康熙刻本

4册。半葉9行，行19字，小字雙行，字數同，白口，單魚尾，左右雙邊，框高18.5釐米，寬12.7釐米。列入《中國古籍善本書目》、《江蘇省珍貴古籍名録》。

堯峯文鈔卷一　　門人侯官林佶編

古體詩一 共六十七首

擬唐人詩八首

陳正字子昂感遇

桃李無勁質松柏無孿姿炎暑屢代謝所遇各有時大化旣已然知巧安得施鸞鳩與鵬鳥高下徒相嗤惟應達生者委運任所之

李翰林白飲酒

秋風吹片雲飛隨孫楚樓昔賢去已久遺恨留滄洲惟餘樓前月影逐江水流江水自西來與月空悠悠若非盈尊酒何以銷煩憂開軒設華茵四坐羅珍羞美女顏如花爲我彈空矦有酒但斟酌不待相勸醻醉弄落月還嘯傲陵高秋

王右丞維飯僧

好道已多歲杜門滌塵襟夙與山僧期瞻仰良以深果得躡飛錫

137

堯峰文鈔五十卷

（清）汪琬撰

清康熙三十二年（1693）林佶寫刻本

5册。半葉13行，行25字，小字雙行，字數同，黑口，單魚尾，左右雙邊，框高20.2釐米，寬13.6釐米。列入《江蘇省珍貴古籍名録》。

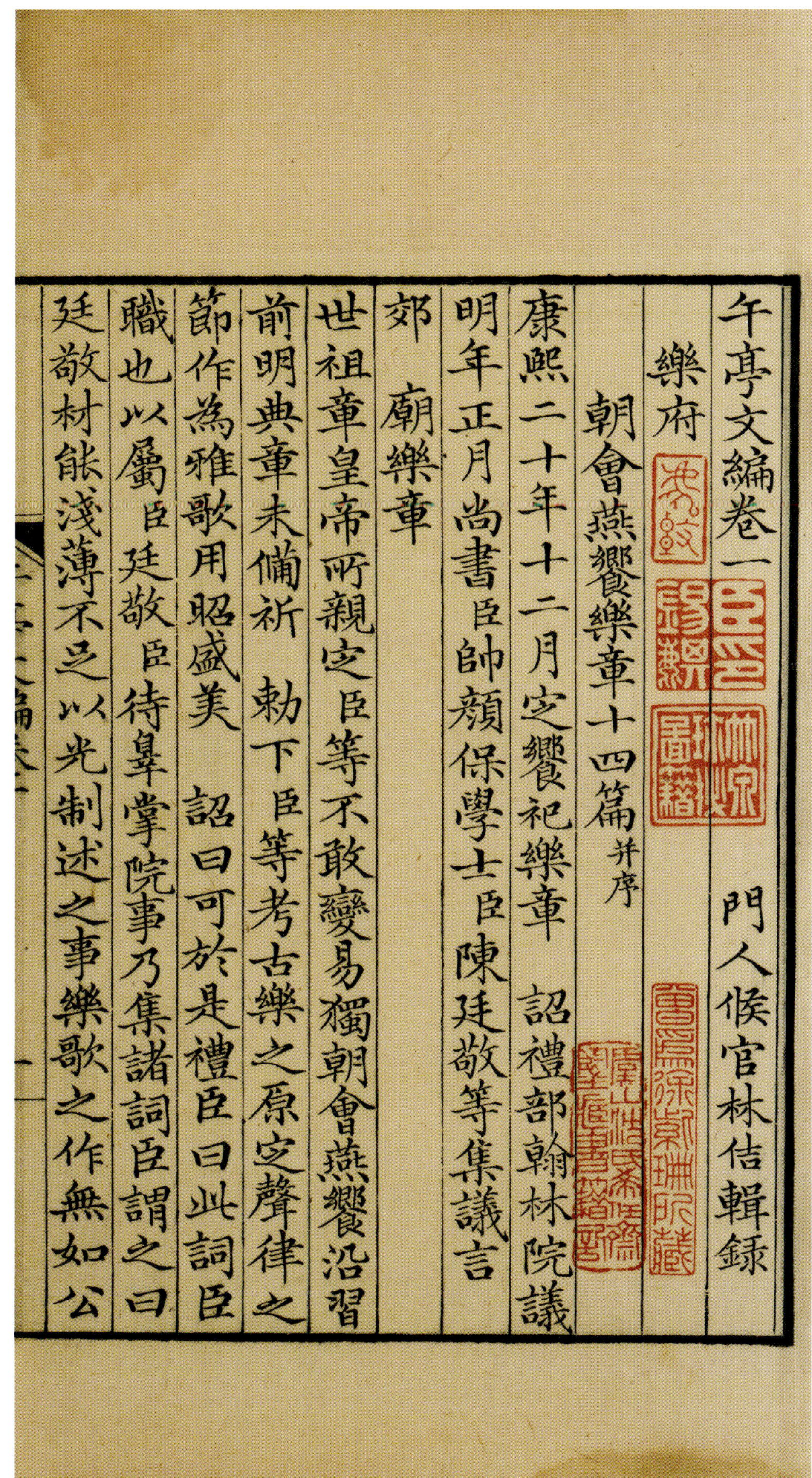

138

午亭文編五十卷

（清）陳廷敬撰
清康熙四十七年（1708）林佶寫刻本

10册。半葉11行，行21字，小字雙行，字數同，黑口，單魚尾，左右雙邊，框高19.6釐米，寬14.4釐米。列入《江蘇省珍貴古籍名録》。

翁山詩外卷之一

番禺　屈大均　撰

五言古一

詠懷

至人握大象。長爲天下君。澄潭龍不見。嘘氣成風雲。維彼蒲衣子。淵玄莫能倫。朝隱泰山霞。暮遊洪河津。仁義乃蘧廬。逍遥葆其真。春雷驚百卉。閶闔渙波鮮。時哉無與言。天倪一何神。

猿猴依杞柟。后羿不能射。至人與天遊。黿鼉皆默化。利劍決浮雲。玄珠燭長夜。許繇乃堯師。土苴治

139

翁山詩外十八卷

（清）屈大均撰

清鈔本

5册。存七言律、七言古、七絶、五言律、五言古、五絶。佚名批校。半葉10行，行19字。列入《江蘇省珍貴古籍名録》。

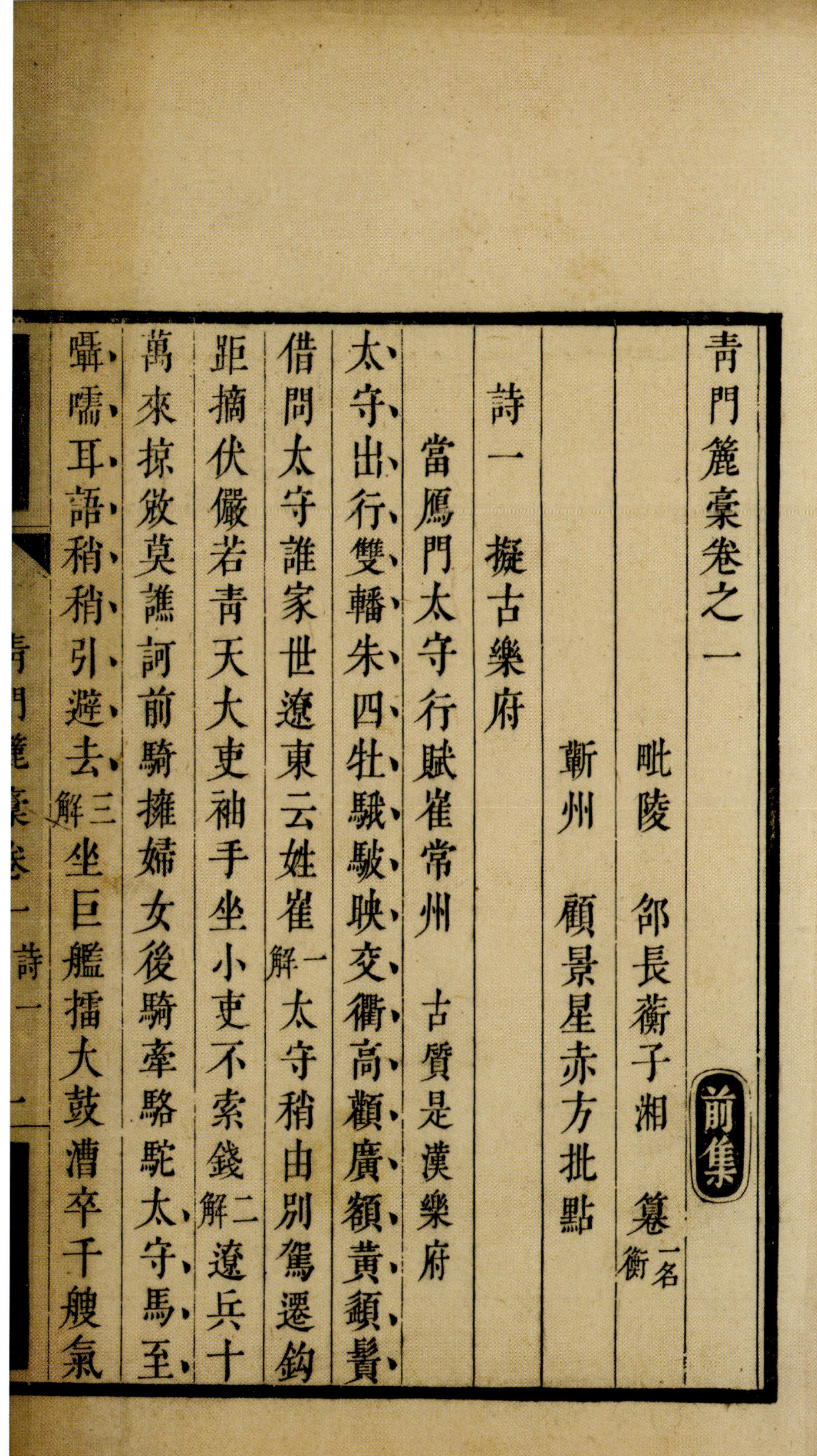
青門簏稾卷之一

毗陵　邵長蘅子湘　纂 一名衡

蘄州　顧景星赤方批點

詩一　擬古樂府

當鴈門太守行賦崔常州　古質是漢樂府

太守出行雙幡朱四牡騤駿映交衢高顴廣額黃鬚鬢借問太守誰家世遼東云姓崔 一解 太守稍由别駕遷鈎距摘伏儼若青天大吏袖手坐小吏不索錢 二解 遼兵十萬來掠斂莫譙訶前騎擁婦女後騎牽駱駝太守馬至聶嚅耳語稍稍引避去 三解 坐巨艦擂大鼓漕卒千艘氣

青門簏稾卷一　詩一

140

邵子湘全集三十卷

（清）邵長蘅撰

邵氏家録二卷

清康熙青门草堂刻本

8册。半葉10行，行21字，小字雙行，字數不等，黑口，單魚尾，左右雙邊，框高19.4釐米，寬13.5釐米。

曝書亭集卷第一

秀水 朱彝尊 錫鬯

賦

謁孔林賦

粤以屠維作噩之年我來自東至於仙源斯時也壇杏花繁庭檜甲坼元和之犧象畢陳闕里之榛蕪盡闢旣釋菜於廟堂旋探書於屋壁乃有百石卒史導我周行牽車魯城之北緤馬洙水之陽即大庭之遺庫循端木之故場驕孫袝兮居前聖子藏兮在左自黄玉之封緘閟幽宫而密鎖隕長鯨兮不驚懾祖龍兮遠禍除荆棘之叢生罕翔禽之飛墮雨露旣濡遲景東隅整衣裳之肅肅正顏色之愉愉展謁方終誕尋往蹟超白兔之深溝撫青羊之卧石爰有草也芭著其名守

141

曝書亭集八十卷

（清）朱彝尊撰

附録一卷

清康熙五十三年（1714）朱稻孫刻本 張謇題記

12册。半葉12行，行23字，白口，單魚尾，左右雙邊，框高19.5釐米，寬12.9釐米。列入《國家珍貴古籍名録》。

此桃花紙初印本盖至精者何
減宋刻自可貴重使人開卷目明
辛酉八月忠孫秦生來岳見貽以五
十銀幣報之 壽翁識於西山招隱竹山
樓下

愛日堂詩卷一

敝帚集一 壬子至戊午八月

余少時困躓六踏省門三上公車始得售智慮光陰磨耗於制舉業中未暇旁及詩賦詞章也偶有感觸姑試爲之旋卽棄置雲間葉蒼巖先生余姊壻也見余詩亟加稱賞因從敗簏中重爲裒次名曰敝帚集凡四卷

將進酒

當其吾未我洪荒迄今爲人有迨夫吾得我元會不獨爲爾壽功名竹帛事偶然編摩著述隨所宜

愛日堂詩卷一 敝帚集 一

142

愛日堂詩集二十八卷

（清）陳元龍撰

清乾隆刻本

敝帚集四卷
登瀛集一卷
却掃集一卷
環召集五卷
南陔集三卷
重徵集一卷
宜人集二卷
肆覲集一卷
還朝集二卷
蘭峪前集一卷後集二卷
重臨集一卷
黄扉集三集
林泉集一卷

5册。半葉11行，行19字，小字雙行，字數同，白口，單魚尾，左右雙邊，框高18.3釐米，寬13.3釐米。列入《中國古籍善本書目》。

在陸草堂文集卷之一

宜興儲　欣同人著

後學　吳之彥碩夫編次

邢維信韓潮仝編

男　芝五釆校字

周公太公辯

相傳太公治齊尊賢而尚功周公曰後世必有簒弑之臣周公治魯親親而尊賢太公曰後寖弱矣嗟乎此非周公太公之言儒之陋者之言也竊齊魯之末流而爲之説雖然又非盡通齊魯事者也魯豈無簒弑之臣而齊自桓公

143

在陸草堂文集六卷

（清）儲欣著

清雍正元年（1723）儲掌文淑慎堂刻本

6册。半葉9行，行22字，有小字，字數不等，黑口，單魚尾，左右雙邊，框高19.4釐米，寬13.5釐米。列入《中國古籍善本書目》。

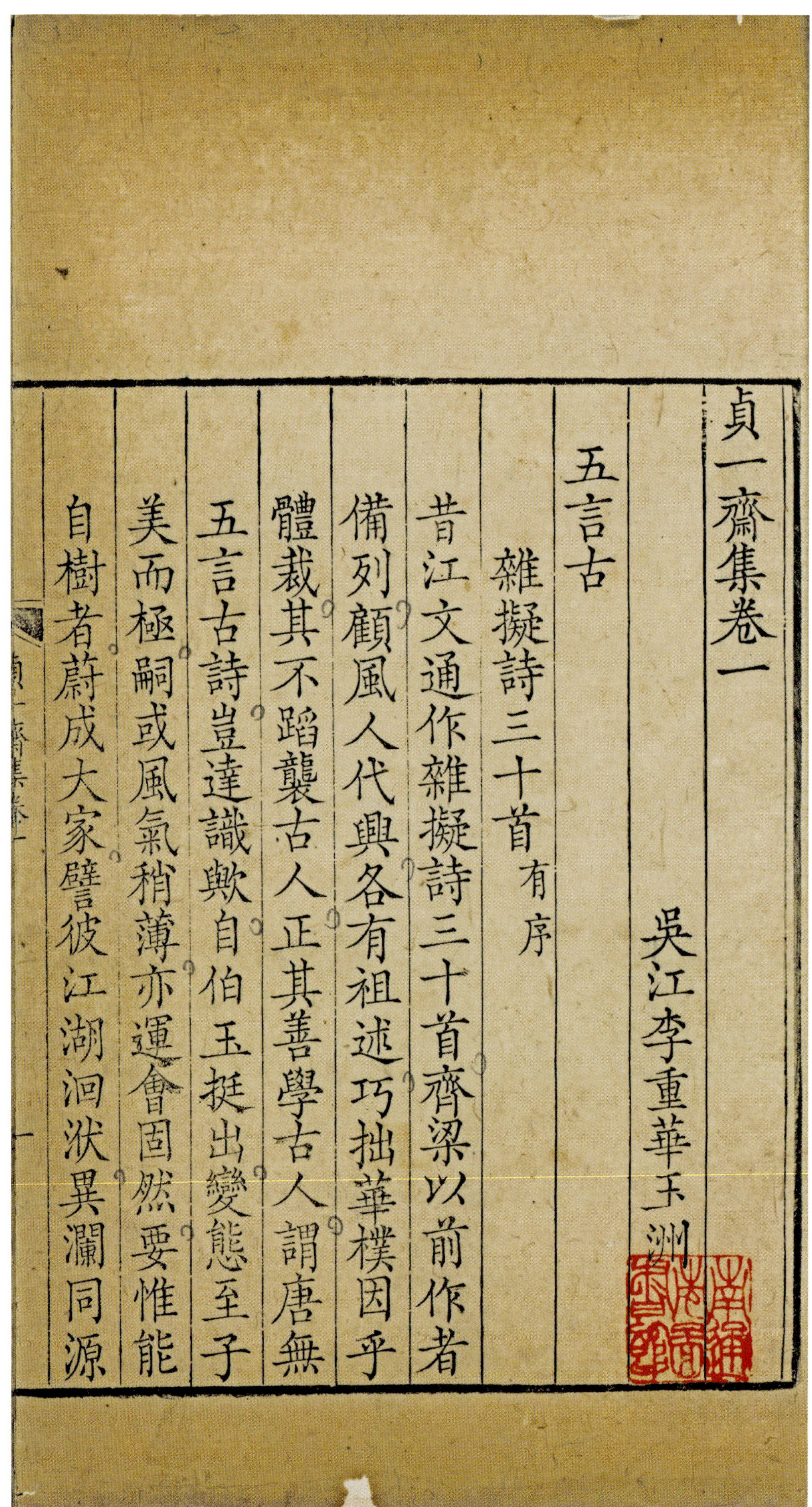

貞一齋集卷一

吳江李重華玉洲

五言古

雜擬詩三十首 有序

昔江文通作雜擬詩三十首齊梁以前作者備列顧風人代興各有祖述巧拙華樸因乎體裁其不蹈襲古人正其善學古人謂唐無五言古詩豈達識歟自伯玉挺出變態至子美而極嗣或風氣稍薄亦運會固然要惟能自樹者蔚成大家譬彼江湖洄洑異瀾同源

144

貞一齋集十卷詩説一卷

（清）李重華撰

清乾隆十一年（1746）刻本

6册。存十卷（一至十）。半葉10行，行19字，白口，單魚尾，左右雙邊，框高17.2釐米，寬13.3釐米。

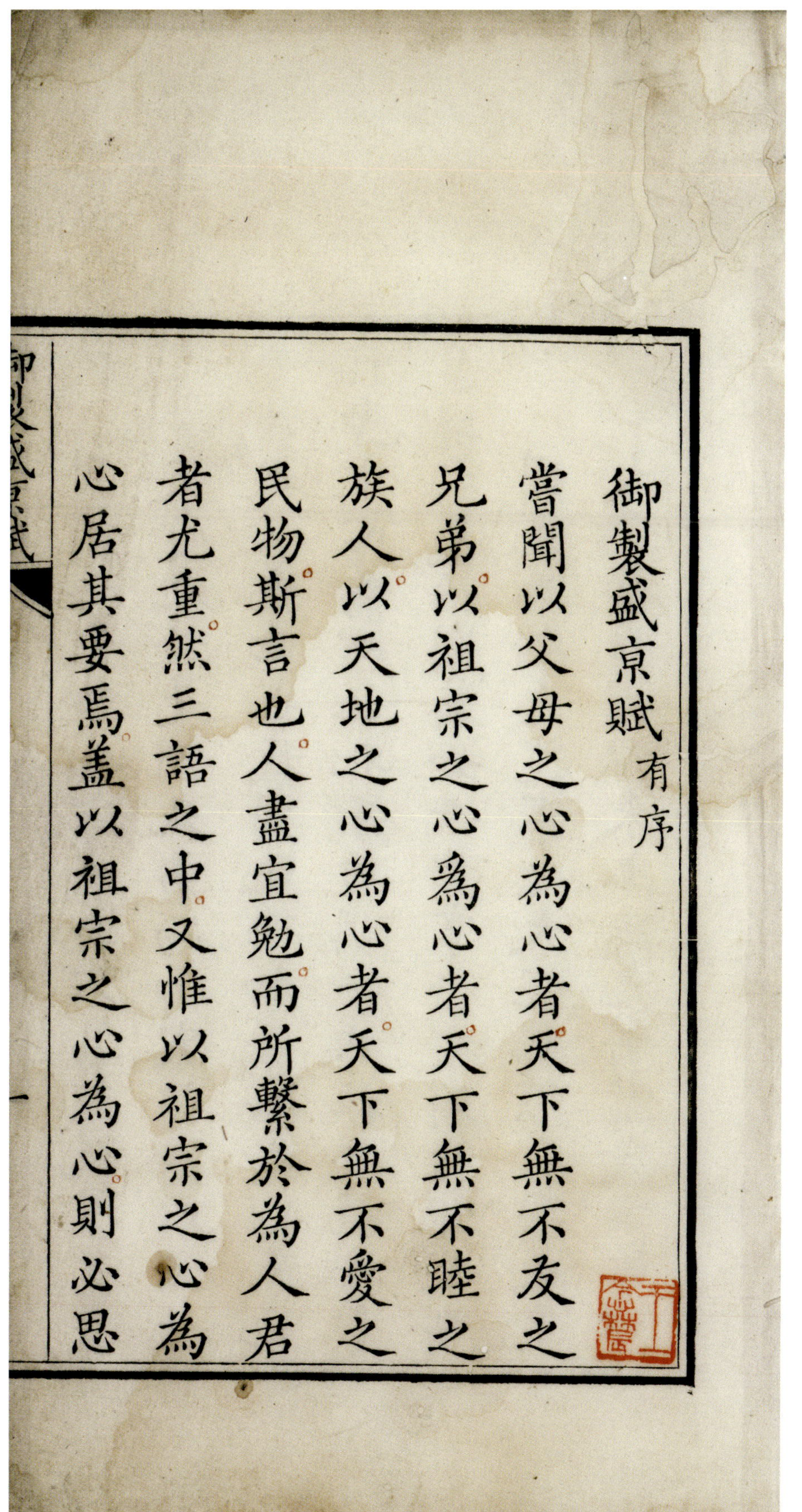

145

御製盛京賦一卷

（清）高宗弘曆撰

（清）鄂爾泰等註

清乾隆内府刻朱墨套印本

1冊。半葉7行，行18字，小字雙行，字數同，白口，單魚尾，四周雙邊，框高19.7釐米，寬12.4釐米。列入《江蘇省珍貴古籍名録》。

司馬彪曰澎湃波相戾也郭璞江賦渨㵳濆瀑注李善曰皆波浪回旋濆涌而起之貌也**流湯湯赴瀰瀰**詩小雅汚彼流水其流湯湯木華海賦騰波赴勢詩國風河水瀰瀰**撇灖洶迴渾渼**甘泉賦浮蠛蠓而撇天上林賦橫流逆折轉騰潎洌注孟康曰潎洌相撇也灖音亹江賦潒澳灖淑洶音轟玉篇水浪洶洶聲枚乘七發沌沌渾渾注李善曰波相隨貌渼音美類篇水波文**浴日沃星莫測其始**山海經羲和浴日於甘泉海賦蕩雲沃日宋樂章吐日滔星**東盡使犬之部**福陵神功聖德碑文天命十年東

賜書堂詩稿卷一

海陽　翁　照　霽堂

時運

和氣諧游惟春之朝偕我同人寄暢青郊麗日亭午輕雲卷霄言循繡壤怳此良苗

遵彼清流於焉盥濯幽襟灑然縱我遐矚天地予人何以不足人苦不知具有真樂

春流是溯忽念浴沂好鳥和鳴悠然忘歸此志此時後先相輝豈曰殊世不可企追

賜書堂詩稿　卷一　一

146

賜書堂詩稿四卷 文稿六卷

（清）翁照撰

清乾隆刻本

4册。半葉9行，行18字，小字雙行，字數同，白口，單魚尾，左右雙邊，框高18.6釐米，寬13.4釐米。

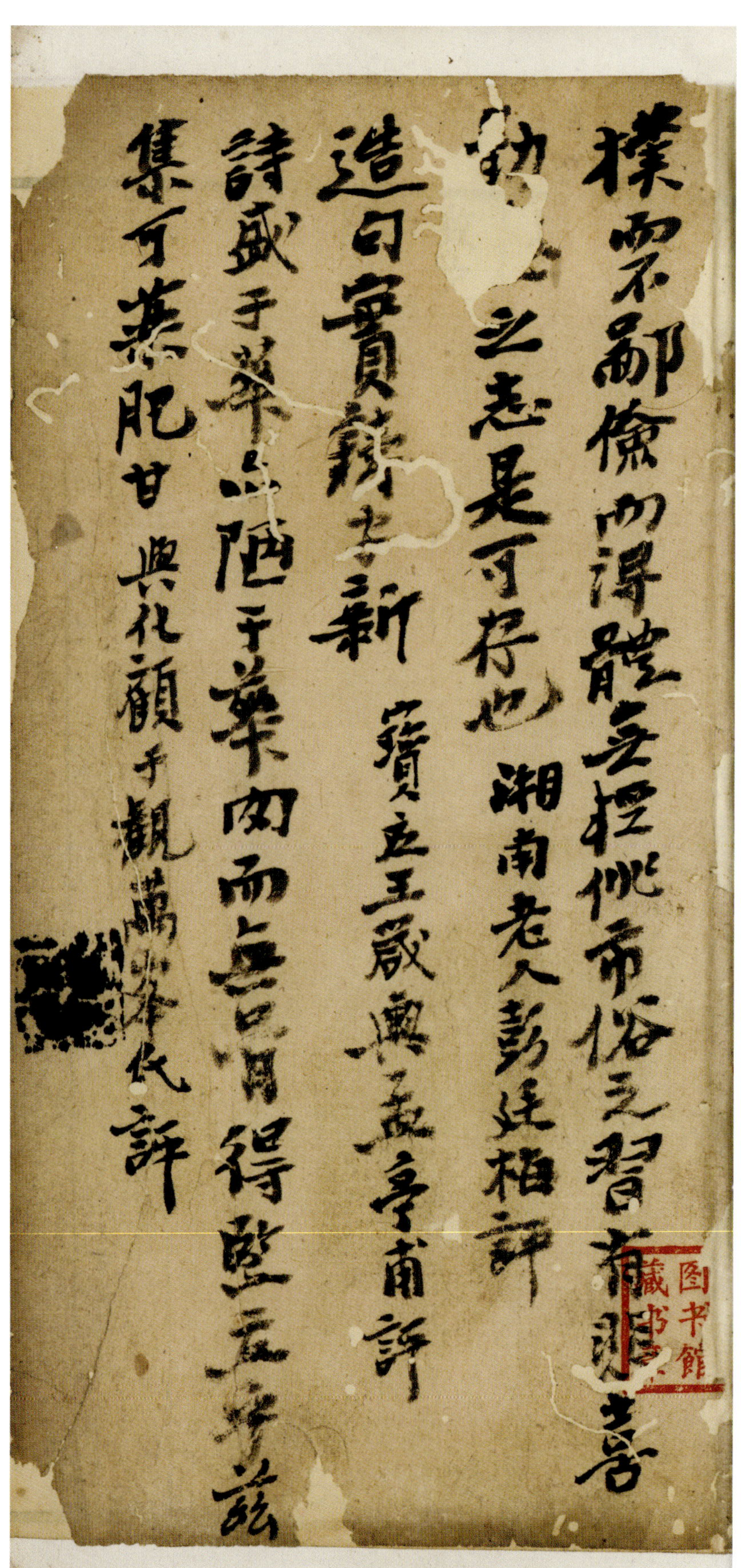

147

个道人詩稿不分卷

（清）丁有煜撰

稿本

2册。半葉行數不等，字數不等。列入《中國古籍善本書目》、《江蘇省珍貴古籍名録》。

花前與南庵夜坐

蕭蕭四壁暮雲遮。合臭同心翦落霞。有客

到門聽夜雨。呼童煮茗剔燈花。數椽斗室

香風雅。八闻文聲熱處樂。更書劉談能

却病。附南庵瘖〔初志〕伊人保自愛蒹葭。

前題疊韻

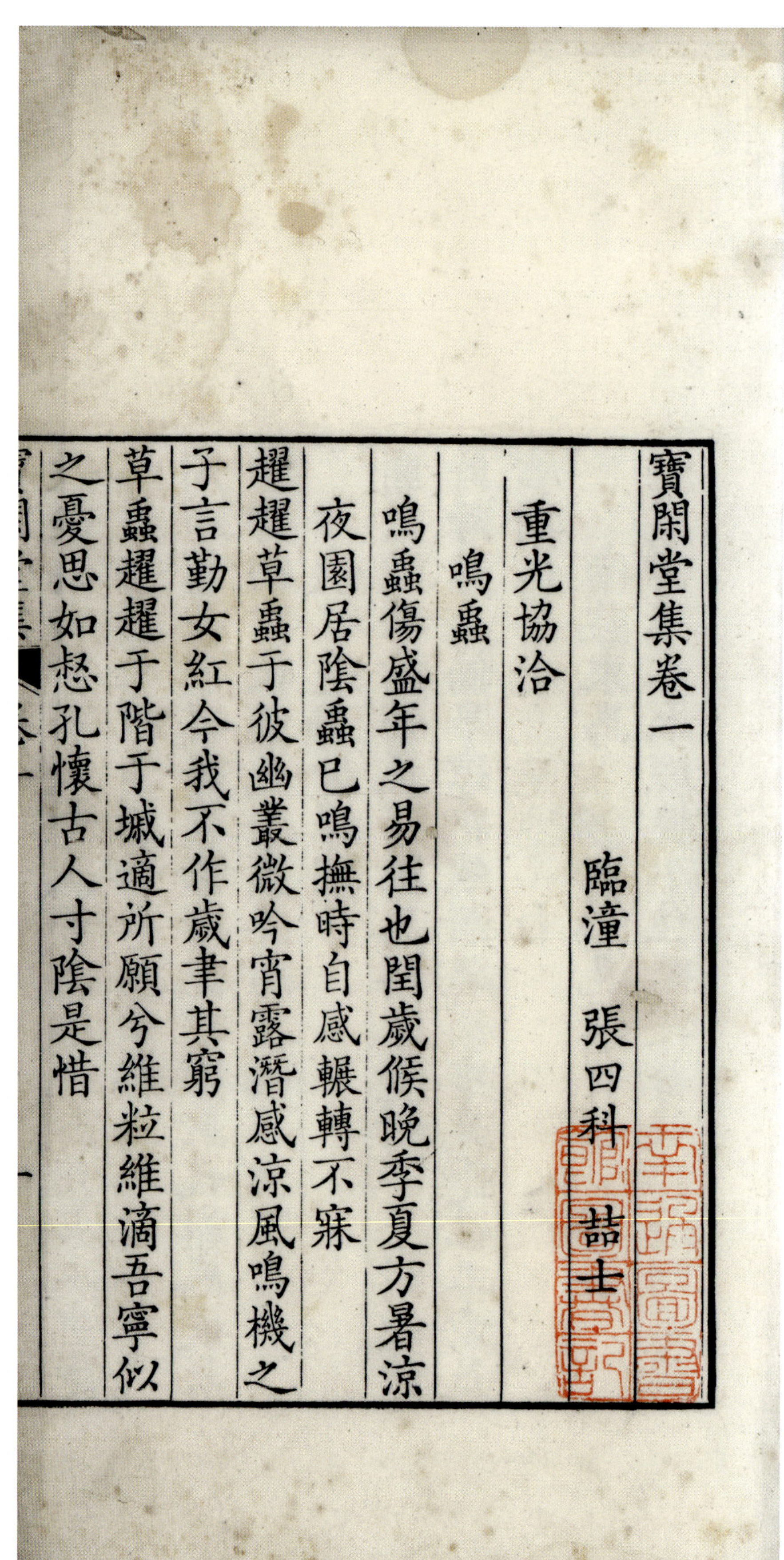

寶閑堂集卷一

臨潼　張四科喆士

重光協洽

鳴蟲

鳴蟲傷盛年之易往也閏歲候晚季夏方暑涼夜園居陰蟲已鳴撫時自感輾轉不寐

趯趯草蟲于彼幽叢微吟宵露潛感涼風鳴機之子言勤女紅今我不作歲聿其窮

草蟲趯趯于階于堿適所願兮維粒維滴吾寧似之憂思如惄孔懷古人寸陰是惜

寶閑堂集　卷一

148

寶閑堂集四卷首一卷末一卷

（清）張四科撰

清乾隆二十四年（1759）自刻本

6册。半葉10行，行19字，白口，單魚尾，左右雙邊，框高18.5釐米，寬13.4釐米。列入《中國古籍善本書目》。

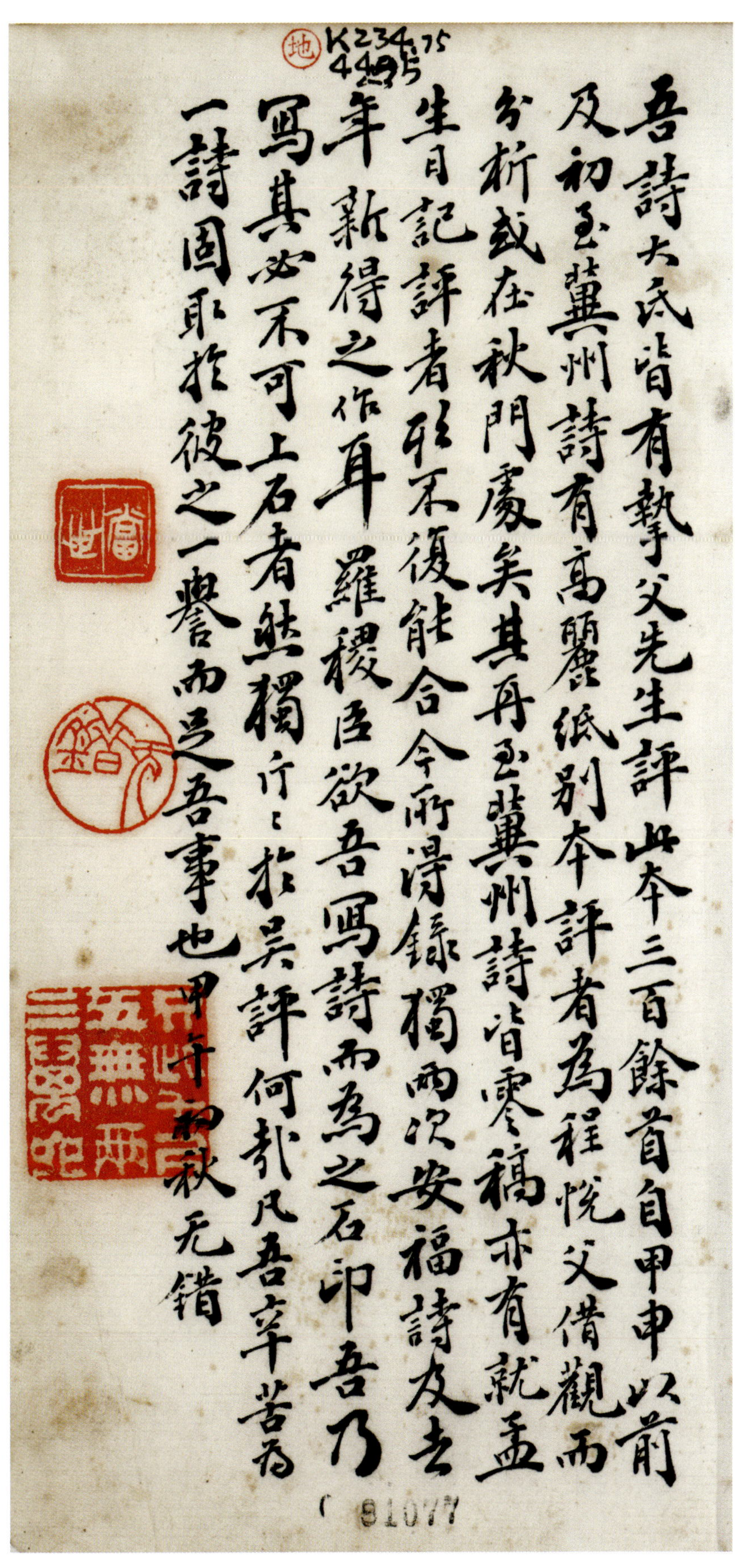

吾詩大氐皆有摯父先生評此本三百餘首自甲申以前及初至冀州詩有高麗紙別本評者爲程悦父借觀而分析或在秋門處矣其再至冀州詩皆零稿亦有就孟生日記評者殆不復能合今所得録獨兩次安福詩友去年新得之作耳　羅稷臣欲吾寫詩而爲之石印吾乃寫其必不可上石者然獨行〻於吳評何哉凡吾辛苦爲一詩固取於彼之一譽而足吾事也甲午初秋无错

149

弍百止遺不分卷

(清)范當世撰

稿本　陳三立題記

2册。行數、字數不等，框高24.8釐米，寬13.6釐米。有"當世"、"无错"、"只此七尺五無兩三萬六"印。列入《中國古籍善本書目》、《江蘇省珍貴古籍名録》。

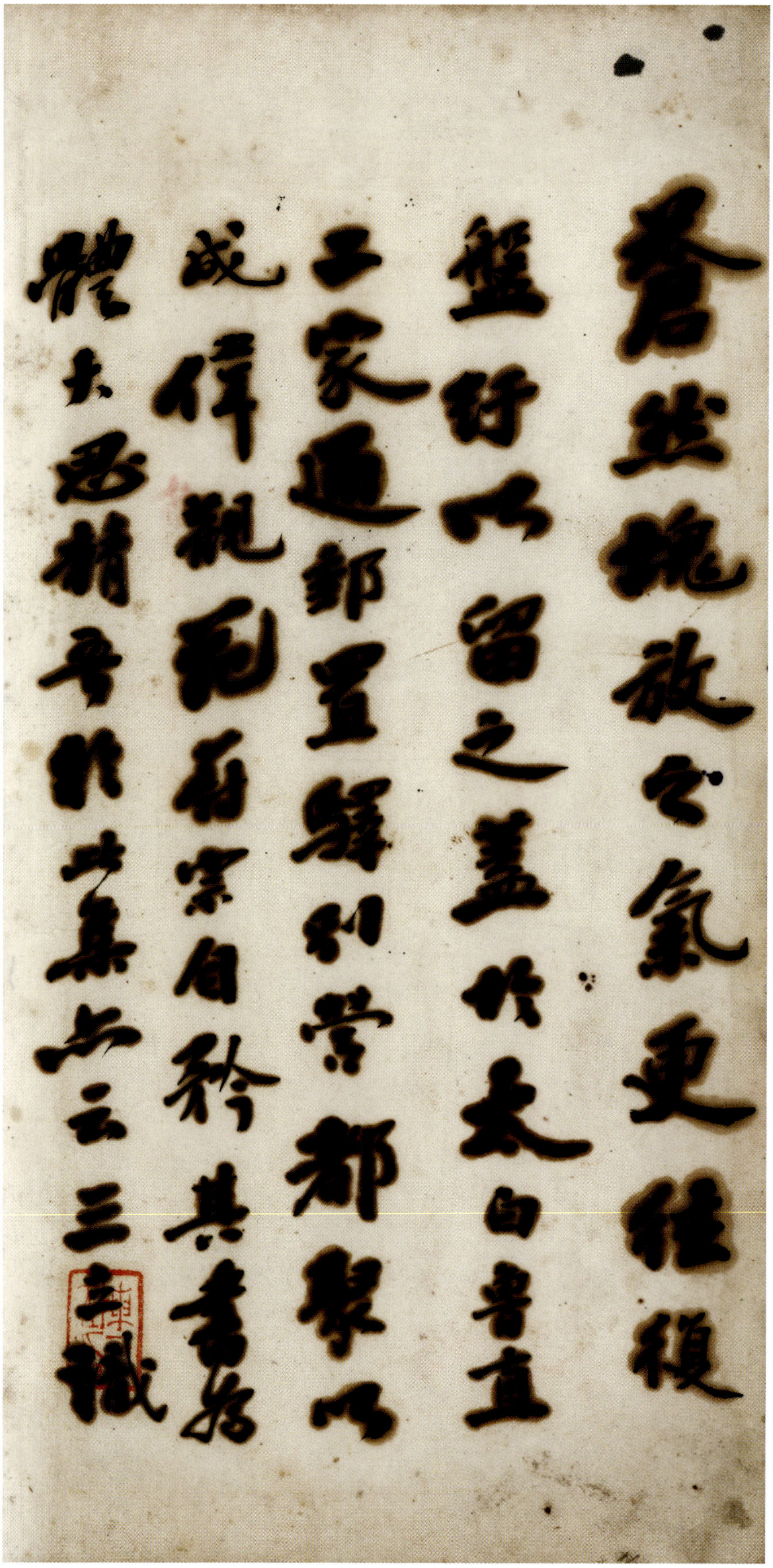

蒼茫瑰詭放恣之氣，更往復盤紆以留之，蓋於太白、魯直二家通郵置驛，別營鄴架，以成偉觀。劉蘇宗自矜其書名，體大思精，吾於此集亦云。三之識

深秋與別後十字抵江郎一賦多矣

洗玉

秋夜午夢驚醒，憂如時難禱，不恆懼遠猿不讓，唯仰軻不責難，舉載不何不
羣均匠莊氏共代主閒緯，不如遠共使作傳因，不知南白，生不於宗之傳念悲
在宗孝不陀所以若有師，嬉嬉發之已，春至言，固書鐘
秋日在樓桐伯仲，待為剃樓，樓上複樹，中有不能決，我有金丹方生，又鍊藥決藉
方適而療不療，腸中血痛東江湧，閣殘坐隔風雲以言，安病同歸，離已而暇冥
情遂信信西艇復東折。人生壯大年，骨月真雖緩，安能若念君乃自愁肝裂
我欲往滄海，言言吾母驚，吾子笑語母，恩語斯已識，衰敬拜而試，且笑為能傾老
年重骨肉頻覺餘寒，輕目寒自餘餓，百口四通須甚老，人食裳而憐悌，流如妹
閨門開，遊子當之言在天涯，堪以五更府，妹上鳥宵征，葩葩振去遠郡，不見故鄉橋
歸飛不為哺鏡橋，寂寂靜
前日看上相逢，歡氣未了，十五年未見君，嘉言不避人，劍君有同根生兩株，凌已壯
株移執氣若吾羣，一中好木稀，南國環村廣，盤行幾萬，吁枝葉互不
讓誰當異姓，文性此不能忘
日出重上飲，日午賞家加，日斜緯半宮，若有膩季，同事收鏗，萬錢費多辟顏
如夜書時吾抑喜，但覺宵言天涯倍倍，板般底顏寒戟萬手，身為良抛擲

此賦蓋因杜篤論都而作篤謂存不忘亡安不忘危雖有仁義猶設城池蓋以都洛尚非永圖特以葭萌不柔未遑論都國家不忘西都也故特作後賦折以法度前賦兼戒後王勿效西京末造之侈又包平子兩京之旨也

昭明選賦獨冠兩都以兼揚馬之長義正而事實也上林長楊是諷體故

文選卷一

梁昭明太子撰　文林郎守太子右内率府録事參軍事崇賢館直學士臣李善注上

長洲葉樹藩星衛氏參訂

賦甲（賦甲者舊題甲乙所以紀卷先後今卷既改故甲乙並除存其首題以明舊式）

京都上

班孟堅兩都賦二首

張平子西京賦一首

兩都賦序（自光武至和帝都洛陽西京父老有怨班固恐帝去洛陽故上此詞以諫和帝大悅也）

詞藻不如相如其體製自足冠代

班孟堅（范曄後漢書曰班固字孟堅北地人也年九歲能屬文長遂博貫載籍顯宗時除蘭臺令史遷爲郎乃上兩都賦大將軍竇憲出征匈奴以固爲中護軍憲敗固坐免官遂死獄中）

或曰賦者古詩之流也（毛詩序曰詩有六義焉二曰賦故賦爲古詩之流也諸引文證皆舉先以明後以示作者必有所祖述也他皆類此）昔成康沒而頌聲寢王澤竭而詩不作（言周道既微雅頌並廢也史記曰周武王太子誦立是爲成王成王太子釗立是爲

150

文選六十卷

（南朝梁）蕭統撰

（唐）李善註

（清）何焯評

清乾隆三十七年（1772）葉氏海録軒刻朱墨套印本

12册。半葉12行，行25字，小字雙行，行38字，白口，單魚尾，左右雙邊，框高19.8釐米，寬14.7釐米。列入《江蘇省珍貴古籍名録》。

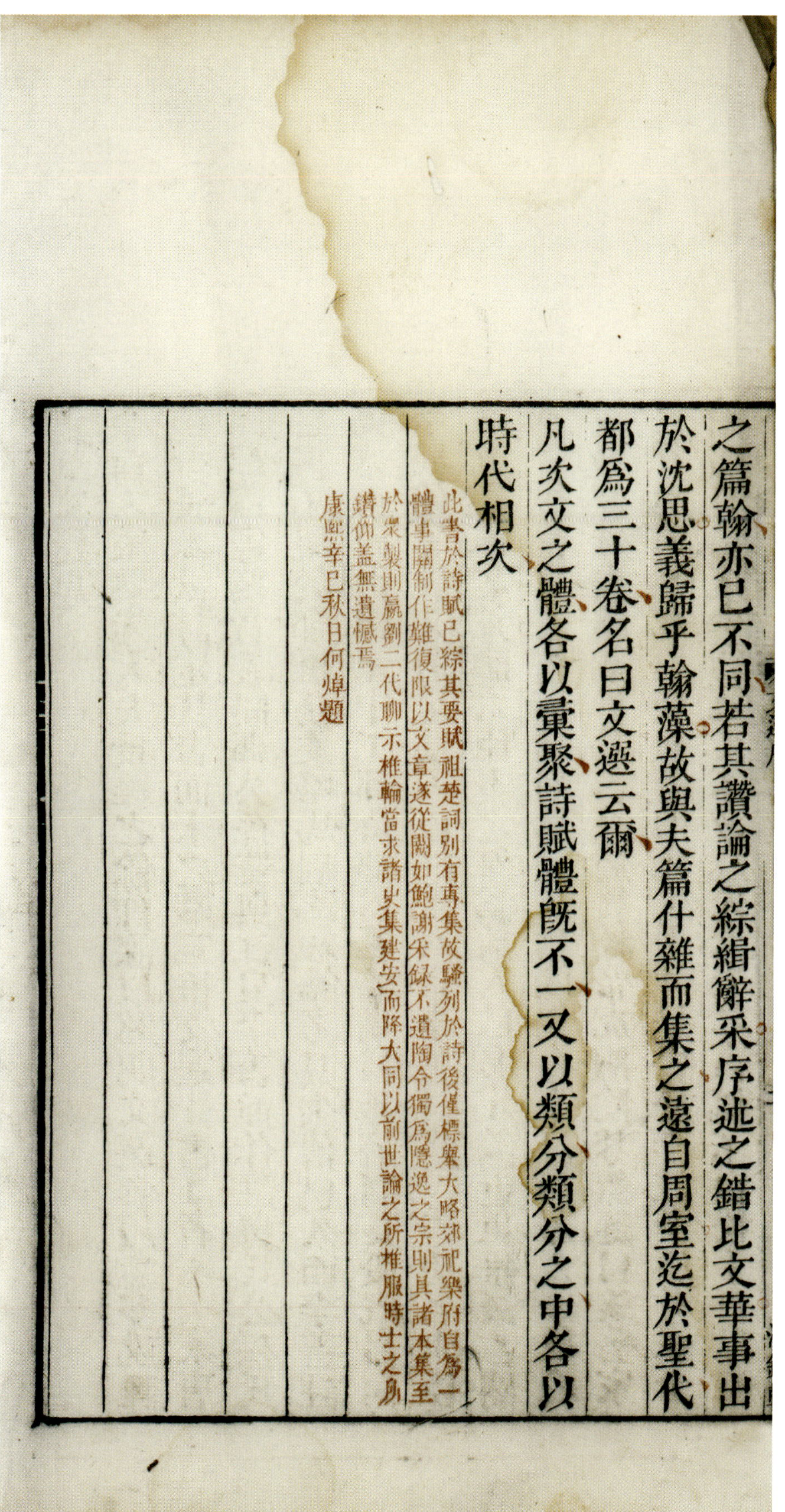
之篇翰亦已不同若其讚論之綜緝辭采序述之錯比文華事出於沈思義歸乎翰藻故與夫篇什雜而集之遠自周室迄於聖代都爲三十卷名曰文選云爾

凡次文之體各以彙聚詩賦體既不一又以類分類分之中各以時代相次

此書於詩賦已綜其要賦祖楚詞別有專集故騷列於詩後僅標舉大略郊祀樂府自爲一體事關制作難復限以文章遂從闕如鮑謝采録不遺陶令獨爲隱逸之宗則具諸本集至於梁製則嬴劉二代聊示椎輪當求諸史集建安而降大同以前世論之所推服時士之所鑽仰蓋無遺憾焉

康熙辛巳秋日何焯題

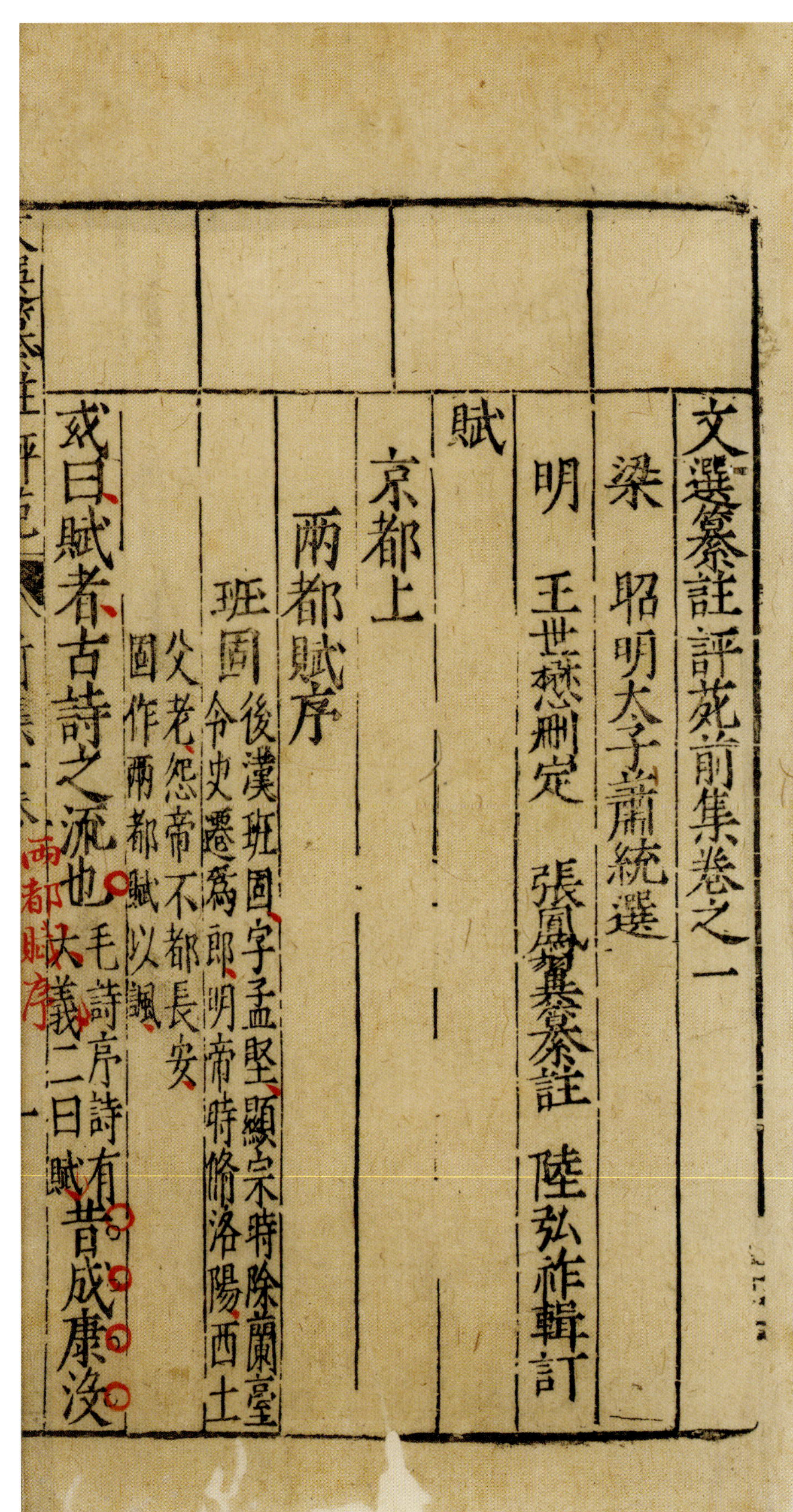
文選纂註評苑前集卷之一
梁　昭明太子蕭統選
明　王世懋删定　張鳳翼纂註　陸弘祚輯訂
賦
京都上
兩都賦序
班固後漢班固字孟堅顯宗時除蘭臺令史遷爲郎明帝時脩洛陽西土父老怨帝不都長安固作兩都賦以諷
或曰賦者古詩之流也毛詩序詩有六義二曰賦昔成康沒

151

文選纂註評苑

二十六卷

（南朝梁）蕭統輯
（明）張鳳翼纂註
（明）陸弘祚輯訂
明萬曆克勤齋余碧泉刻本

26册。半葉9行，行18字，小字雙行，字數同，白口，單魚尾，四周單邊，上下分欄，框高22.3釐米，寬13.3釐米。有“克勤齋余碧泉新刊”牌記。列入《中國古籍善本書目》。

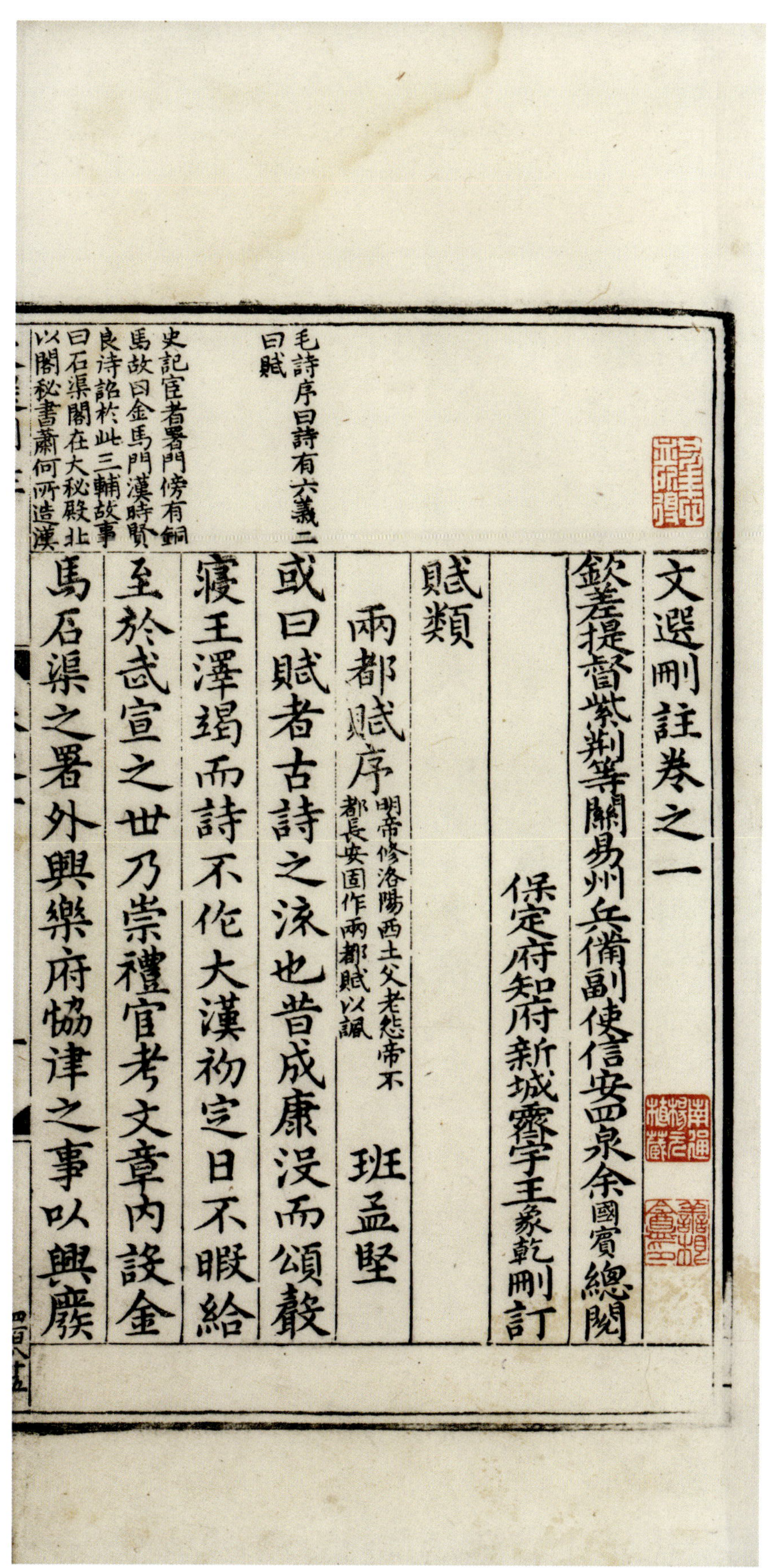

152

文選删註十二卷

（明）王象乾撰

明萬曆刻本

12册。半葉9行，行16字，小字雙行，字數不等，白口，雙魚尾，四周雙邊，上下分欄，框高24.2釐米，寬15.6釐米。列入《中國古籍善本書目》、《江蘇省珍貴古籍名録》。

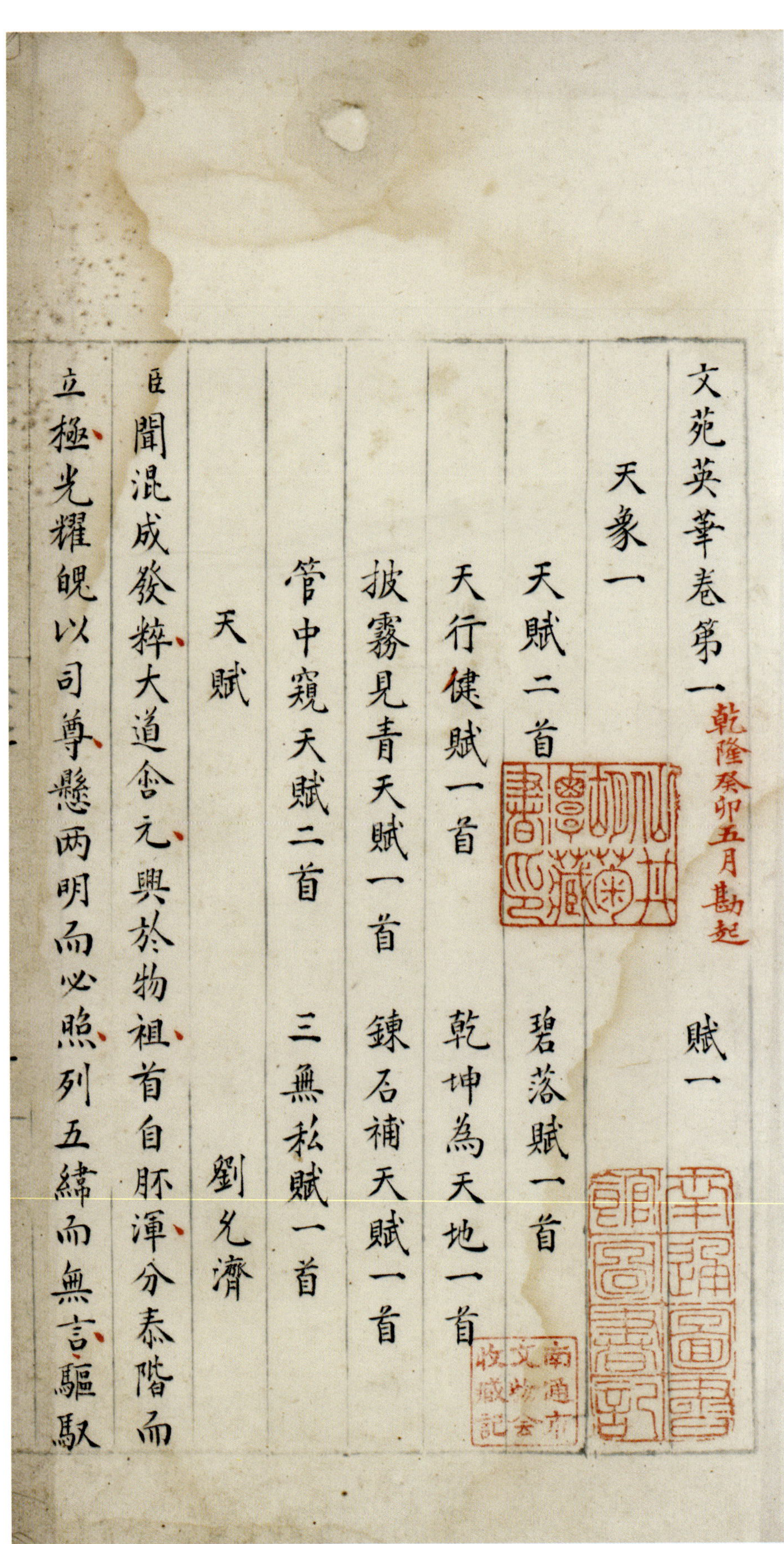
文苑英華卷第一　賦一

天象一

天賦二首　碧落賦一首

天行健賦一首　乾坤為天地一首

披霧見青天賦一首　鍊石補天賦一首

管中窺天賦二首　三無私賦一首

天賦　劉允濟

臣聞混成發粹大道含元興於物祖首自胚渾分泰階而

立極光耀魄以司尊懸兩明而必照列五緯而無言驅馭

乾隆癸卯五月勘起

153

文苑英華一千卷

（宋）李昉等輯

明鈔本

206册。四百九十六卷至五百卷後鈔配。半葉9行，行22字，小字雙行，字數同，白口，四周單邊，框高21.4釐米，寬14.3釐米。列入《中國古籍善本書目》、《國家珍貴古籍名録》。

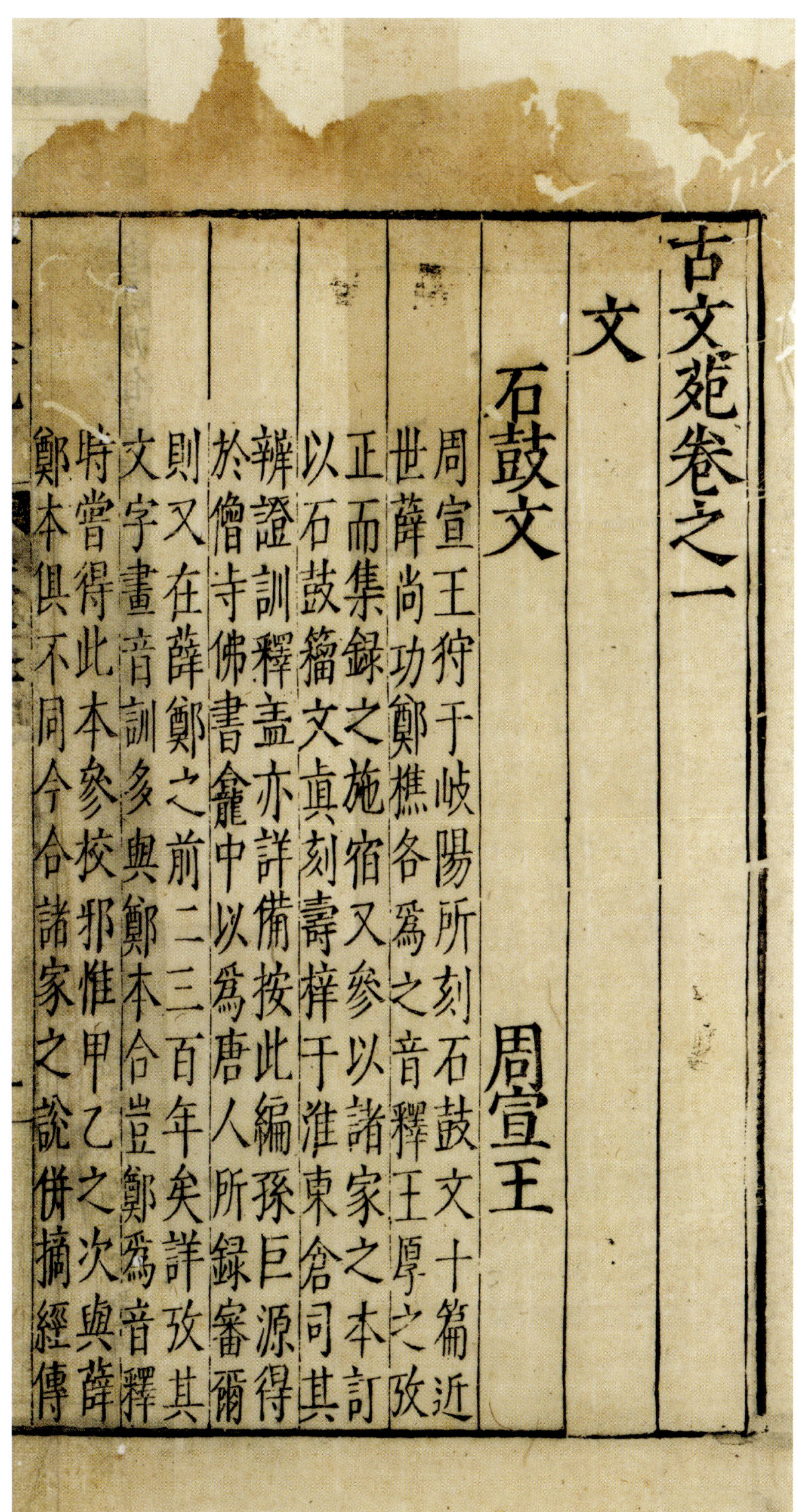

古文苑卷之一

文

石鼓文　周宣王

周宣王狩于岐陽所刻石鼓文十篇近世薛尚功鄭樵各爲之音釋王厚之攷正而集録之施宿又參以諸家之本訂以石鼓籀文眞刻壽梓于淮東倉司其辨證訓釋盖亦詳備按此編孫巨源得於僧寺佛書龕中以爲唐人所録審爾則又在薛鄭之前二三百年矣詳攷其文字畫音訓多與鄭本合豈鄭爲音釋時嘗得此本參校邪惟甲乙之次與薛鄭本俱不同今合諸家之說併摘經傳

154

古文苑二十一卷

（宋）章樵註

明萬曆張象賢刻本

8册。半葉8行，行18字，小字雙行，字數同，白口，單魚尾，四周單邊，框高20.5釐米，寬12.7釐米。列入《中國古籍善本書目》。

吟咏者宜以知病為戒

古今文字惟形容耳

論詩

周卜商曰詩有六義。一曰風。二曰賦。三曰比。四曰興。五曰雅。六曰頌。

梁鍾嶸曰興比賦三義。酌而用之。幹之以風力。潤之以丹彩。使味之者無極。聞之者動心。是詩之至也。若專用比興。則患在意深。意深則詞躓。若但用賦體。則患在意浮。意浮則文散。

梁沈約曰天機啓則六情自調。六情滯則音韻頓舛。

梁劉勰曰詩人善於形容。言峻則嵩高極天。論狹則河不容舠。說多則子孫千億。稱少則民靡孑遺。詞雖已甚。其意無害也。

詩體明辯　論詩　一

155

詩體明辯二十六卷

（明）徐師曾輯

（明）沈芬、沈騏箋註

明崇禎十三年（1640）刻本

26册。半葉9行，行25字，小字雙行，字數同，白口，四周單邊，框高20釐米，寬11.4釐米。列入《中國古籍善本書目》、《江蘇省珍貴古籍名録》。

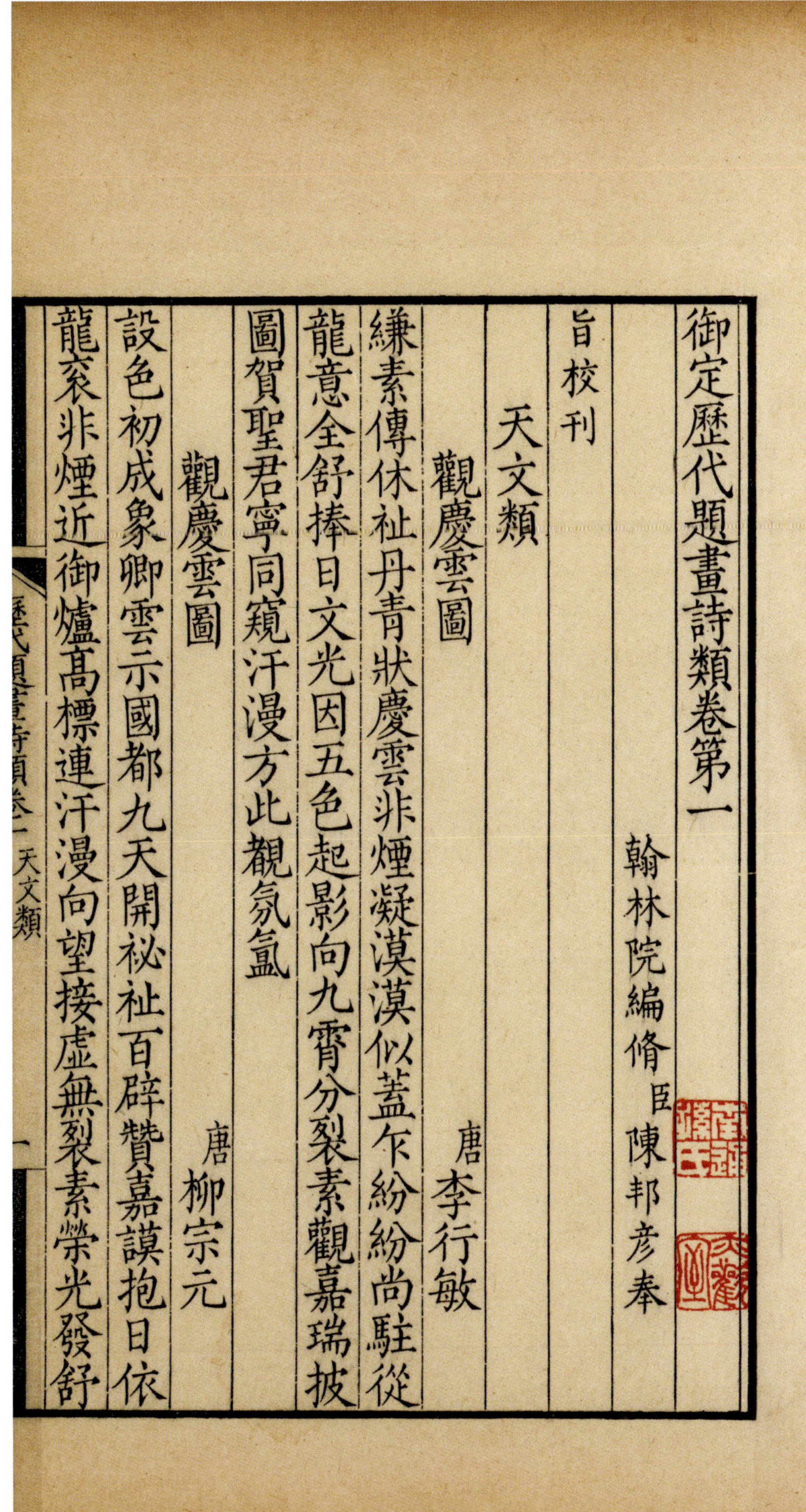

御定歷代題畫詩類卷第一

翰林院編脩臣陳邦彥奉

旨校刊

天文類

觀慶雲圖　唐　李行敏

縑素傳休祉丹青狀慶雲非煙凝漠漠似蓋乍紛紛尚駐從
龍意全舒捧日文光因五色起影向九霄分裂素觀嘉瑞披
圖賀聖君寧同窺汗漫方此覩氛氳

觀慶雲圖　唐　柳宗元

設色初成象卿雲示國都九天開祕祉百辟贊嘉謨抱日依
龍袞非煙近御爐高標連汗漫向望接虛無裂素榮光發舒

歷代題畫詩類卷一　天文類　一

156

御定歷代題畫詩類一百二十卷

（清）陳邦彥輯

清康熙四十六年（1707）內府刻本

24册。半葉11行，行23字，黑口，單魚尾，左右雙邊，框高18.7釐米，寬12.3釐米。列入《江蘇省珍貴古籍名録》。

古文淵鑒卷第一

御選

內閣學士兼禮部侍郎教習庶吉士臣徐乾學等奉

旨編注

周姬姓黃帝苗裔后稷之後武王伐紂而有天下至幽王爲犬戎所弒謂之西周平王東遷洛邑謂之東周卽春秋之始也

左傳左丘明著丘明魯史也孔子將修春秋與丘明乘如周觀書於周史歸而修春秋之經七十子之徒口受其傳丘明懼弟子之各安其意失其眞故論其語成左氏春秋或先經以始事或後經以終事或依經以辯理或錯經以合異隨義而發是爲春秋內傳

157

古文淵鑒六十四卷

（清）徐乾學等輯並註

清康熙二十四年（1685）內府刻五色套印本

24册。半葉9行，行20字，小字雙行，字數同，黑口，雙魚尾，四周單邊，框高19.4釐米，寬13釐米。列入《江蘇省珍貴古籍名録》。

晉即舉虞合二國之事觀之可以見用賢之效矣

東萊呂祖謙曰伯比一毀軍而納少師辟猶置毫末之毒於其心而使隨之君臣自勝自負自予自奪如輪如機不得少息而吾拱手以制其斃焉雖事往迹湮而讀者猶不知其端倪也

王隨姬姓國使薳章楚大夫○薳于委反求成焉軍於瑕以待之瑕隨地隨人使少師董成少師隨官名董正也正二國之成鬭伯比言於楚子曰鬭伯比楚大夫令尹子文之父吾不得志於漢東也我則使然我張吾三軍而被吾甲兵以武臨之彼則懼而協以謀我故難間也漢東之國隨為大隨張必棄小國小國離楚之利也張自侈大也少師侈請羸師以張之羸弱也○羸劣追反熊率且比曰楚大夫○率音律且子余反季梁在隨賢臣何益鬭伯比曰以為後圖少師得其君王毀軍而納少師少師歸請追楚師隨侯將許之季梁止之曰天方

左傳　隨季梁勸修政

唐詩解卷之一

侍御楊　鶴命梓　華亭唐汝詢仲言父選釋

司理吳之甲　兄汝諤士雅父參定

邑侯鄭元昭　會訂　友人張所望叔翘父校閱

五言古詩一

魏徵

述懷　樂府作出關○唐書本傳徵少有大志從李密來京師未知名自請安輯山東乃擢秘書丞馳驛至黎陽此詩蓋馳驛時作

中原還逐鹿投筆事戎軒縱橫計不就慷慨志猶存

唐詩解　卷之一　一　張紹祖刻

158

唐詩解五十卷

（明）唐汝詢輯

明萬曆四十三年（1615）楊鶴刻本

8冊。半葉9行，行20字，小字雙行，字數同，白口，單魚尾，四周單邊，框高23.1釐米，寬14.1釐米。列入《中國古籍善本書目》。

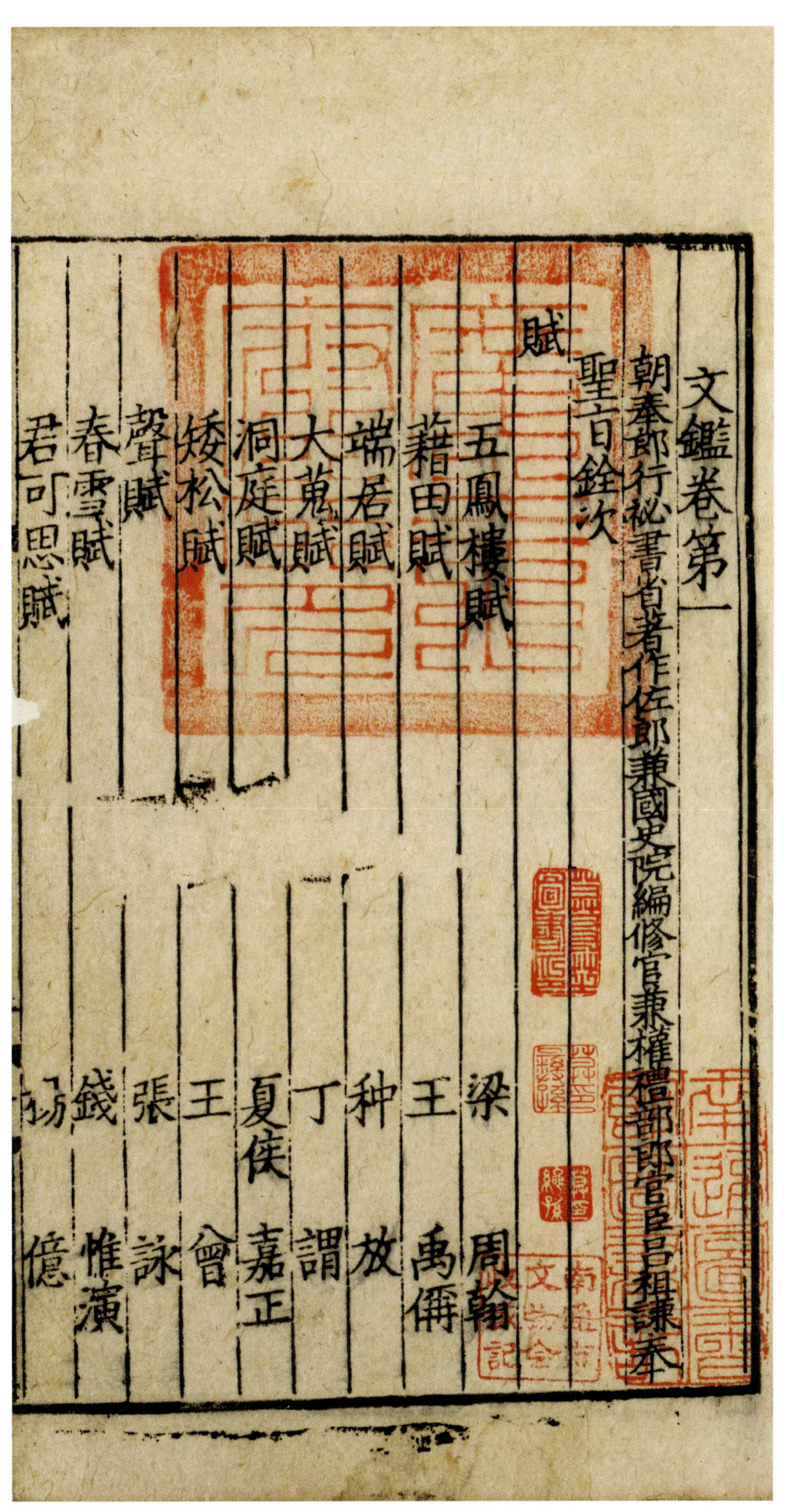
文鑑卷第一

朝奉郎行祕書省著作佐郎兼國史院編修官兼權禮部郎官臣呂祖謙奉

聖旨銓次

賦

五鳳樓賦　梁　周翰

籍田賦　王　禹偁

端居賦　种　放

大蒐賦　丁　謂

洞庭賦　夏侯　嘉正

矮松賦　王　曾

聲賦　張　詠

春雪賦　錢　惟演

君可思賦　楊　億

159

新雕宋朝文鑑一百五十卷目録三卷

（宋）吕祖謙輯

明天順八年（1464）嚴州府刻弘治十七年（1504）胡韶重修本

20册。半葉13行，行21字，黑口，左右雙邊，框高19.3釐米，寬12.7釐米。有“莫友芝圖書印”、“莫彝孫印”、“莫繩孫印”。列入《江蘇省珍貴古籍名録》。

列朝詩集 乾集之上

聖製

太祖高皇帝 二十八首

建文惠宗讓皇帝 三首

太宗文皇帝 二首

仁宗昭皇帝 九首

宣宗章皇帝 四十二首

孝宗敬皇帝 一首

武宗毅皇帝 四首

興獻王睿宗獻皇帝 一首

世宗肅皇帝 二首

神宗顯皇帝 一首

○太祖高皇帝

160

列朝詩集乾集二卷甲集前編十一卷甲集二十二卷乙集八卷丙集十六卷丁集十六卷閏集六卷

（清）錢謙益輯

清順治九年（1652）毛氏汲古閣刻本

64册。半葉15行，行28字，白口，雙魚尾，四周雙邊，框高20.6釐米，寬12.8釐米。列入《中國古籍善本書目》、《江蘇省珍貴古籍名録》。

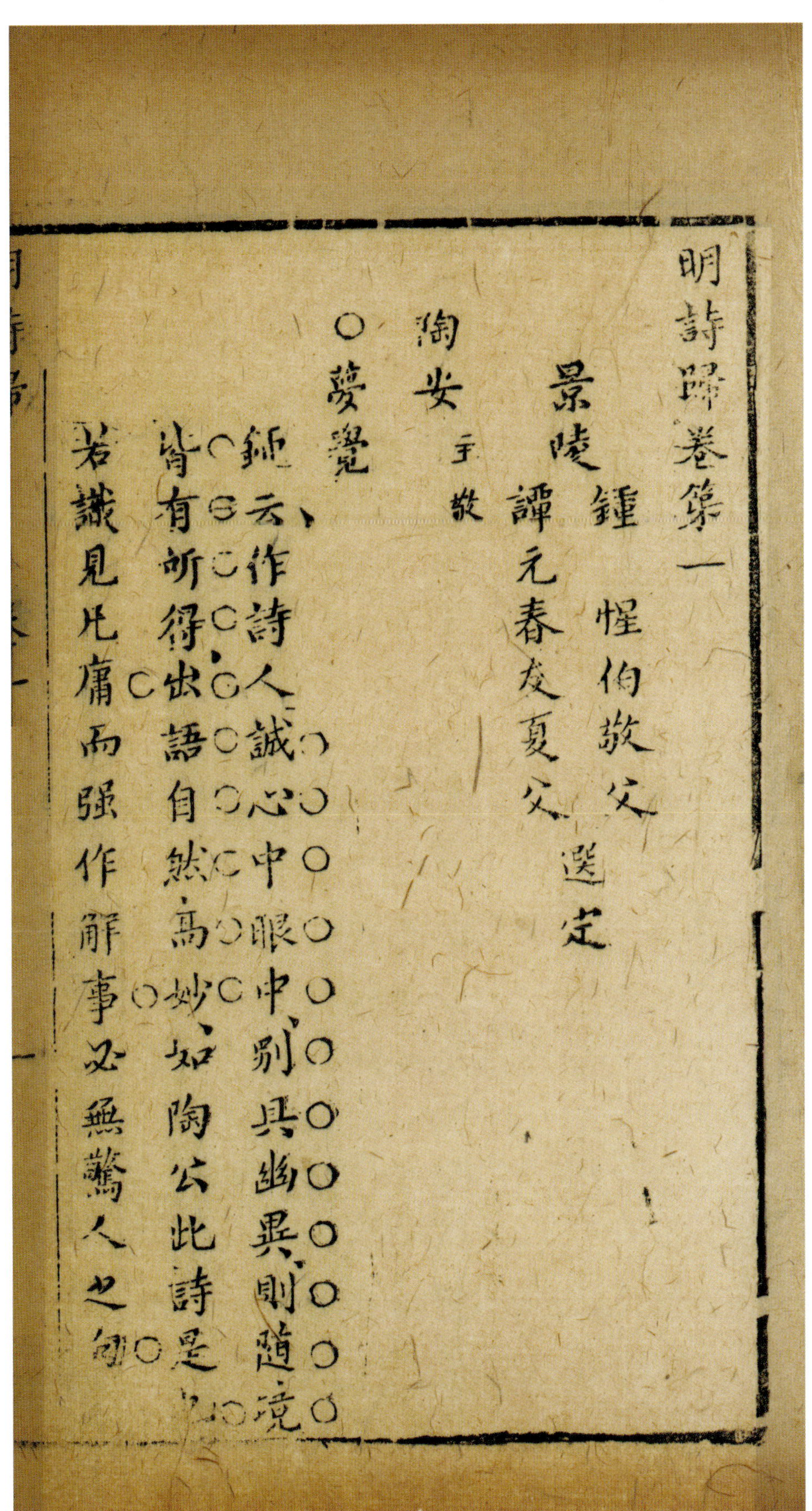
明詩歸卷第一
景陵　鍾　惺伯敬父
譚元春友夏父　選定
陶安主敬
夢覺
鍾云作詩人誠心中眼中別具幽異則隨境
皆有所得出語自然高妙如陶公此詩是也
若識見凡庸而强作解事必無驚人之句

161

明詩歸十一卷

（明）鍾惺、譚元春選定

明末積秀堂刻本

4册。半葉8行，行20字，小字雙行，字數同，白口，四周單邊，框高19.4釐米，寬11.7釐米。

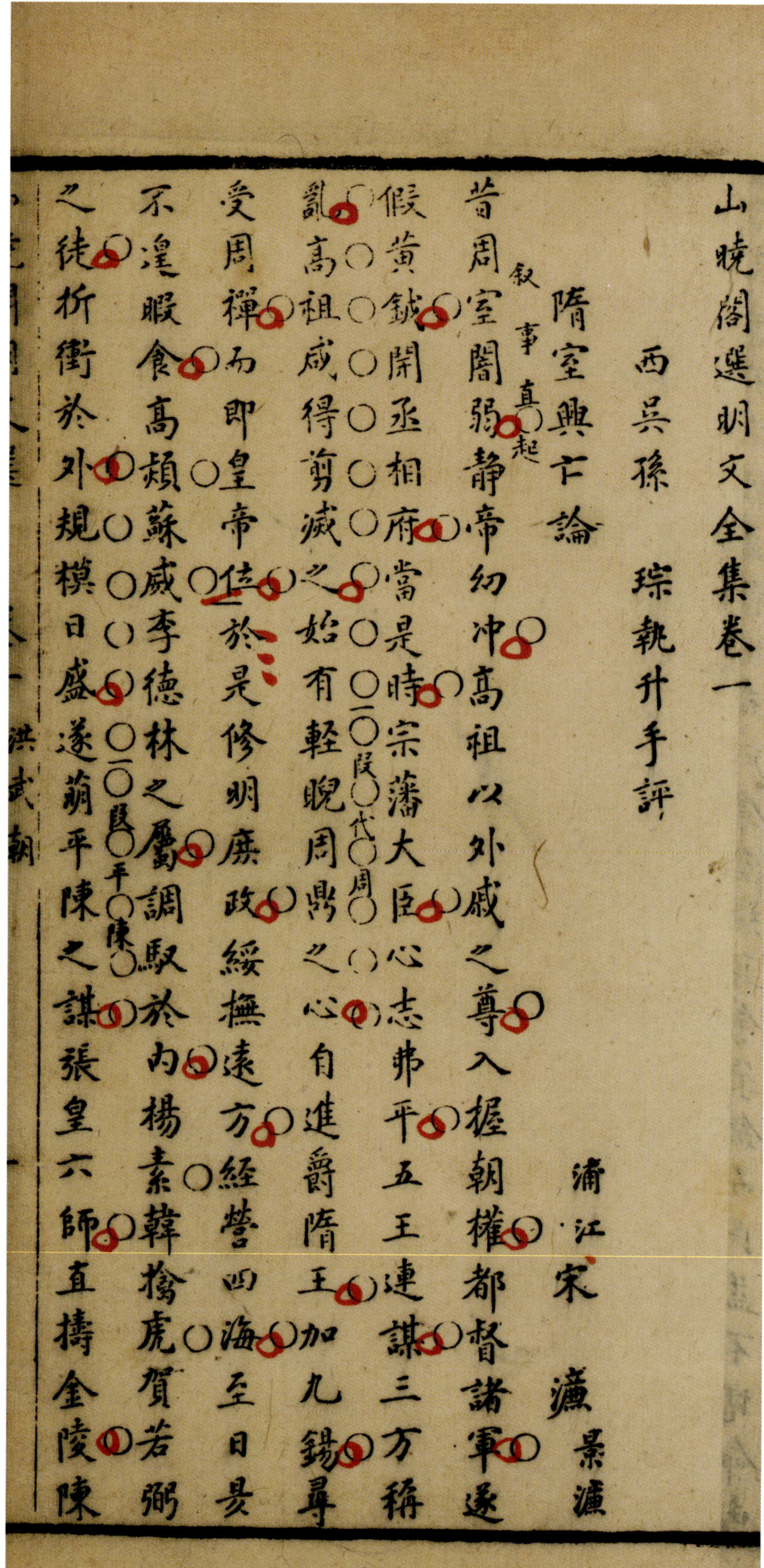

162

山曉閣選明文全集二十四卷續集八卷

（清）孫琮輯

清康熙十六年（1677）、二十一年（1682）文雅堂刻本

16册。半葉9行，行25字，行間有小字評語，白口，左右雙邊，框高20.3釐米，寬11.5釐米。列入《中國古籍善本書目》、《江蘇省珍貴古籍名録》。

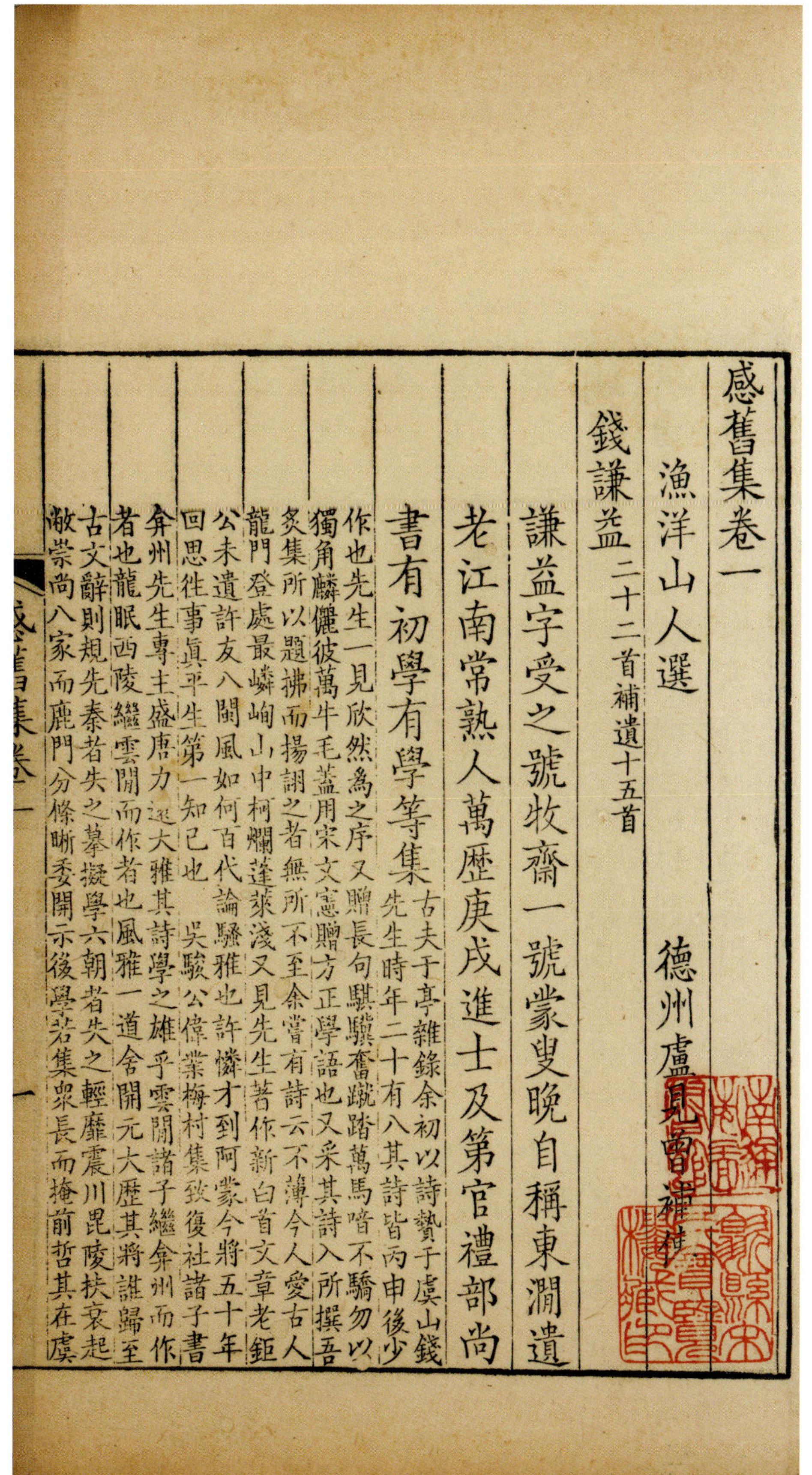

163

感舊集十六卷

（清）王士禛輯
（清）盧見曾補傳
清乾隆十七年（1572）刻本

8册。半葉11行，行21字，小字雙行，行30字，白口，單魚尾，左右雙邊，框高18.5釐米，寬13.9釐米。列入《江蘇省珍貴古籍名録》。

嶺南三大家詩選卷一

番禺王　隼蒲衣譔

梁佩蘭

古樂府

朱鷺

朱鷺鷺在鼓毋以鼓易爾茄彼茄者華馨其食濡其翼軒而翻而誰誅而

有所思

有所思乃在大海東無物用遺君白玉蛺蝶金芙蓉芙蓉有雙頭蛺蝶無單飛緜之絲書俱之聞君

嶺南三大家詩選卷一　六瑩堂　一

164

嶺南三大家詩選二十四卷　（清）王隼輯

清康熙刻本

六瑩堂詩八卷

（清）梁佩蘭撰

道援堂詩八卷

（清）屈大均撰

獨漉堂詩八卷

（清）陳恭尹撰

5册。半葉10行，行19字，黑口，單魚尾，左右雙邊，框高17.2釐米，寬12.8釐米。有“黎簡私印”、“方功惠藏書印”、“張季子金石圖書印”等印。列入《中國古籍善本書目》、《江蘇省珍貴古籍名録》。

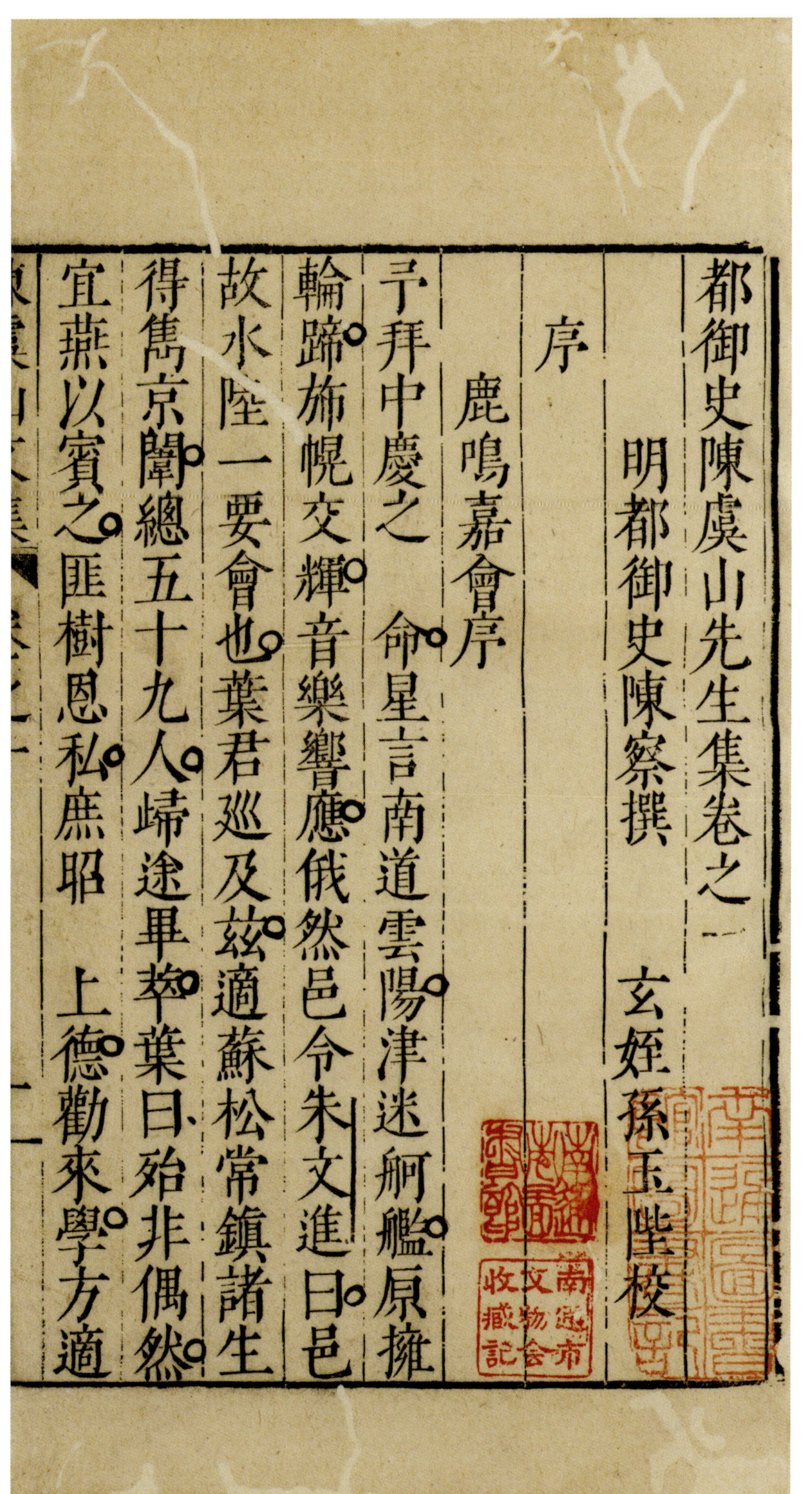

165

都御史陳虞山先生集十三卷

（明）陳察撰

附一卷

明萬曆四十五年（1617）陳玉陛刻二陳先生全集本

12册。半葉9行，行19字，小字雙行，字數同，白口，單魚尾，左右雙邊，框高20.5釐米，寬13.8釐米。列入《江蘇省珍貴古籍名録》。

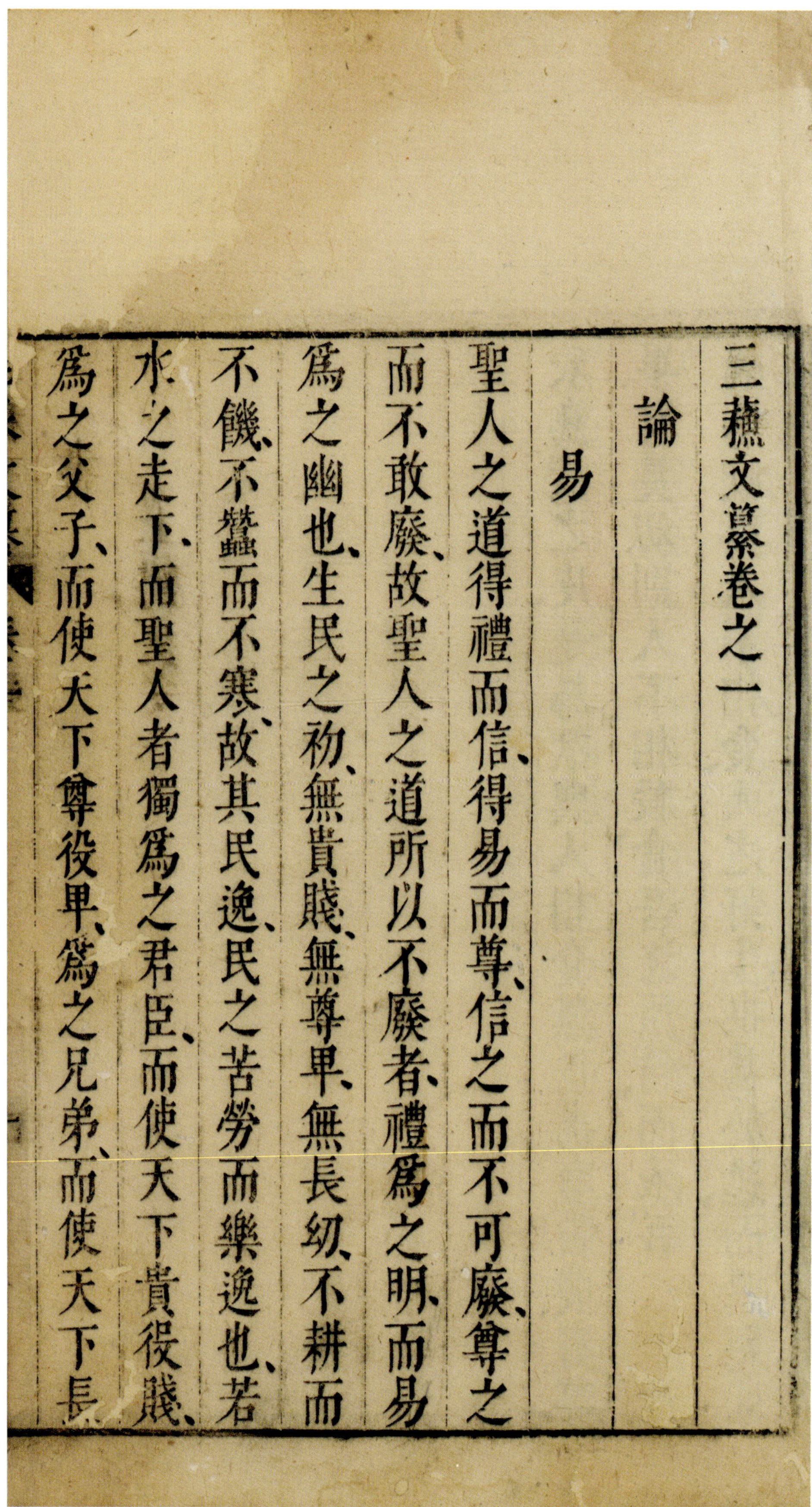

三蘇文纂卷之一

論

易

聖人之道得禮而信、得易而尊、信之而不可廢、尊之而不敢廢、故聖人之道所以不廢者、禮爲之明、而易爲之幽也、生民之初、無貴賤、無尊卑、無長幼、不耕而不饑、不蠶而不寒、故其民逸、民之苦勞而樂逸也、若水之走下、而聖人者獨爲之君臣、而使天下貴役賤、爲之父子、而使天下尊役卑、爲之兄弟、而使天下長

166

三蘇文纂五卷

（明）馮汝弼輯

明刻本

4册。半葉9行，行20字，白口，單魚尾，左右雙邊，框高19.8釐米，寬14.3釐米。列入《中國古籍善本書目》。

葉適曰歐陽文忠公試禮部進士疾時文之詭異思有以救之梅聖俞時與其事得公此論以示文忠文忠驚異欲冠多士疑門下士曾子固所爲乃寘第二楊慎曰一篇主意在此正是忠厚處錢穀曰文勢疎越可愛

合刻三先生東坡文滙卷一

錢唐錢穀豐寰父

皇明吳興茅坤鹿門父評定

竟陵鍾惺伯敬父

刑賞忠厚之至論

堯舜禹湯文武成康之際何其愛民之深憂民之切而待天下以君子長者之道也有一善從而賞之又從而咏歌嗟歎之所以樂其始而勉其終有一不善從而罰之又從而哀矜懲創之所以棄其舊而開其

東坡文滙　卷一　論

167

三蘇文滙六十卷

（明）茅坤、錢穀、鍾惺等評

明末刻本

合刻三先生老泉文滙十卷

（宋）蘇洵撰

合刻三先生東坡文滙四十卷

（宋）蘇軾撰

合刻三先生穎賓文滙十卷

（宋）蘇轍撰

16册。半葉9行，行20字，白口，單魚尾，四周單邊，框高20.2釐米，寬13.9釐米。列入《中國古籍善本書目》。

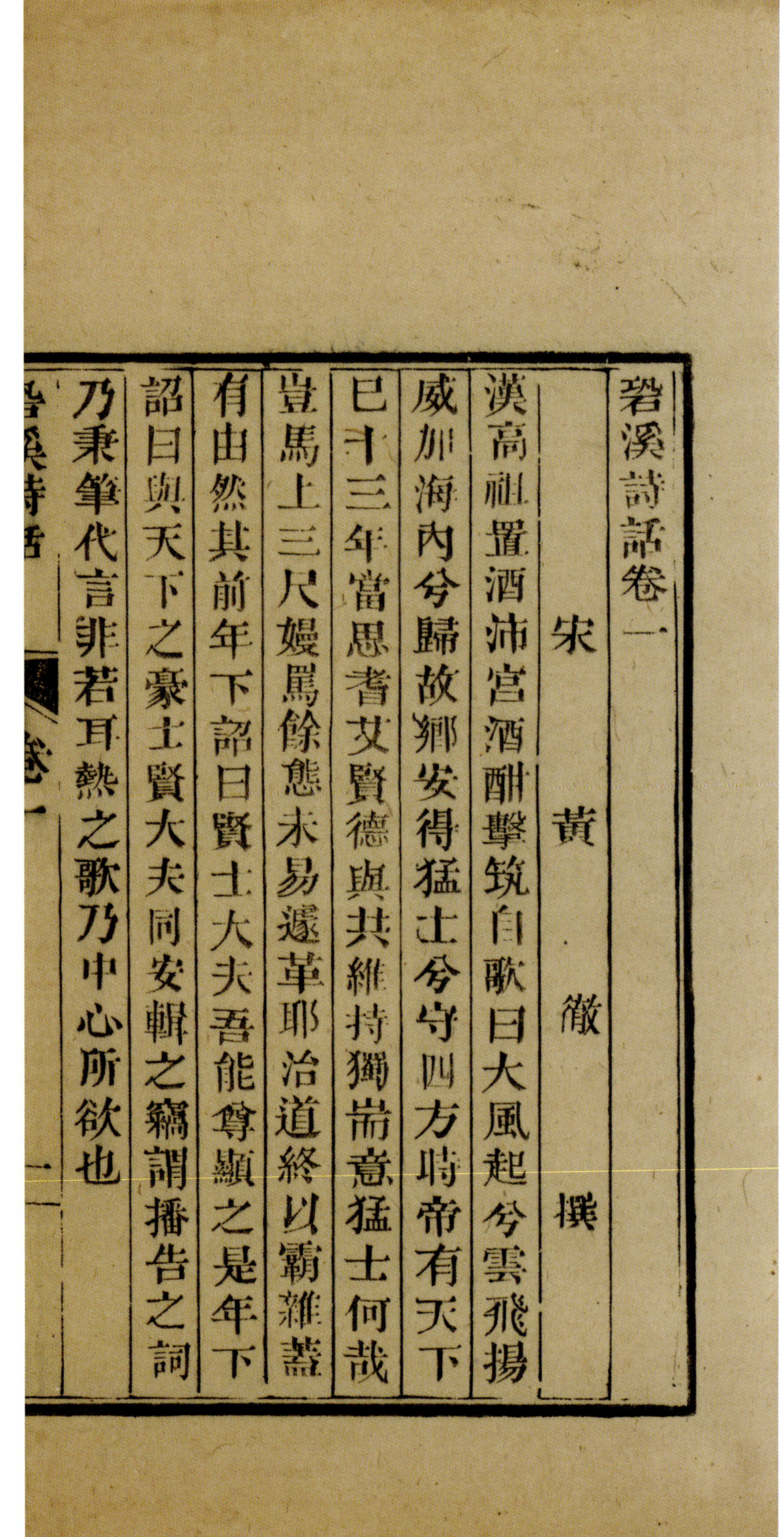

碧溪詩話卷一

宋 黃 徹 撰

漢高祖置酒沛宮酒酣擊筑自歌曰大風起兮雲飛揚威加海內兮歸故鄉安得猛士兮守四方時帝有天下已十三年當思耆艾賢德與共維持獨耑意猛士何哉豈馬上三尺嫚罵餘態未易遽革耶治道終以霸雜蓋有由然其前年下詔曰賢士大夫吾能尊顯之是年下詔曰與天下之豪士賢大夫同安輯之竊謂播告之詞乃秉筆代言非若耳熱之歌乃中心所欲也

碧溪詩話 卷一 一

168

碧溪詩話十卷

（宋）黃徹撰

清乾隆武英殿活字印聚珍版書本

4冊。半葉9行，行21字，小字雙行，字數同，白口，單魚尾，四周雙邊，框高19.5釐米，寬12釐米。列入《江蘇省珍貴古籍名録》。

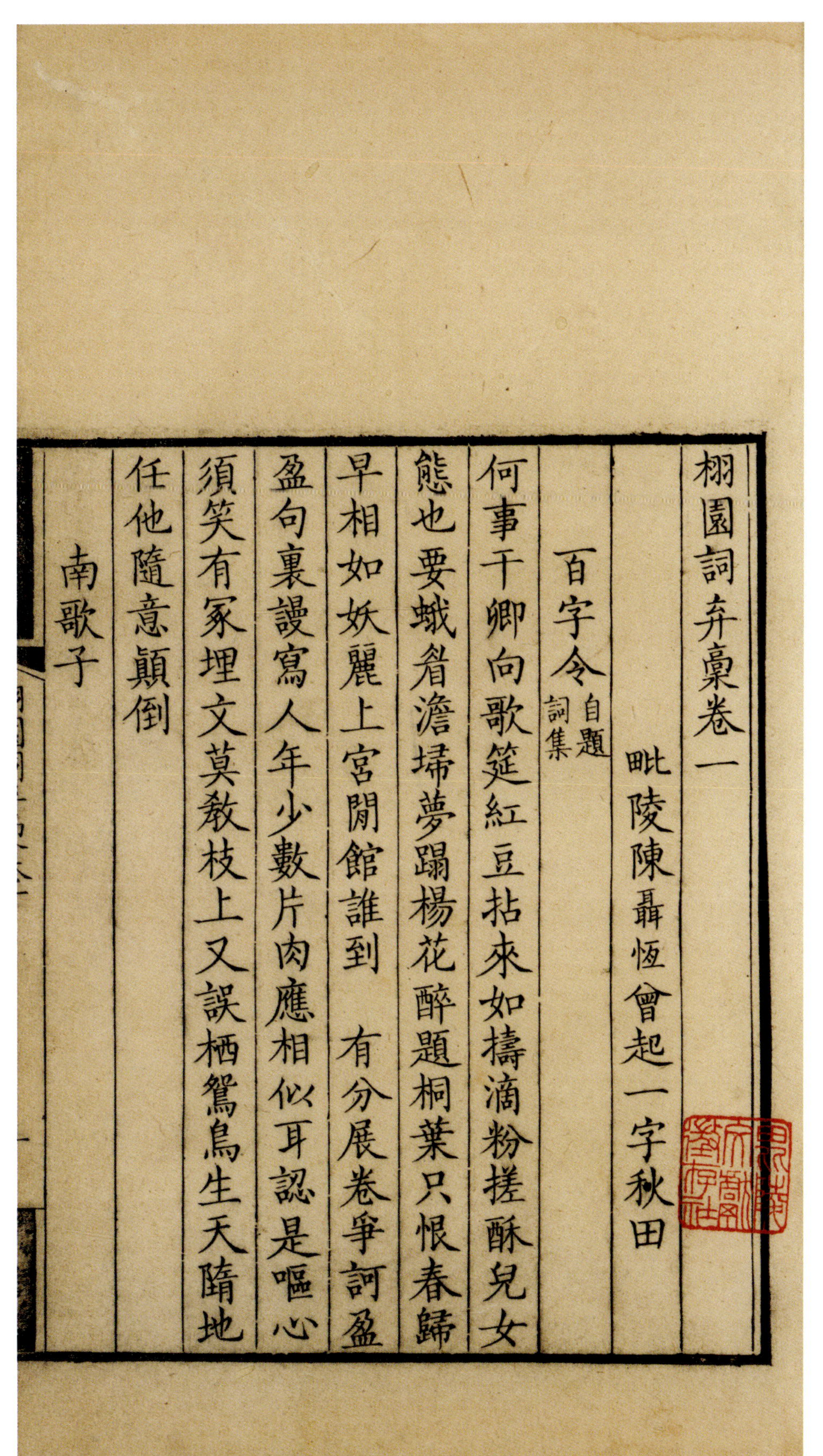

栩園詞弃稾卷一

毗陵陳聶恒曾起一字秋田

百字令 自題詞集

何事干卿向歌筵紅豆拈來如擣滴粉搓酥兒女態也要蛾眉澹埽夢踢楊花醉題桐葉只恨春歸早相如妖麗上宮閒館誰到　有分展卷爭訶盈盈句裏謾寫人年少數片肉應相似耳認是嘔心須笑有冢埋文莫敎枝上又誤栖鴛鳥生天隨地任他隨意顛倒

南歌子

169

栩園詞弃稾四卷

（清）陳聶恒撰

清康熙四十三年（1704）陳氏且樸齋刻本

4册。半葉10行，行19字，小字雙行，字數不等，黑口，單魚尾，左右雙邊，框高15.9釐米，寬12.9釐米。列入《中國古籍善本書目》、《江蘇省珍貴古籍名録》。

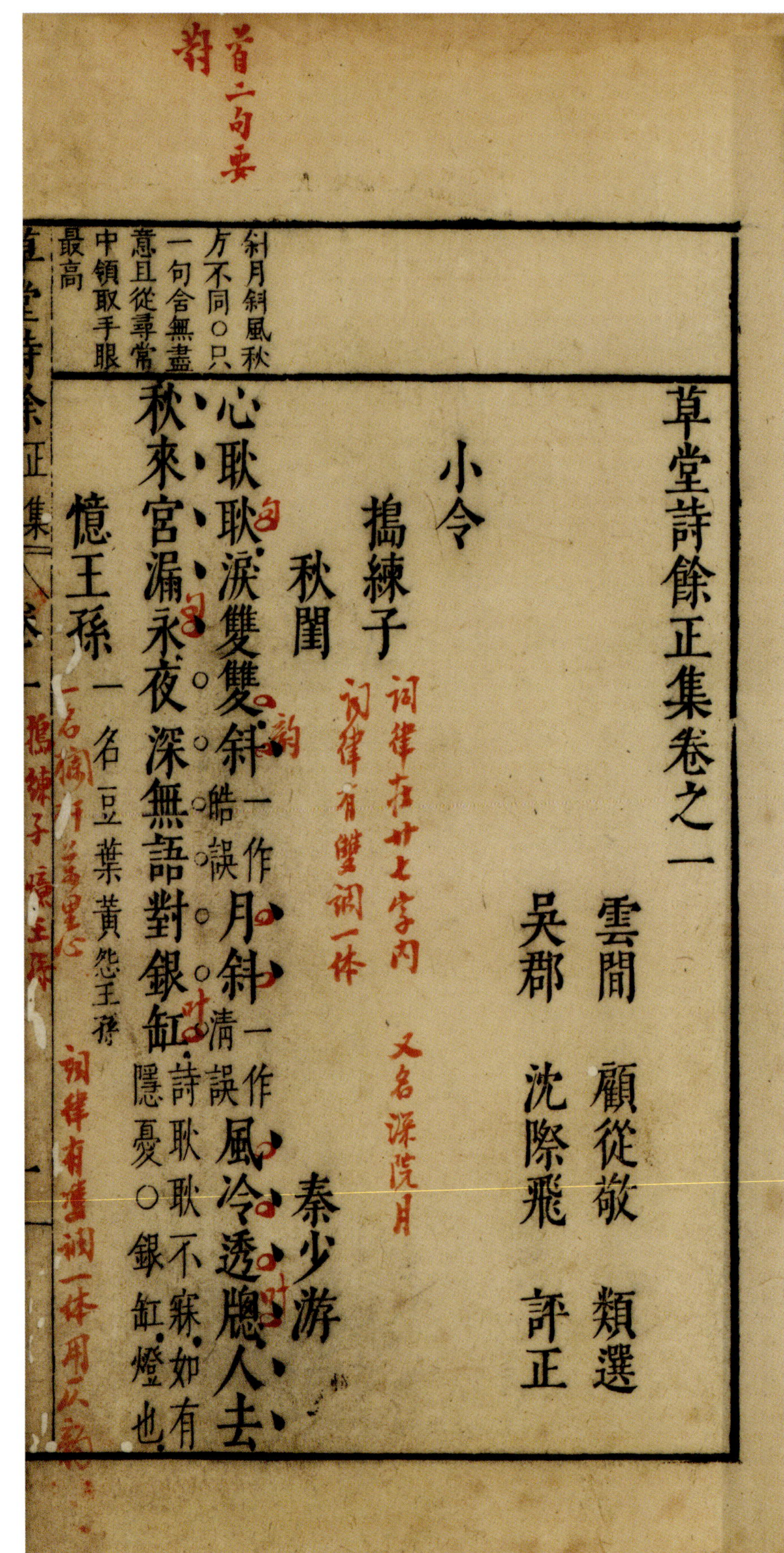

170

古香岑草堂詩餘四集十七卷

明末刻本

草堂詩餘正集六卷
（明）顧從敬輯
（明）沈際飛評

草堂詩餘續集二卷
題（明）長湖外史輯
（明）沈際飛評

草堂詩餘別集四卷
（明）沈際飛輯並評

國朝詩餘新集五卷
（明）錢允治輯
（明）沈際飛評

10册。半葉9行，行19字，小字雙行，字數同，白口，單魚尾，上下分栏，框高22.6釐米，寬13釐米。列入《中國古籍善本書目》。

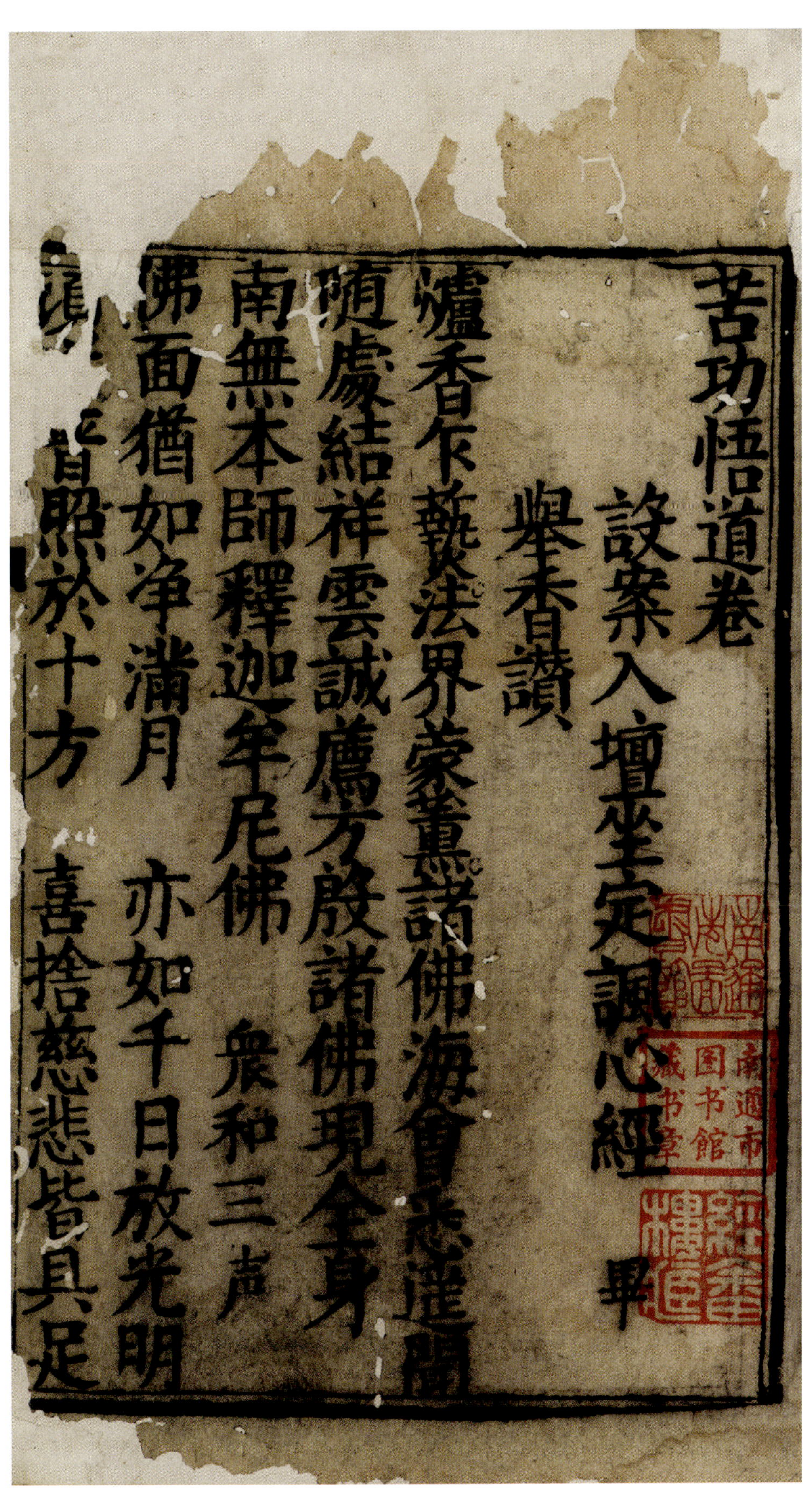

171

苦功悟道卷一卷

明萬曆四十二年（1614）瓜洲倪雲臺經房刻本

1册。半葉8行，行15字，白口，單魚尾，四周雙邊，框高22.2釐米，寬13.7釐米。列入《中國古籍善本書目》、《江蘇省珍貴古籍名録》。

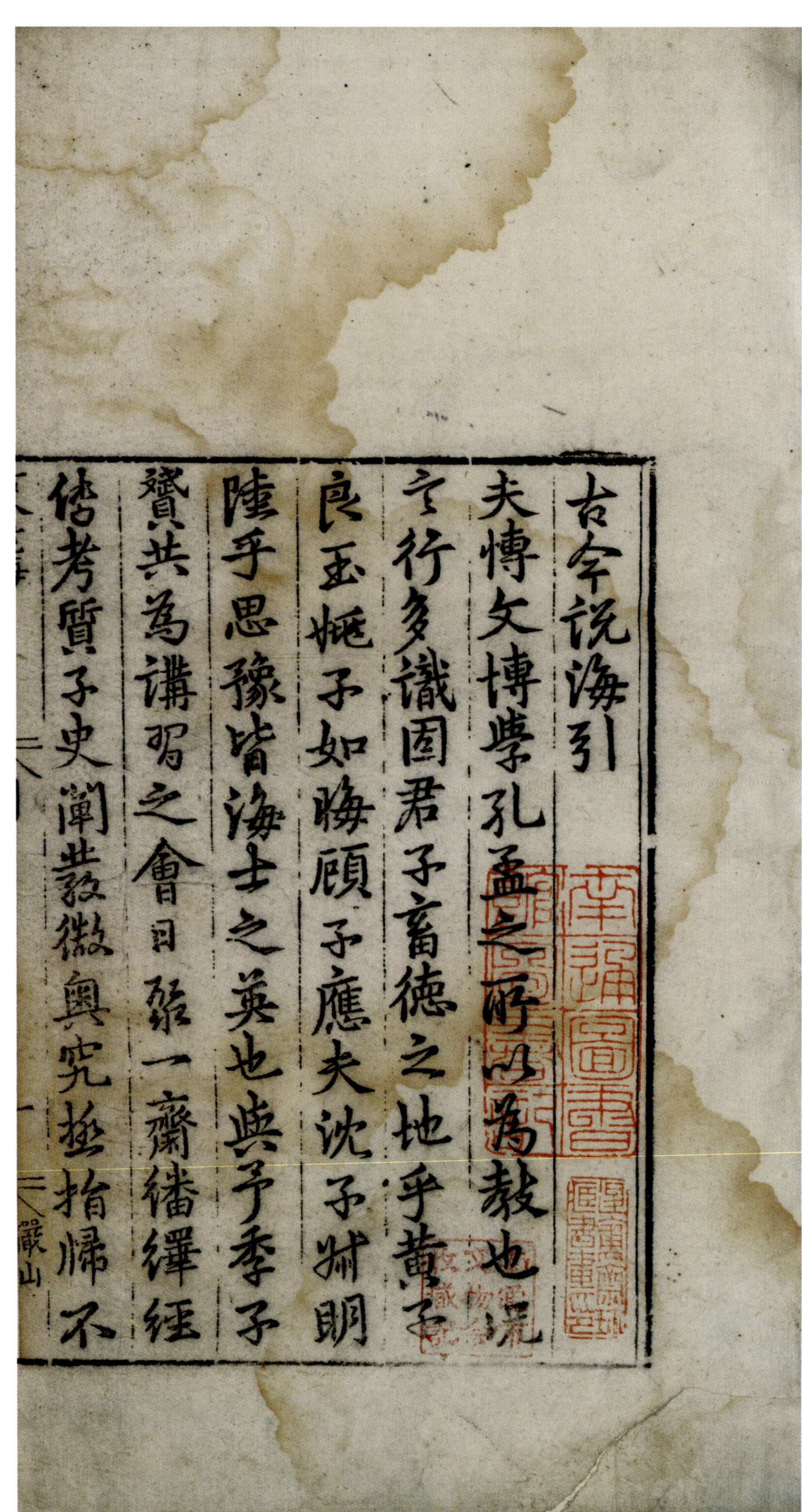

172

古今说海
一百三十五種
一百四十二卷

（明）陸楫等編
明嘉靖二十三年（1544）陸楫儼山書院、雲山書院刻本

20册。半葉8行，行16字，白口，雙魚尾，左右雙邊，框高17釐米，寬11.5釐米。列入《中國古籍善本書目》、《國家珍貴古籍名録》。

北征録　說選一小録一

永樂八年二月初十日　上親征北虜是日　駕出德勝門幼孜與光大胡公由安定門出兵甲車馬旌旗之盛耀于川陸風清日和埃塵不興鐃鼓之聲訇震山谷晚次清河十一日早發清河途間雪融泥深馬行甚滑晚次沙河勉仁始至十二日早寒發沙河午次龍虎臺十三日早發龍虎

爾雅卷上　郭璞注

釋詁第一　釋言第二

釋訓第三　釋親第四

釋詁第一

初哉首基肇祖元胎俶落權輿始也（尚書曰三月哉生魄詩曰令終有俶又曰俶載南畝又曰訪予落止又曰胡不承權輿胎未成亦物之始也其餘皆義之常行者耳此所以釋古今之異言通方俗之殊語）林烝天帝皇王后辟公侯君也（詩曰有壬有林又曰文王烝哉其餘義皆通見詩書）弘廓宏溥

173

古逸叢書二十六種二百二卷

（清）黎庶昌編
清光緒十年（1884）黎庶昌日本東京使署刻本
張謇題記

64册。半葉8行，行16字，小字雙行，行21字，白口，左右雙邊，框高23.5釐米，寬16.1釐米。有"莫祥芝印"、"莫科莫祁莫棠之印"、"莫棠之印"、"獨山莫氏收藏經籍記"、"張季子金石圖書印"等印。

圖書在版編目(CIP)數據

静海樓藏珍貴古籍圖録/陳亮主編;南通市圖書館編. —上海:上海古籍出版社,2014.10
ISBN 978-7-5325-7400-1

Ⅰ.①静… Ⅱ.①陳… ②南… Ⅲ.①古籍—圖書館目録—南通市 Ⅳ.①Z838

中國版本圖書館 CIP 數據核字(2014)第 208419 號

静海樓藏珍貴古籍圖録

陳 亮 主編

上海世紀出版股份有限公司
上 海 古 籍 出 版 社 出版

(上海瑞金二路 272 號 郵政編碼 200020)

(1)網址:www.guji.com.cn

(2)E-mail:guji1@guji.com.cn

(3)易文網網址:www.ewen.co

上海世紀出版股份有限公司發行中心發行經銷

上海麗佳製版印刷有限公司印刷

開本 889×1194 1/16 印張 15 插頁 4

2014 年 10 月第 1 版 2014 年 10 月第 1 次印刷

印數:1—1,400

ISBN 978-7-5325-7400-1

K·1933 定價:298.00 元

如有質量問題,請與承印公司聯繫

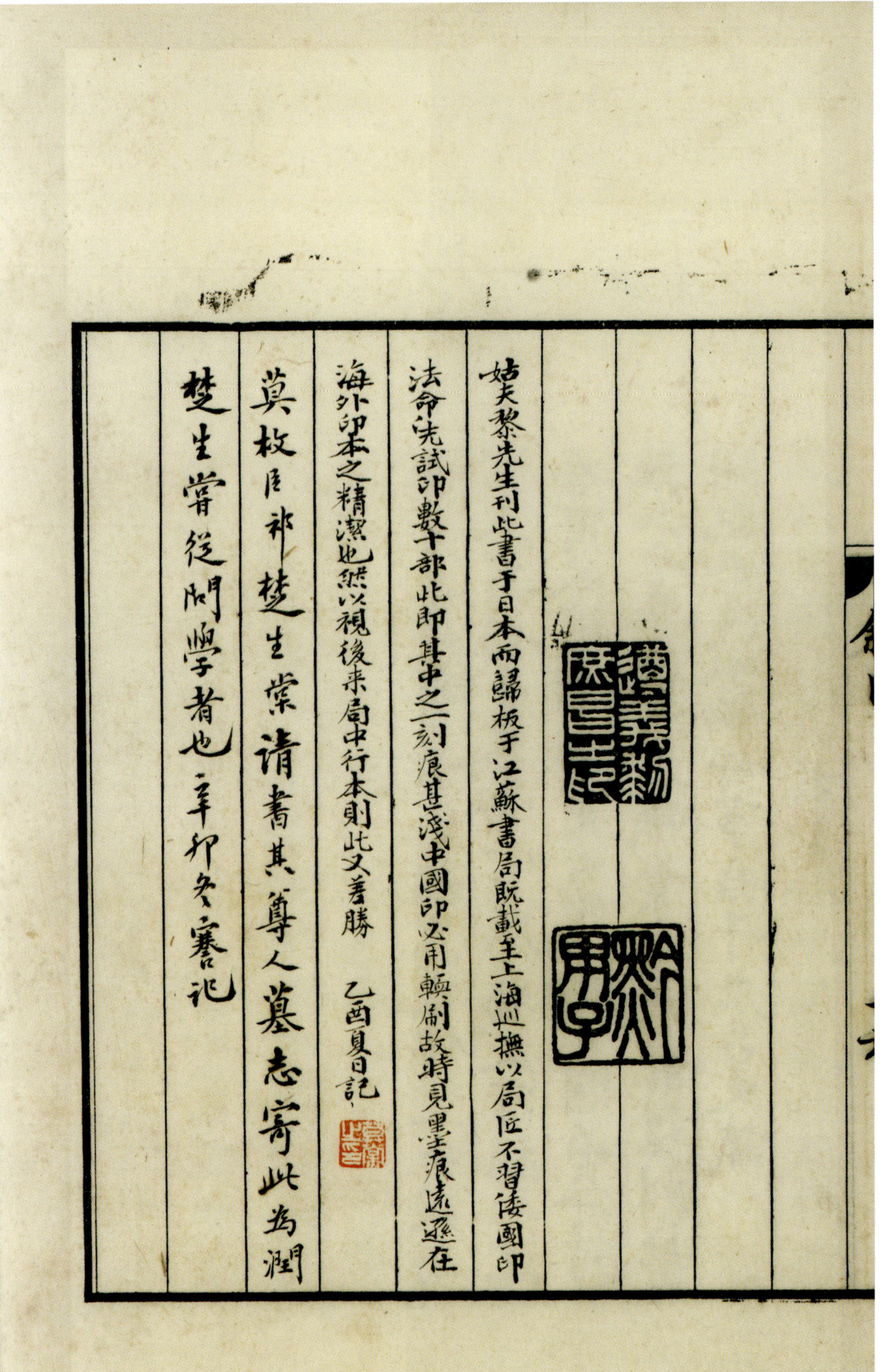

姑夫黎先生刊此書于日本而歸板于江蘇書局既載至上海巡撫以局匠不習倭國印法命先試印數十部此即其中之一刻痕甚淺中國印必用輭刷故時見墨痕遠遜在海外印本之精潔也然以視後來局中行本則此又差勝　乙酉夏日記

莫枚臣補楚生棠請書其尊人墓志寄此為潤楚生嘗從問學者也　辛卯冬謇記